ullstein

Das Buch

Nachdem Wolfgang Koydl fünf Jahre lang die britische Seele ausgelotet hat, kommt ihm ein Wechsel an den Zürichsee wie gerufen. Fortan soll er als Korrespondent der *Süddeutschen Zeitung* über die Alpenrepublik berichten. Und in der Tat: Es gibt viel zu lernen und zu entdecken in einem Land, das nicht nur so gebirgig wie Tibet oder Tschetschenien ist, sondern mitunter auch so fremd und exotisch. Es ist ein Land der Gipfel und der Gipfeli, wobei Erstere mit Schnee bestäubt, Letztere aber mit Schokolade gefüllt zum Frühstück gereicht werden. Hier gibt es Banken und auch Bänkli, doch die Fränkli legt man nur auf Ersteren an, wenn sie auch inzwischen nicht mehr viel sicherer sind als eine Parkbank.

»Schweizer sind wie verschärfte Deutsche, aber natürlich trotzdem ganz anders«, hat man den Koydls bei ihrer Ankunft erklärt. »Schweizer sind, um es prägnant auf den Punkt zu bringen, in erster Linie sehr schweizerisch.«

Der Autor

Wolfgang Koydl, 1952 geboren, ist seit vielen Jahren Auslandskorrespondent der *Süddeutschen Zeitung* mit Stationen in Kairo, Istanbul, Washington und London. Über seine Zeit im britischen Königreich schrieb er zwei Bestseller. Seit 2011 berichtet er aus Zürich.

Von Wolfgang Koydl sind in unserem Hause bereits erschienen:

Fish and Fritz – Als Deutscher auf der Insel
Bitte ein Brit! – Neue Abenteuer auf der Insel
Hauptsache Nebensache. Eine kurze Geschichte des nutzlosen Wissens

Eins

Die Meteorologen mit ihrer Schönrednerei hatten es wahrscheinlich »für die Jahreszeit zu kalt« genannt. Für mich war es eher eine Zumutung, ja, eine durchaus als persönlich empfundene Beleidigung. Ein eisiger Windhauch fuhr mir in die Glieder, kalte Regentropfen kullerten in den Kragen, und wenn ich probeweise ausatmete, traten mir kleine Wölkchen aus dem Mund. Und das mitten im Juli.

Seit einer gefühlten Ewigkeit drückte ich mich nun schon im klatschnassen Gebüsch herum und beobachtete meinen Hund, wie er sich abmühte, sein Geschäft zu verrichten. Entweder hatte er wirklich ein Problem, oder er stellte sich nur zickig an. Bei Chico weiß man das nie.

Selbst wenn alles flutscht, zelebriert er seine Verrichtungen. Kopf und Schwanz hoch erhoben, sucht er sich eine weite und vor allem von allen Seiten gut einsehbare Fläche. Am liebsten ist ihm ein liebevoll gepflegter Rasen englischen Zuschnitts. Dort findet er – ich weiß nicht, wie – stets exakt den geometrischen Mittelpunkt, auf dem er sich mit einem triumphierenden Blick hinhockt. Es ist ein Blick, in dem sich Erleichterung, Wohlbehagen und Stolz zu etwa gleichen Teilen mischen: Hallo, Menschheit, sagt dieser Blick, sieh her auf diesen Hund und schweige ergriffen.

Wenn es jedoch mal klemmt, drückt er sich verschämt ins Unterholz, robbt hierhin und dorthin, schnaubt geräuschvoll und rollt mit den Augen.

»Na, das wird wohl nichts mehr heute«, sagte ich, nachdem ich mir das Schauspiel lange genug angesehen hatte, und zog ihn zurück auf den Teerweg, der sich durch unsere Wohnanlage schlängelt. »Komm, jetzt vertreten wir uns erst mal ein wenig die Beine. Dann wird das schon.«

Ich wollte mich schon abwenden, als mich die Stimme traf. Sie dröhnte wie eine Glocke, und sie schien geradewegs vom Himmel zu kommen. Erschrocken blickte ich nach oben. Zum Glück kam sie nur aus dem zweiten Stock.

Noch auf diese Entfernung konnte ich die weiß hervortretenden Knöchel des Mannes erkennen. Krampfhaft hatte er die Hände ums Balkongeländer geschlossen, ohne sich um den Regen zu kümmern, der ihm ins Gesicht peitschte. Er bebte schier vor gerechter Empörung. Seine Bassstimme passte weder zu seiner zierlichen Gestalt noch zu seinem fortgeschrittenen Alter. Irgendwie sah er aus wie eine Kreuzung aus Louis de Funès und Nicholas Sarkozy, was es mir zunächst schwermachte, ihn wirklich ernst zu nehmen.

»Hallo, Sie da unte«, schrie er zum zweiten Mal. »Räumet Se gefälligst hinter Ihre Hund uf.«

»Liebend gerne«, rief ich zurück. »Aber es geht nicht. Da ist nichts. Er hat Verstopfung.«

»Lüget Se mich nöd an«, ereiferte der Mann sich. »Ich han es genau gsee: Ihr Hund han sich krümmt.«

Höchstens vor Lachen über Ihren Akzent, schoss es mir durch den Kopf. Aber ich hielt wohlweislich den Mund, zuckte die Schultern und wollte mich meines Weges trollen.

»Halt, Sie bleibet da«, dröhnte es erneut aus der Höhe. »Ich chume runter und sehe nach.«

Was blieb mir übrig. Wir waren erst vor ein paar Tagen in unsere neue Wohnung gezogen, und der Mann war einer unserer neuen Nachbarn. Man sollte sich vielleicht nicht gleich am Anfang mit ihm überwerfen. Schließlich war geplant, dass wir die nächsten Jahre hier leben würden.

Bis jetzt hatten wir noch keinen der anderen Bewohner leibhaftig zu Gesicht bekommen, was Katja zu der Vermutung veranlasst hatte, dass wir womöglich die einzigen Bewohner der Anlage seien. Verstärkt wurde ihre Vermutung durch die Tatsache, dass man auch keine Geräusche durch die Wände hörte. Meinen Einwand, dass diese Häuser Schweizer Qualitätsarbeit und daher nicht hellhörig seien, ließ sie nicht gelten.

Schwer schnaufend hatte sich der Nachbar mittlerweile vor Chico und mir aufgebaut. Mit Genugtuung nahm ich zur Kenntnis, dass er mir nur etwa bis zur Nasenspitze reichte. Wenn man selbst grade mal höher ist als eine Türklinke, gehören solche Erfolgserlebnisse nicht zum Alltag. Im Normalfall kann ich nur auf meinen Hund hinabblicken.

»So, jetzt werdet mer mal luege«, grummelte er. »Und Sie kommet mit.«

Schon bald war mir klar, dass der Mann diese Untersuchung nicht das erste Mal vornahm. Methodisch wie ein Minenräumer zog er Bahn um Bahn durch das nasse Gras und vergaß dabei nicht, heruntergefallene Blätter mit der Schuhspitze beiseitezuschieben, um sich zu vergewissern, dass ich das Corpus Delicti nicht darunter versteckt hatte.

Chico war hingerissen von diesem neuen Spiel. Immer wieder lief er dem Nachbarn vor die Füße, stöberte mit der Nase im Wurzelwerk der Rhododendren und plante offenbar, das zu untersuchende Areal auszuweiten. Ab und zu blickte er zu mir hoch, als wollte er fragen, warum ich denn noch nie auf ein derart tolles Spiel gekommen sei.

»Ich habe Ihnen doch gesagt, dass er Verstopfung hat«, wandte ich mich an den mittlerweile ruhiger atmenden Nachbarn, nachdem der einen abschließenden und – wie es mir schien – enttäuschten Blick über die Rasenfläche geworfen hatte. Ich streckte ihm die Hand hin. Er betrachtete sie, als handele es sich um einen alten Putzlappen.

»Übrigens, wir sind neu hier«, sagte ich. »Wir sind vor ein paar Tagen erst eingezogen. Wir wohnen dort oben.«

Vage deutete ich mit einer Hand die Richtung an.

»Ich waiss, wann Sie gezüglet sind, und ich waiss auch, wo Sie wohne«, schnappte er zurück. »Und gerade von dort, wo Sie wohne, bringe die Lüüt immer ihre Hund her zum Veräußere. Und dann räume sie nöd uf. Aber mer läbe in de Schwyz. Mir räume immer uf.«

Dies immerhin war uns ziemlich schnell klargeworden. Der Schweizer selbst mag zwar nicht immer ein aufgeräumter Geselle sein. Aber er räumt auf, alles, immer und überall. Selbst der Boden in unserer Tiefgarage ist so spiegelblank, dass die Reifen schon edel quietschen, wenn man das Lenkrad nur ein ganz klein wenig einschlägt.

Auch Katja war nicht überrascht, als ich ihr später von meinem Erlebnis erzählte. Aber Ehefrauen, zumal, wenn sie auch noch Mütter sind, sind ohnehin durch nichts zu erschüttern. Sie haben es sich angewöhnt, von vornherein das Schlimmste zu erwarten. Wenn es dann eintrifft, saugen sie wenigstens Trost aus der stillen Befriedigung, recht behalten zu haben.

»Natürlich weiß er, wo wir wohnen!«, rief sie aus. »Die Schweizer wissen alles: Name, Adresse, Telefonnummer, Schuhgröße, Leibgericht und Allergien. Alles. Hast du nicht gesehen, wie sie uns auf der Straße anstarren? Als ob sie ihre Kenntnisse über uns abgleichen wollten mit dem Augenschein. Der totale Überwachungsstaat, das sage ich dir. Hat sogar schon Dürrenmatt gesagt, und der war selber Schweizer. Ein einziges Gefängnis, in dem jeder Insasse sein eigener Wärter ist, oder so ähnlich hat er es formuliert.«

Für scharfsinnige Beobachter ist das Dürrenmatt-Zitat freilich ein unübersehbares Indiz dafür, dass viele unserer Kenntnisse über die Schweiz nur angelesen waren. In der Realität wussten wir nicht viel über das Land – außer einigen üblichen Klischees. Sauber, penibel, vertrauenswürdig. Und teuer. »Schweineteuer«, wie meine Frau es ausgedrückt hatte, als sie von meiner Versetzung nach Zürich erfuhr.

Der Anruf aus München hatte wie ein Blitz aus heiterem Himmel eingeschlagen.

Wir hatten uns in England eigentlich recht bequem eingerichtet: Herr und Hund hatten gemeinsame Freunde gefunden, die Ehefrau die besten Shoppinggelegenheiten und die Tochter die Partyszene entdeckt. Die Zentrale schien den Mann in London beinahe vergessen zu haben. Solange die Queen auf dem Thron saß, konnte ihr wohl auch der Korrespondent Gesellschaft leisten. Mit anderen Worten: ad infinitum.

Doch dann klingelte das Telefon, und Mäuer war dran. Mäuer ist mein Chef, und er ist eine feste Größe in meinem Leben. Abgesehen von mir selbst gibt es kaum eine noch lebende Person, die ich länger kenne. Jedenfalls fühlt es sich so an. Erst war er Kollege, dann mein Ressortleiter, nun ist er Chefredakteur. Und in all den Jahren ist er sich selbst treu geblieben, soll heißen: Irgendwelche Anzeichen von Lernprozessen, Selbsterkenntnis, Altersmilde gar sind nicht zu erkennen.

Es ist nicht übertrieben zu sagen, dass Mäuer mir einige der erinnerungswürdigsten Erlebnisse meiner Laufbahn beschert hat. Ich verwende das Wort »erinnerungswürdig« dabei strikt neutral: Ich erinnere mich an sie. Wobei, um genau zu sein, ich dabei meistens noch immer schmerzhaft zusammenzucke.

»Sagen Sie mal, was halten Sie denn von der Schweiz«, war er grußlos mit der Tür ins Haus gefallen. Vorstellen muss er sich sowieso nicht. Man erkennt ihn blind, wenn nicht am Geruch, dann am Geräusch. Stets umweht ihn eine Wolke von Old Spice, und jeder Satz beginnt mit einem deutlich hörbaren zuzelnden Schmatzen. Denn er muss zunächst sein Fisherman's Friend in der Wange verstecken, bevor er zu reden anfängt.

Ich hatte gerade an einer Geschichte über einen Skiurlaub von Prinz Charles und seinen beiden Prinzensöhnen gesessen, der, wie es schien, in der Schweiz stattfinden sollte. Ich dachte daher, dass der Anruf mit diesem Thema zu tun hätte.

»Ach, vergessen Sie doch die Royals«, unterbrach mich mein Chef ungeduldig. »Sie haben wohl nur noch die königliche Familie im Kopf. Höchste Zeit für einen Wechsel. Eine Republik wird Ihnen zur Abwechslung mal guttun.«

Dieser Seitenhieb war umso erstaunlicher, als es Mäuer gewesen war, der mich monatelang wegen der Königin – meiner Königin – genervt hatte. Konkret ging es darum, dass er prophylaktisch einen Nachruf auf die alte Dame bestellt hatte. Dagegen hatte ich keine Einwände: Auch Prominente sterben unversehens und ohne Rücksicht auf Redaktionsschluss und Andruckzeit. Daher empfiehlt es sich, letzte Würdigungen gleichsam auf Halde zu legen, damit man sie immer griffbereit hat.

Was die Sache mit Elisabeth jedoch schwierig

machte, war Mäuers fixe Idee, dass ich die Dame persönlich treffen sollte. Das hing auch mit der Tatsache zusammen, dass er beklemmend anglophil ist. So sehr gibt er den Briten, dass er vorgibt, noch nie von »Dinner for One« gehört zu haben. Angeblich ist er sogar Mitglied der Sherlock Holmes Society, wo er, wie man munkelt, sich regelmäßig mit Pfeife und Deerstalker-Mütze einfindet, um fiktive Kriminalfälle zu lösen.

»Bei solch einer herausragenden Persönlichkeit wie der Queen«, hatte er damals pompös verkündet, »ist es unabdingbar, dass der Autor einen persönlichen Eindruck von seinem Objekt erhält. Mit Secondhand-Infos kann man einem Menschen wie der Queen nicht gerecht werden – stilistisch, persönlich und überhaupt.« Ich hatte es in der Tat geschafft, der Queen einige Male persönlich so nahe zu kommen, dass sie meine Existenz zur Kenntnis nahm. Aber diese Begegnungen waren nicht von der Art, dass ich stolz meinen Enkelkindern davon erzählen würde. Viel eher könnte ich mir vorstellen, dass die Queen diese Treffen kichernd in ihren eigenen berüchtigten Anekdotenschatz aufgenommen hat.

Insofern hatte Mäuer vielleicht sogar recht: In der Schweiz könnte mir solches Missgeschick nicht widerfahren. Das Land war so republikanisch, dass vermutlich sogar Bienenvölker von Schwarmvorsteherinnen statt von Königinnen angeführt wurden. Und was Nachrufe betraf, so waren die meisten berühmten Schweizer schon tot. Von den Lebenden gab es, soweit ich das überblicken konnte, niemanden, der einen Vorabnachruf gerechtfertigt hätte. Streng genommen gab es noch nicht einmal Namen, die mir dazu eingefallen wären.

Außerdem kann man Mäuer kaum eine Idee ausreden, die sich einmal bei ihm eingenistet hat. Ihm erfolgreich zu widersprechen ist in etwa so aussichtsreich, wie Angela Merkel zum Erzählen schmutziger Witze zu animieren. Ohnehin wird Mäuer von keinerlei Minderwertigkeitskomplexen geplagt. Im Wesentlichen leidet er lediglich unter zwei Trugschlüssen: dass er ein unwiderstehlicher Don Juan und ein hervorragender Journalist sei. Generationen von Frauen und Lesern sind zwar stets anderer – deutlich kundgegebener – Meinung gewesen, aber das ist bei Mäuer noch nicht angekommen.

So also waren Katja, Julia, der Hund und ich unter Wilhelm Tells Nachfahren geraten – und bis jetzt waren wir aus dem Staunen nicht herausgekommen. Argwöhnisch hatte mich schon gestimmt, dass unsere Freunde uns mit merkwürdig entrückten, leicht glasigen Blicken verabschiedet hatten. »Ach, die Schweiz«, hatten sie unisono geseufzt, »wie schön, ein wahres Paradies.« Was mich misstrauisch stimmte, war eine frühere Erfahrung. Als wir Jahre zuvor in die Türkei gegangen waren, hatten dieselben Freunde uns wegen unseres Umzugs in diesen Höllenpfuhl lebhaft bedauert. Doch unsere Zeit in Istanbul entpuppte sich als großartig. Was, wenn es sich mit der Schweiz nun umgekehrt verhalten würde?

Katja hatte aus ihrer sowjetischen Kindheit ein eher zwiespältiges Verhältnis zur Schweiz mitgebracht. Wir hatten uns in Moskau kennengelernt, wo sie aufgewachsen und in dem real-sozialistischen Spannungsfeld aus Onkel Wanja, Väterchen Frost und dem Genossen Wladimir Iljitsch Lenin sozialisiert worden war. Und einige der von den jungen Pionieren vermittelten Lebensweisheiten halten sich eben doch ein ganzes Leben lang.

Deshalb war Katja natürlich einerseits klar, dass Zürich eine der Wall Street ebenbürtige Heimstatt habgieriger Kapitalisten war, die es darauf abgesehen hatten, ebenso gnaden- wie gewissenlos werktätige Menschen auszubeuten und den Sozialismus zu unterhöhlen. Andererseits aber standen Sowjetmenschen gegenüber den Eidgenossen in einer gewissen Schuld. Schließlich hatte Zürich Lenin beherbergt und ihm Schutz vor den Nachstellungen der zaristischen Geheimpolizei gewährt. So sehr hätte sich diese Tatsache ins kollektive Empfinden der Sowjetbürger eingebrannt, dass die Wörter »Lenin« und »Zürich« ein ähnlich unzertrennliches Begriffspaar gewesen seien wie »Lenin« und »Oktoberrevolution«.

Warum ich selbst die Schweiz so wenig kannte, war eigentlich noch weniger zu begreifen. Als Bayer war ich schließlich in ihrem Dunstkreis aufgewachsen. Mit dem Bodensee verbindet uns ein gemeinsames Gewässer, mit den Alpen eine ganze Gebirgskette, und auch gejodelt wird beiderseits der Grenze. Dennoch war mir das Land immer fremd geblieben. Ich konnte es zwar auf der Karte finden – schließlich lag es eingekeilt zwischen Frankreich (l'amour und guter Wein), Italien (amore und gutes Essen) und Österreich (Tafelspitz und Palatschinken, mei Liaber) –, aber meine mentale Schweizkarte ähnelte mittelalterlichen Darstellungen Afrikas: viele weiße Flecken und die Aufschrift »hier leben Banker und Kühe«. Natürlich hatte ich Namen wie Arosa, Grindelwald oder Zermatt gehört. Aber ich hatte mir nie die Mühe gemacht nachzuforschen, ob es sich dabei um Orte aus Fantasy-Romanen oder um real existierende Ansiedlungen handelte.

Zu meiner Ignoranz hatte sicher beigetragen, dass sich meine Eltern nie mit Bergsteigen oder Skifahren anfreunden konnten. Und wenn schon Schweiz, dann hatten wir in Nürnberg unsere eigene Schweiz direkt vor der Tür: Jeden Sonntag fuhren wir mit der Bahn in die Fränkische Schweiz, wo wir ewig lange spazieren gingen, bevor wir im ewig gleichen Gasthaus die ewig gleichen Schnitzel mit Kartoffelsalat bestellten.

So richtig exklusiv ist die Schweiz ja ohnehin nicht auf der Welt. Allein in Deutschland gibt es 67 Schweizen – von der Amshausener Schweiz in Westfalen bis zur Wolkensteiner Schweiz im sächsischen Zschopautal, wo immer das auch sein mag. Ganz zu schweigen von der kamerunischen und der peruanischen Schweiz. Selbst die Schweiz gönnt sich eine eigene Schweiz: Das Emmental soll so schweizerisch sein, dass der Rest des Landes im Vergleich dazu vermutlich nachgerade bolivianisch oder mongolisch wirkt.

Hinzu kommt, dass die Schweiz von Bayern aus gesehen verkehrstechnisch in einem mausetoten Winkel liegt – noch hinter dem Allgäu, das nach bayerischem Verständnis sowieso in einer eigenen Galaxis angesiedelt sein könnte. Ähnlich aufwendig wie eine interstellare Reise gestaltet sich auch die Anfahrt, egal ob mit Bahn oder Auto. Sogar eine Schiffsreise nach München bieten die schweizerischen Staatsbahnen von Zürich aus an: nach Romanshorn am Bodensee, dann mit der Fähre nach Friedrichshafen und weiter mit dem Bummelzug. Nein, für Bayern war die Schweiz nie eine Option. Ein wildes Bergvolk sind wir selber. Und suchen wir grenzwertige Exotik, fahren wir lieber ein Stück weiter nach Österreich.

Ich vermeide inflationär gebrauchte Wörter, wie etwa »Kulturschock«. Unsere Tochter beispielsweise versteht darunter schon, wenn ihr der eigene Vater auf Facebook begegnet. Die Schweiz aber traf Katja und mich derart unvorbereitet, dass das Wort nicht zu hoch gegriffen ist.

Vielleicht wären wir nicht so geschockt gewesen, wenn wir direkt aus Deutschland gekommen wären. Einige Schweizer Primärtugenden werden schließlich als Sekundärtugenden nicht minder liebevoll auch in Deutschland gepflegt. Aber wir hatten die letzten sechs Jahre in England gelebt, und die Briten unterscheiden sich bekanntlich deutlich von allen kontinentaleuropäischen Verwandten, und ganz besonders von ihren teutonischen Cousins.

Tritt man, um nur ein paar Beispiele zu nennen,

einem Briten auf den Fuß, dann entschuldigt er sich. Ruiniert man seine Nachtruhe mit tosender Partymusik, lobt er am nächsten Morgen mit verklebten Augen die gute Songauswahl, bevor er sich anonym und schriftlich bei irgendeiner Behörde beschwert. Und nie würde ein Brite in einem Restaurant das Essen kritisieren – selbst dann nicht, wenn ihn ein akuter Würgereiz aufs Klo treibt.

Schweizer hingegen tun sich keinen Zwang an, sie machen aus ihren Herzen keine Mördergruben. Sie sagen es, wenn ihnen etwas nicht passt. Man sollte sich zudem nicht unbeobachtet wähnen, nur weil eine Straße menschenleer erscheint. In entscheidenden Augenblicken materialisiert sich aus dem Nichts eine aufmerksame Person, die in unzweideutiger Weise darauf hinweist, was man sich schon wieder hat zuschulden kommen lassen – sei es, dass man das Altpapier falsch gebündelt hat oder eine rote Hundekacktüte aus dem Kanton Sankt Gallen unter die schwarzen Zürcher Säckli schmuggeln wollte.

Die meisten Fallstricke lauern ohnehin beim Gassigehen. Würde man alle Ge- und Verbote beherzigen, müsste man dem Hund auf seine alten Tage den Gebrauch eines WCs beibringen. Offensichtlich existiert neben Taschenmessern, Armbanduhren, Schokolade und Präzisionsmaschinen ein weiterer erfolgreicher Industriezweig. Er prosperiert im Verborgenen und stellt in großer Stückzahl Schilder her, auf denen rot durchgestrichene Hundesilhouetten prangen. Zuweilen tragen sie die Aufschrift: »Hier darfst Du nicht«. Dabei fällt auf, dass das »Du« als Zeichen des Respekts großgeschrieben ist, so wie man uns das früher für unsere Dankeschön-Briefe an Oma und Opa nach Weihnachten eingebimst hat. Sie mögen Hunde zwar in schmerzhafte Koliken treiben, aber die Schweizer vergessen darüber nicht ihre angeborene Höflichkeit.

Ähnlich widersprüchlich zwischen Aggression und Liebenswürdigkeit hin und her pendelnd verhielt sich auch jene Rentnerin, die ihren Audi vor dem Supermarkt direkt neben mir parkte. Bevor ich mich einen Schritt von meinem Wagen entfernen konnte, war sie blitzschnell herausgesprungen und hatte mir eine weitgehend aus Rachenlauten und gerollten R bestehende Suada entgegengeschleudert, von der ich nur ein einziges Wort verstand: Appenzell. Jeder andere hätte an Käse gedacht, aber ich erinnerte mich rechtzeitig, dass ich einen Leihwagen fuhr, der – wie fast alle Mietautos in der Schweiz – aus steuerlichen Gründen an einem Ort namens Appenzell-Innerrhoden zugelassen war.

»Sie werden es jetzt vermutlich nicht glauben«, hatte ich mit meinem charmantesten Lächeln erwidert, »aber ich bin kein Appenzeller, auch mein Vater war keiner, er hat nur den Käse gegessen, ohne den Teller. Ich bin Deutscher.«

»Das hätte ich mir ja gleich denken können«, zischte sie daraufhin – diesmal in besser verständlichem Deutsch – zurück. »Wieso blinken Sie eigentlich nicht, wo Sie hinfahren wollen? Ich fahre hinter Ihnen her wie hinter einem Rätsel – wo will der jetzt hin?«

Ich wappnete mich gegen weitere Attacken, als sich plötzlich die Spannung in ihrem Gesicht löste und sie mich strahlend anlächelte.

»Schade, dass Sie kein Appenzeller sind«, seufzte sie. »Ich bin da aufgewachsen und wollte nur mal endlich wieder in meinem Dialekt mit einem Landsmann reden.«

Am schlimmsten hatte der eidgenössische Kulturschock allerdings unsere Tochter getroffen. Fairerweise muss man vielleicht bei dieser Gelegenheit erwähnen, dass Julia siebzehn Jahre alt ist. In diesem Alter hat sich sowieso die ganze Welt gegen den jungen Menschen verschworen: Eltern, Lehrer, Freunde, ja die eigene Haut, die aus Daffke ständig Pickel produziert. Jeder neue Tag, der anbricht, ist eine Zumutung. Oder wie soll man es sonst nennen, wenn man sich zu nachtschlafender Stunde – zwischen elf und zwölf Uhr mittags beispielsweise – aus dem Bett schälen muss.

»Oh, my God!«, stöhnte Julia bei unserer ersten Schnuppertour, bei der wir Zürich und das Umland bis hinunter nach Luzern und Zug erkundeten. »Ist das eine Geriatrieabteilung im Länderformat? Guck doch mal: Die Leute sind steinalt.«

Misstrauisch, mit einem Deut ins Angewiderte, musterte sie die Szenerie auf dem Bürkliplatz, die weiß-blauen Straßenbahnen, die an der klassischen Fassade des Luxushotels Baur au Lac vorbei fast lautlos in der Bahnhofstraße verschwanden, wo gesittete Passanten an edlen Geschäften vorbeiflanierten. Ich musste Julia schon recht geben: Wenn wirklich Jugendliche darunter waren, dann hatten sie sich gut verkleidet.

»Und wie die sich schon anziehen«, stieß sie hervor. »Absolut keinen dress sense. Abartig.«

Ich sah genauer hin. Schon richtig. Die Mehrzahl der Leute auf der Straße war deutlich anders gekleidet als meine Tochter, was ich grundsätzlich nicht als Nachteil empfand. Diese Schweizer trugen auch andere Kleider als die Durchschnittsbriten, mit denen wir es in den vergangenen Jahren zu tun gehabt hatten. Im Gegensatz zu dem liebevoll gepflegten, aber irreführenden Bild vom modebewussten Engländer, der sich von seinem Leibschneider in der Savile Row einkleiden lässt, begnügen sich die meisten Inselbewohner mit bequemen, schlabbrigen Trainingshosen und T-Shirts. Bei steigenden Temperaturen sinkt zudem die Hemmschwelle, und man trägt grundsätzlich kaum mehr am Leib als die eigene rot verbrannte Haut. Das würde Schweizern offensichtlich nicht einmal im Strandurlaub in den Sinn kommen.

Tatsächlich hatten wir kaum Jungen und Mädchen in Julias Alter gesehen. Es war allerdings gut möglich, dass sie einfach älter aussahen. Schon ABC-Schützen auf dem Weg zur Schule vermitteln hier zuweilen den Eindruck, als ob sie unterwegs ins Büro wären, so ernsthaft sind sie miteinander ins Gespräch vertieft.

Die einzige mehr oder weniger jüngere Person, zu der wir Kontakt aufgenommen hatten, war der Makler gewesen. Er schien ein Auge auf unsere

Tochter geworfen zu haben, was an mir als Vater völlig vorübergegangen war. »Selektive Blindheit als Selbstschutz« heißt das vermutlich in der Wissenschaft. Erst später klärten mich Frau und Tochter auf. Julia, weil sie die Avancen des alten Knackers – er war immerhin schon 26 Jahre alt – als widerwärtig empfand; Katja, weil sie in dem wohlerzogenen, gutaussehenden jungen Mann – er war immerhin erst 26 Jahre alt – hervorragendes Schwiegersohn-Material entdeckt hatte.

Bastian, so hieß der verschmähte Hoffnungsträger, hatte sein Bestes getan. »Sie dürfen mir glauben«, flötete er Julia an, »in Zürich hat es eine abgedrehte Partyszene.«

»Wie, es *hat* eine Partyszene?«, fragte Julia grausam zurück. »Es hat eine Szene gegeben, meinen Sie wohl?«

Tapfer hatte Bastian die schweizerdeutsche sprachliche Besonderheit erklärt, wonach es eine Party, ein Stück Schokolade oder eine Wohnung hat und nicht gibt. Aber da war er bei unserer Tochter schon unten durch gewesen. Noch nicht einmal die Erwähnung eines künstlichen tropischen Strandparadieses auf dem obersten Deck eines Parkhauses in Zürich-Nord konnte sie noch umstimmen. Sie bevorzugt tropische Strände im Original.

Kurz darauf war ohnehin die Entscheidung gefällt worden, dass sie die letzten Schuljahre in ihrer bisherigen Schule in London absolvieren sollte. Erstaunlich, wie glücklich ein Mädchen darüber sein kann, die nächsten zwei Jahre in einem

Dreibettzimmer im Internat leben zu dürfen. Konsterniert hat sie seitdem allerdings zur Kenntnis genommen, dass ihre Freundinnen in Verzückung verfallen, wenn sie hören, dass ihre Eltern in der Schweiz leben. Sie wollen nun alle in den Ferien mit Julia zu uns kommen. Ich selbst kann diese Begeisterung nicht recht nachvollziehen, wenn ich das Land mit den Augen eines Teenagers betrachte. Möglich, dass all jene Länder bei Jugendlichen einen Startvorteil genießen, deren Flaggen sich nicht auf drei farbige Streifen beschränken, sondern vom Design her etwas mehr wagen, wie beispielsweise der Union Jack, die Stars and Stripes oder eben das Schweizerkreuz.

Vorerst hatten wir allerdings noch nicht entschieden, ob Julia überhaupt Freundinnen würde mitbringen dürfen. Denn das Leben für unsere Kleinfamilie war auch schon ohne zusätzliche Kostgänger teuer genug. Mehr als eine Hypothek würde uns die Bank nicht gewähren, schon gar nicht, wenn sie erführe, dass wir das zusätzliche Geld für den wöchentlichen Einkauf im Supermarkt benötigten.

Dass die Schweiz kein Billigland ist, war uns ja schon klar gewesen. Aber nichts hatte uns auf unseren ersten Besuch im Supermarkt vorbereitet. Katja und ich reagierten unterschiedlich auf die Preisschilder: Sie hyperventilierte, ich verfiel in eine katatonische Schreckstarre. In Gedanken leistete ich meinem Vater Abbitte. Ich hatte immer noch seine Worte im Ohr, mit denen er jede Diskussion über Urlaubspläne abwürgte: »Die

Schweiz schlagt euch mal ganz aus dem Kopf. Die ist viel zu teuer.«

»Jetzt verstehe ich den Spruch, den uns unser Nachbar in London mit auf den Weg gegeben hat«, stöhnte Katja, als sie eine Packung mit Schweineschnitzeln nach einem Blick aufs Etikett schaudernd zurück in die Kühltruhe gelegt hatte. Von der Größe her ähnelte es einem Kaviardöschen. »›Warum haben die Schweizer so viel Geld‹, hat er gefragt.«

»Und?«, hakte ich nach. »Warum haben die Schweizer so viel Geld?«

»Weil sie es brauchen.«

Einer Erhebung hatte ich entnommen, dass es in der Schweiz 200 000 Millionäre geben soll. Dies schien mir dann doch zu kurz gegriffen, angesichts der happigen Lebenshaltungskosten. Plausibler erschienen mir da schon die Statistiken über das Vermögensgefälle innerhalb des Landes. Im Kanton Jura, hieß es, wohnten die ärmsten Schweizer. Sie müssten knapsen und knausern, damit sie irgendwie über die Runden kämen mit ihren kümmerlichen fünf-, sechstausend Franken im Monat.

Ich habe diese Statistik an die Gehaltsbuchhaltung geschickt, aber bis heute keine Antwort erhalten. Vielleicht haben die Kollegen in München Jura mit einer Studienrichtung verwechselt.

Katja und ich freilich waren zunehmend mutlos durch den Supermarkt getappt. Von Regal zu Regal sanken unsere Herzen tiefer.

»Vielleicht können uns deine Eltern Gemüse

aus ihrer Datscha schicken«, regte ich an. »Damit wir nicht zu hungern brauchen.«

»Habe ich auch schon dran gedacht«, gab sie mit grimmiger Miene zurück. »Aber die Schweizer verlangen zu viel Zoll.«

Ich war unterdessen vor einer Kühltruhe mit Geflügel stehen geblieben. »Mmh, guck mal. Wachteln. Und wie groß die sind.«

Katja langte in die Truhe und zog einen Vogel heraus. »Meinst du?«, fragte sie spitz. »Hier steht ›Poulet‹ drauf. Heißt das auf Deutsch nicht Huhn?«

Tatsächlich scheint in der Schweiz außer Einzelhandelspreisen, Mieten und Alpengipfeln alles ein paar Nummern kleiner zu sein. Wir waren daher nicht weiter überrascht, als wir in der Obstabteilung Ananas von der Größe einer Handgranate sowie Melonen und Kürbisse fanden, die man in einer Hand verstecken konnte. Immerhin eigneten sie sich zu Scherzfragen nach dem Motto: »Rate mal, was ich in meiner Hand habe.«

»Ist ja auch logisch«, meinte Katja zu dem Mini-Gemüse. »Bei den Preisen. Trüffeln werden ja auch nicht in Zehn-Kilo-Säcken verkauft.«

Restaurants verfahren nach demselben Prinzip. Da sie das Schweizer Wettbewerbsrecht offenkundig daran hindert, Gästen aus der Eurozone bei der Bestellung kurzfristige Dispositionskredite anzubieten, führen sie auf der Speisekarte halbe Portionen populärer Gerichte. Die kosten allerdings nicht den halben Preis, sondern nur ein Drittel weniger. Dabei handelt es sich um die sogenannte Gastro-Arithmetik, eine Abart der reinen Mathematik, die der Welt auch die Schweizer Wirtegleichung »Zweimal eins macht drei fünfzig« beschert hat.

»Es wird höchste Zeit, dass du mal mit Mäuer über dein Gehalt sprichst«, hatte Katja mich gebeten, als wir wieder einmal hungrig ein Gasthaus verlassen hatten. Katja hatte sich an einem Eierbecher voll Tomatensuppe gelabt. Ich hatte das kleine Schnitzel so schnell verdrückt, dass die Bedienung in einem spontanen Anfall von Mitleid kurz davor zu stehen schien, mir einen Beutel mit Speiseresten aus der Küche in die Hand zu drücken. Am Ende hatte dann doch die Schweizer Vernunft gesiegt.

»Habe ich doch schon getan. Aber da beißt du auf Granit. Das Essen in Restaurants werde oft überschätzt, hat er gesagt. Und überhaupt sei es wissenschaftlich erwiesen, dass man länger lebt, wenn immer ein leichtes Hungergefühl im Magen zurückbleibt. Ich könne dankbar sein, dass er mich in die Schweiz geschickt hat, weil er damit mein Leben verlängere.«

»Aber was für ein Leben! Sieht er denn nicht den Wechselkurs? Mit unserem Euro komme ich mir vor wie eine arme Verwandte. Wir stehen schon kurz vor eins zu eins zum Franken.«

»O ja, darauf hatte er natürlich auch eine Antwort: In diesem Fall falle das lästige Umrechnen weg, und Rechnen sei doch ohnehin die klassische Schwachstelle aller Journalisten.«

Trotz dieser Rückschläge beschloss ich, einen weiteren Anlauf zu unternehmen und Mäuer anzurufen. Er war verdächtig aufgekratzt und jovial, was nichts Gutes ahnen ließ. Er schien zu wissen, worüber ich mit ihm reden wollte, und ließ mich erst gar nicht zu Wort kommen.

»Na, wie geht es denn der Schweiz. Schon gut eingelebt. Wissen Sie, eigentlich beneide ich Sie. Wenn ich hier nicht wegen wichtiger Führungsaufgaben unabkömmlich wäre, würde ich sofort mit Ihnen tauschen.«

»Aber mit einem anderen Gehalt«, schaffte ich einzuwerfen, weil seine Zunge offensichtlich über sein Bonbon gestolpert war.

»Seien Sie doch nicht immer so grauenvoll materialistisch«, fuhr er ungerührt fort. »Sehen Sie mal, die Schweiz ist ein ruhiges Land, kein Stress, gerade richtig für einen Mann in Ihrem Alter. Kein Mensch interessiert sich für Schweizer Innenpolitik. Wann haben die Schweizer denn das letzte Mal Schlagzeilen gemacht? Na? Oder?«

Es war schon richtig. Es war ruhig hier, sehr ruhig. Man musste nicht gleich so weit gehen wie Katja, die von »der tötesten aller toten Hosen« sprach. Aber sehr viel regte sich wirklich nicht in diesen Beinkleidern. Offen gesagt: Ich könnte mir vorstellen, dass es Sanatorien mit mehr Remmidemmi gibt.

Leicht konsterniert hatte ich zum Beispiel zur Kenntnis genommen, dass sich noch nicht einmal der Straßenverkehr für eine saftige Geschichte eignete. In jedem anderen Land wirft das Fahrverhalten der Einheimischen die eine oder andere gute Story ab: Zahme Deutsche, die sich hinter dem Steuer ihrer Turbo-Boliden auf der Autobahn in geschwindigkeitsbesessene Mister Hydes verwandeln. Ägypter und Türken, für die Straßen ein Abenteuerspielplatz sind, wo jeder Ausflug einen ungewissen Ausgang hat. Amerikaner, die sich am liebsten mit einer Mini-Me-Version ihrer Eigenheime auf die Interstate begeben. Und die Briten, die im Verkehr sowieso alles verkehrt herum machen.

Und die Schweizer? Alles, was ich bisher über sie sagen konnte, war, dass sie Auto fahren. Nicht zu schnell und nicht zu langsam. Nicht grottenschlecht wie die Belgier und nicht begnadet gut wie Sebastian Vettel. Autofahren ist für sie wie Atmen. Schalten, blinken, bremsen, aussteigen.

Aber ich konnte Mäuer natürlich nicht recht geben. Der erwartete schließlich Geschichten von mir.

»Und was ist, wenn sie wieder mal Minarette verbieten oder ungeliebte Ausländer in Bausch und Bogen ausschaffen wollen? Ausschaffen, wie das schon klingt«, protestierte ich.

Ein klein wenig Wissenswertes über die Eidgenossenschaft war in den vergangenen Jahren sogar an meine Ohren gedrungen.

»Ach was, das ist Folklore, nicht viel anders als der Almabtrieb oder die Kuckucksuhren. Das macht sie ja so putzig, die Schwyzer. Eigentlich ein ganz niedliches Völkchen. Sie wissen doch: In der Schweiz ist alles schöner und besser.«

»Übrigens«, korrigierte ich. »Adolf Muschg hat gesagt, dass in der Schweiz *übrigens* alles schöner und besser ist. Das relativiert die Sache doch ein bisschen.«

Ich war mir nicht sicher, ob dies die richtige Einstellung für eine seriöse Berichterstattung über irgendein Land war. Ich kannte die Schweiz zwar nicht, aber meine Erfahrung hatte mich gelehrt, dass der Begriff »niedlich« auf keine Nation zutrifft – vielleicht mit Ausnahme von Legoland. Aber die Schweiz?

Klein war sie ja, aber alles andere als kuschelig. Allein schon vom Umriss auf der Karte her wirkte sie eher stachelig. Mir kam sie vor wie ein quer liegendes, aufgeklapptes Armeetaschenmesser: Der Rücken mit dem Bodensee einigermaßen gerade, aber an den anderen Ecken ragen alle möglichen spitzen, zackigen und gezwirbelten Gerätschaften heraus, deren Sinn sich nicht sofort erschließt.

Aber Mäuer war jetzt voll in Fahrt.

»Denken Sie mal, worüber Sie schreiben können: Schokolade, Armbanduhren, Wilhelm Tell, Armeetaschenmesser, Jodeln, Alphörner, Bergbahnen, das Matterhorn. Da müssen Sie übrigens unbedingt mal hin. Ein Bild von einem Berg. Wussten Sie eigentlich, dass es eine Theorie gibt, wonach dieses Massiv vom Schweizer Fremdenverkehrsverband in einer Nacht-und-Nebel-Aktion erst in diese perfekte Bergform gemeißelt wurde? Die Mutter aller Berge gewissermaßen. Ich sage Ihnen: Das Matterhorn als Markenzeichen ist ein Logo, das nicht weniger wertvoll ist als die Goldbögen von McDonald's oder der Coca-Cola-Schriftzug.«

»Mit anderen Worten: Sie erwarten von mir,

dass ich alle gängigen Klischees über die Schweiz rauf- und runterbete«, warf ich ein. Mäuer hatte es wieder einmal geschafft. Dass ich eigentlich über Geld sprechen wollte, hatte ich ganz vergessen.

»Aber sicher doch.« Mäuer schien aufrichtig erstaunt zu sein. »Ich bitte Sie, wie lange sind Sie denn schon im Journalismus? Die Leute wollen letzten Endes das lesen, was sie sowieso schon kennen.«

Leider hatte er nicht unrecht. Vielleicht liegt es in der menschlichen Natur, dass wir am liebsten unsere Meinungen und Vorurteile bestätigt sehen. Das war ja in Britannien, in Amerika oder in der Türkei, wo ich früher gearbeitet hatte, nicht anders gewesen. So, wie man ihn sich vorstellt – den Döner brutzelnden, radebrechenden Türken, den Hamburger verschlingenden, dickbräsigen Ami –, so hat er gefälligst zu sein. Ich glaube, erfolgreicher Journalismus besteht darin, den Leser mit dem Klischee anzulocken. Nur dann kann man ihm anschließend jene Erkenntnisse und Ansichten gleichsam unterjubeln, die man ihm eigentlich vermitteln will.

»Und das Beste an einem Job in der Schweiz«, schreckte mich Mäuer aus meinen Gedanken auf, »Sie werden mehr von mir sehen.«

»Ach wirklich?«, hauchte ich tonlos. »Wie schön. Warum denn?«

»War schon immer mein Lieblingsland. Sie werden es vielleicht nicht wissen, aber ich wandere für mein Leben gern in den Bergen. Die Luft, die weite Sicht, das Gefühl von Freiheit – ja, das ist es, ein Gefühl grenzenloser Freiheit. Kombiniert mit gemütlichen Hütten, wo es leckere Rösti gibt. Sollten Sie auch probieren, jetzt, wo Sie schon mal dort sind.«

Er ließ offen, ob er die Rösti meinte oder das Wandern.

»Und dann ist da noch was anderes.« Er senkte verschwörerisch die Stimme. »Die Banken, Sie wissen schon. Also, die würde ich mir liebend gern auch einmal persönlich ansehen. Da liest man ja so einiges, was die an Diensten bieten. Schon besser als bei uns. Lassen Sie uns das mal bei Gelegenheit vertiefen. Muss ja nicht am Telefon sein.«

Zwei

Wenn man als Korrespondent über Großbritannien berichtet, dann kann man seinen Wohnort nicht beliebig auswählen. St. Ives in Cornwall mag zwar landschaftlich und klimatisch reizvoller sein, Scunthorpe an der zugigen Nordseeküste von den Lebenshaltungskosten her billiger; aber an London als Dienstort führt kein Weg vorbei. Hier spielt die Musik – politisch, wirtschaftlich und kulturell. Bei 90 Prozent aller Geschichten trifft die Bezeichnung London-Korrespondent sogar wortwörtlich zu. Denn wenn man in der Metropole lebt, muss man sich schon sehr bemühen, zu erfahren, was sich in anderen Teilen des Königreichs ereignet. Die Londoner Musikkapelle genügt sich weitgehend selbst.

Ähnlich verhält es sich in den meisten Ländern, in denen Korrespondenten arbeiten. Das gilt sogar fürs föderative Deutschland, wo es für ausländische Zeitungs- und Fernsehschaffende keine Alternative zu Berlin gibt – auch wenn man sich in München noch so darüber ärgern mag.

Eine Ausnahme von der Regel war die Türkei, wo wir uns ohne großes Nachdenken entschlossen, unsere Zelte in Istanbul aufzuschlagen und nicht in Ankara. Der Grund dafür erschließt sich jedem, der einmal beide Städte erlebt und miteinander verglichen hat. Insgeheim teilen die Türken selbst die Vorbehalte gegen ihre Hauptstadt. Wie sonst wäre es zu erklären, dass freitagnachmittags Flüge von Ankara nach Istanbul bis auf den letzten Platz ausgebucht sind, derweil die Maschinen in der Gegenrichtung leer fliegen, nur bemannt mit widerwilligen Flugbegleitern und Piloten, die sich auf dem falschen Wege wähnen.

Auch in der Schweiz kann man sich den Dienst- und Wohnort eigentlich aussuchen. Man könnte in die Hauptstadt Bern gehen, wo man dann Beamte der eidgenössischen Bundesregierung und Diplomaten aller in der Schweiz akkreditierten Nationen auf unzähligen Empfängen trifft. Letztere werden hier übrigens »Apéro« genannt, was Französisch ist und damit grundsätzlich besser klingt als Stehempfang, im Wesentlichen aber dasselbe bedeutet: Häppchen und lauwarmer Sekt im Stehen. (Die Schweizer sprenkeln ihre Sprache gerne mit französischen Vokabeln: Das »Fumoir« hat eindeutig einen mondäneren Klang als die Raucherecke, und wer würde hinter dem stolzen »Reduit« eine schlichte Besenkammer vermuten.)

Möglich wäre auch Genf als Dienstort, wenn man sich damit abfinden kann, eigentlich in einer Art von puritanischem Frankreich zu leben, wo die meisten Menschen Französisch mit einem grauenvollen englischen Akzent sprechen. Viele Deutschschweizer müssen sich zuweilen durch einen Blick auf die Landkarte davon überzeugen, dass diese Stadt wirklich zu ihrem Staat gehört. Und die Genfer selbst behaupten, dass die Eidgenossenschaft in Nyon endet – dreißig Kilometer vor ihrer Stadtgrenze.

Lugano, St. Moritz oder Davos wären sehr erholsam, würden aber den Neid der Kollegen daheim erregen. Die Ortsmarken Luzern, St. Gallen oder Neuchâtel wiederum würden Stirnrunzeln auslösen, und anstatt nach Schaffhausen oder Basel könnte man gleich nach Deutschland ziehen. Also bleibt als Basis für das Leben und die Arbeit nur Zürich, was letzten Endes gerecht und konsequent ist. Denn innerschweizerisch genießen Zürcher denselben schlechten Ruf, der den Deutschen in der ganzen Schweiz vorauseilt: nassforsch, frech und arrogant, dazu viel zu hektisch und zu laut. »Zu-riich« spricht man in Basel den Namen der heimlich-unheimlichen Hauptstadt des Landes mit ihren Banken und den Bahnhofstraßen-Boutiquen aus, mit der Betonung auf der zweiten Silbe, die im lokalen Dialekt »reich« bedeutet. Im unmittelbar benachbarten Aargau wiederum übersetzt man das Zürcher Autokennzeichen ZH knapp und wenig schmeichelhaft mit »Zweni Hirni«.

Nun ist Zürich keine Stadt, in die man sich Hals über Kopf verlieben würde. Das wäre sowieso schockierend unschweizerisch. Nicht dass sie hässlich wäre. Dagegen spricht einerseits ihre reizvolle Einbettung zwischen Zürich- und Uetli-Berg: Auf dem einen wohnt das ganz, ganz alte

Geld, auf dem anderen verbringt das gemeine Zürcher Volk seine Freizeit bei Spaziergängen, Schlittenfahrten und Mountainbike-Touren. Dazu kommen die Lage am See und zahlreiche ansprechende Bauten, die alle Stilrichtungen zwischen frühem Mittelalter und spätem Großbürgertum einschließen. Aber es bleibt eben doch ein Sammelsurium unterschiedlicher Versatzstücke, aus denen sich keine pompöse Bühne bauen ließe wie in Wien oder Paris. Aber dort wurde einst ja auch wirkliches Welttheater gegeben, weshalb man diese Kulissen brauchte.

Nicht so an der Limmat (selbst der Fluss übt sich in Bescheidenheit). Auf großes Theater haben die Zürcher nie viel gegeben, sondern mehr auf Kammerspiele: klein, aber fein, Zimmerlautstärke statt Pauken und Trompeten. Das zeigt sich eben auch an der Architektur. Stellenweise wirkt die Stadt wie eine Patchworkdecke, die aus Resten anderer europäischer Städte zusammengeflickt wurde. Die Altstadt mit den Fachwerkhäusern und dem Frauen- und dem Großmünster könnte einer mittelalterlichen deutschen Stadt wie Nürnberg oder Regensburg entliehen worden sein. Einige Fassaden rings um die Eidgenössische Technische Hochschule wiederum erinnern an die Wiener Ringstraße. Wo der Sihl-Kanal leise plätschernd seinen Weg in den See nimmt, meint man einen Hauch von Amsterdam zu erhaschen. Und selbst die Brutalo-Architektur einer stalinistischen Metropole wie Minsk oder Tirana kann Zürich bieten: Ausgerechnet jener Platz, der den

Namen der Schutzpatronin Helvetia trägt, ist eine freudlose, öde Fläche mit einer abweisenden Betonfassade und einem dazu passenden Denkmal werktätiger Männer und Frauen.

Für Schweizer Verhältnisse mag Zürich mit seinen 340 000 Einwohnern eine Megametropole sein; doch wenn man ehrlich ist, dann ist die Stadt ähnlich überschaubar wie Osnabrück oder Remscheid. Eine Stadtrundfahrt mit einer Straßenbahn (nicht nur die Zürcher, alle Schweizer lieben ihre Straßenbahn) passiert im Wesentlichen immer dasselbe Karree aus Limmatquai, Bahnhofsplatz, Bahnhofstraße und Quaibrücke.

Diese Bahnhofstraße hat es allerdings in sich, wenn auch nicht so, wie ich ursprünglich angenommen hatte. Nach deutschem Verständnis finden sich in Bahnhofstraßen Sexshops, Stundenhotels und Schnellimbisse, aufgelockert von dem einen oder anderen kurdischen Import-Export-Laden. Lediglich vereinzelte Tchibo-Kaffeetränken verströmen einen Hauch von Bürgerlichkeit.

Anders die Zürcher Bahnhofstraße. Sie spielt in derselben Liga wie die Fifth Avenue in New York, die Bond Street in London oder die Place Vendôme in Paris. Sie ist der Ort, an dem sich – so der deutsche Journalist Friedrich Küppersbusch ätzend – »Fuchs und Nerz gute Nacht sagen«, vermutlich, nachdem sie zuvor noch Goldcolliers, Diamantarmbänder und Smaragdohrringe geshoppt haben. Wahrscheinlich ist es der Hang der Schweizer zu Bescheidenheit und Mimikry, der sie ihre Luxusboutiquen hier verstecken lässt. Wo gehst du einkaufen? Och, nur ein bisschen in der Bahnhofstraße. Das klingt nach Wochenmarkt, Edeka und Reformhaus, aber nicht nach Cartier-Colliers, Boss-Anzügen und Breguet-Uhren.

Eigentlich wird ja den Briten nachgesagt, dass sie mit ihrem Reichtum nicht protzen. Aber im Vergleich zu den Schweizern legen die Insulaner so viel vornehme Zurückhaltung an den Tag wie ein russischer Oligarch auf Shoppingtour in Dubai. So weit geht hier das Understatement, habe ich mir sagen lassen, dass Schweizer die Typenbezeichnung am Heck ihrer Luxuslimousinen vom Typ Audi A8L oder Mercedes S 500 L abkratzen, in der Hoffnung, dass ihr Wagen dann mit einem Sparmodell derselben Marke verwechselt wird. Und wirklich teure Schweizer Uhren sehen so schlicht aus, als seien sie in einer anderen Art von Bahnhofstraße gekauft worden. Da andere Schweizer mit dieser Praxis vertraut sind, erkennen sie einander dennoch und grüßen sich mit Augurenlächeln.

Wahrlich Eingeweihte unterscheiden freilich zwischen aufrichtiger und falscher Bescheidenheit. Die zweite erkennt man unter anderem an der notorischen sprachlichen Selbstverkleinerung, dem gefährlichen Schweizer Diminutiv, der aus einem Kleid ein Kleidli, aus einem Motorrad ein Töff und aus einer Atombombe ein Bömbli macht. Sogar ein Schlaganfall schrumpft zum niedlichen Schlägli. Der Gipfel der falschen Bescheidenheit ist allerdings die Selbststilisierung zum einfachen Bergvolk. Hinter diese Fassade ziehen sich die Eidgenossen reflexartig zurück, wenn das böse, große Ausland ihren Bankern und Vermögensverwaltern, ihren Steuerschlupflöchern und Megaindustrien ausnahmsweise einmal zu genau auf die Finger sieht. Aber wenn es darauf ankommt, dann versteht es der Alpen-David, den fremden Goliaths schmerzhafte Niederlagen zuzufügen. Dass ein solcher Streich zuletzt bei der Schlacht von Sempach 1386 überzeugend gelang, tut dem Selbstverständnis der modernen Helvetier keinen Abbruch.

»Mit Schnöseln will ich nichts zu tun haben«, hatte Katja spitz angemerkt und beschlossen, dass wir keine Wohnung in der Bahnhofstraße nehmen würden. Es war einer der seltenen Fälle, in denen es leicht war, mit einer Entscheidung nicht ins Wanken zu geraten. Denn ein Altbau-Apartment mit Blick über den Garten des Baur au Lac und die Fontäne im See wäre selbst bei einem deutlich günstigeren Wechselkurs des Euro zum Franken nicht erschwinglich gewesen.

Katja wollte stattdessen drei andere Dinge: frische Luft, Berge und einen Ausblick. An eine Heidi-Alm dachte sie dabei nicht. Eine verkehrsgünstige Anbindung an S-Bahn, Flughafen und Großstadt sollte schon sein. Schließlich wollte sie nicht mit Seilbahn oder Packesel ins nächstgelegene Dorf, nur weil sie die Zigaretten vergessen hatte.

Zum Glück erfüllt Zürich alle diese Wünsche. Man muss nur ein wenig aus der Stadt hinausfahren, vorzugsweise an die Ufer des Zürichsees. Nebenbei bemerkt: Wenn man bösartig wäre, könnte man sagen, dass im Grunde genommen fast alle Schweizer Städte gleich aussehen – ob Thun, Luzern, Genf, Lugano, Lausanne oder eben Zürich: Sie schmiegen sich an einen See, mit mehr oder minder pittoresken Bergen als Fototapete im Hintergrund. Der Schnöselfaktor, das versteht sich von selbst, ist überall mit inbegriffen.

Wie jeder andere See, so hat auch der Zürichsee zwei Uferseiten: eine westliche und eine östliche. (Den Südteil kann man in diesem Zusammenhang ignorieren. Dort liegen zwei Ortschaften namens Pfäffikon und Rapperswil. Obwohl sie nur dreißig S-Bahn-Minuten von den Nobelboutiquen der Bahnhofstraße entfernt sind, könnten sie nach Überzeugung der Zürcher genauso gut auf einem anderen Planeten liegen. Man fährt nur im Notfall dorthin, oder besser gesagt: in extremen Notfällen, die man sich gar nicht vorstellen möchte. Die gefühlte Distanz ist vielleicht deshalb so groß, weil beide Orte bereits in einem jeweils anderen Kanton liegen, auf die man als Zürcher ein klein wenig herabsieht.)

Das östliche Ufer des Sees trägt den Namen Goldküste, woraus sich schon ableiten lässt, dass hier die besseren Kreise leben. Woher der Name kommt, ist umstritten. Materialisten führen es auf den Wohlstand der Anrainer zurück, die womöglich tonnenweise Goldbarren in ihren Kellern lagern, gleich neben den Chagalls und Picassos sowie den Flaschen mit dem 1960er Château Lafite-Rothschild. Romantisch veranlagte Beobachter wiederum glauben, dass der Name auf den goldenen Glanz zurückgeht, den die im Westen versinkende Abendsonne über Zollikon, Küsnacht, Herrliberg und Meilen vergießt. Demnach hätte sich das Gestirn mit den Reichen verbündet, um die Bewohner der gegenüberliegenden Küste zusätzlich zu verspotten, indem die sich diese Pracht Abend für Abend ansehen müssen.

Die Goldküsten-Anrainer blicken mit einem guten Maß an Verachtung auf die Bewohner des westlichen Ufers herab. Dies ist freilich insofern ungerecht, als die Miet- und Immobilienpreise rings um den See inzwischen gleich hoch sind. In der Tat: Im Westen wurde inzwischen vermutlich mehr Wohlstand angehäuft. Denn ein kleiner Uferstreifen gehört zum Kanton Schwyz, und der hat mit radikalen Steuersenkungen Superreiche angezogen.

Mit Erfolg. Die Ortschaft Wollerau weist neben Monaco und dem Londoner Nobelviertel Mayfair die vermutlich größte Milliardärsdichte der Welt auf: Mehr als 450 Krösusse leben in dem winzigen Nest. Das heißt, »Leben« ist falsch ausgedrückt, sie haben nur eine Wohnung oder Villa mit entsprechender Adresse dort. Der Ort ist bar jeder Attraktivität. Dort kann man eigentlich nur leben, wenn man dort nicht wohnen muss.

Es versteht sich von selbst, dass unsere Wohnung auf der richtigen Seite des Sees liegt. »Eine kluge Entscheidung«, hatten uns Makler und Hausverwalter übereinstimmend versichert. »Sie wollen doch nicht an der Pfnüselküste wohnen.«

Pfnüsel, so ließen wir uns aufklären, ist das lautmalerische schweizerdeutsche Wort für Schnupfen, schließlich hört es sich schon an wie ein Niesen. Und unter Schnupfen leiden angeblich die auf der anderen Seeseite lebenden Menschen, weil sie zu allem Überfluss auch noch meteorologisch im Schatten stehen.

»Sie werden sehen«, hatte uns der Hausverwalter versichert, ohne eine Miene zu verziehen, »das schlechte Wetter kommt immer aus dem Westen, aber es bleibt auf der anderen Seite stehen.«

Er konnte sehen, dass wir ihm nicht hundertprozentig Glauben schenkten.

»Manchmal«, gab er zu, »manchmal bewegen sich die dunklen Wolken und der Regen dann noch in Richtung Seemitte. Aber da verharren sie. Bei Ihnen bleibt alles trocken.«

»Aha, es gibt also so was wie eine unsichtbare Riesenhand, die dem Wetter Einhalt gebietet?«

»Genau.«

Trotz seines französisch klingenden Namens war Herr Baudrillat ein knochentrockener Deutschschweizer. Das merkte man vor allem bei der Wohnungsabnahme. Die ist auch in Deutschland fester und nicht immer besonders angenehmer Bestandteil beim Anmieten einer Wohnung. In der Eidgenossenschaft aber ist sie ein Ritual, das selbst bei abgebrühten Mietern Angstschweiß ausbrechen lässt. Knapp gesagt erinnert es an die Stuben- oder Uniforminspektionen bei den amerikanischen Marines oder durch einen britischen Drill Sergeant. Nur mit dem Unterschied, dass Schweizer Vermieter nicht annähernd so kulant

Unregelmäßigkeiten durchgehen lassen wie angelsächsische Feldwebel.

Umziehen ist ohnehin minutiös geregelt. Kündigungstermine muss man zwar fast überall einhalten, aber nirgendwo sind die sogenannten »Zügeltermine« so präzise festgelegt wie in der Schweiz. Ganz habe ich den inneren Zusammenhang nicht durchschaut, aber ich liege mit meiner Vermutung wahrscheinlich nicht weit von der Realität, wenn ich sage, dass die Umlaufzeit des Halleyschen Kometen, der Gesamtfahrplan der Schweizerischen Bundesbahnen und Elemente des Mayakalenders Eingang in eine Gleichung finden, nach der umgezogen werden darf. Umziehen nennen die Schweizer übrigens »zügeln«, wahrscheinlich deshalb, weil sie sich zügeln, bevor sie aus ihrem alten Haus ausziehen. Lieber pendeln sie quer durchs halbe Land, als einzupacken und umzuziehen. Angesichts der Komplikationen, die ein solcher Schritt nach sich zieht, kann man ihnen daraus keinen Vorwurf machen.

Schon Wochen vor der Wohnungsabnahme wird geputzt, gefegt, gebohnert und gewienert. Mit UV-Licht werden mikroskopisch kleine Schmutzflecken aufgespürt, mit Ultraschall Unebenheiten in den Wänden, die mit bloßem Auge nicht erkennbar wären. Mit bloßem Nicht-Schweizer-Auge, um genau zu sein.

Panik stellt sich zwar erst beim Auszug ein, wenn das Wohnobjekt in Tipptopp-Zustand übergeben werden muss. Aber auch bei Katja und mir regte sich schon mal vorsorglich Panik bei dem

Gedanken, dass wir ja eines Tages in dieselbe Lage geraten würden.

Herr Baudrillat tat nichts, um unsere Nerven zu beruhigen. »Sehen Sie hier«, sagte er mit leicht bebender Stimme. »Diesen Fleck hat die Vormieterin verursacht, und er lässt sich nicht beseitigen.«

Er deutete in einer Zimmerecke auf den Boden und schüttelte mehrmals den Kopf angesichts derart leichtfertigen Umgangs mit wertvollem Wohngut. Ich kniff die Augen zusammen und beugte mich hinab, aber ich konnte beim besten Willen nichts entdecken.

»Aber das muss Sie nicht bekümmern«, beruhigte uns Baudrillat. »Dieser Fleck ist im Übergabeprotokoll vermerkt. Aus diesem Fleck kann Ihnen niemand einen Strick drehen, wenn Sie mal ausziehen. Ich persönlich kenne zwar auch alle Mängel«, hierbei tippte er sich an den Kopf, um anzudeuten, wo sich seine Festplatte mit all den Daten befand, »aber falls ich nicht mehr hier sein sollte, haben Sie es schwarz auf weiß.«

Als wir schließlich allein in unseren neuen vier Wänden waren, trauten wir uns kaum, uns zu bewegen.

»Hier gibt es verdammt viel, was kaputtgehen kann«, meinte Katja. »Vor allem dank deiner Mitwirkung, so tollpatschig, wie du bist.«

»Und ich möchte sehen, wie du mit der Technik zurechtkommst«, erwiderte ich.

Damit traf ich eine empfindliche Stelle. Katja und technische Geräte sind zwei Konzepte, die einander ausschließen. Jedenfalls gilt das für Geräte, die moderner sind als Wählscheibentelefone, Staubsauger der ersten Generation und elektrische Zahnbürsten.

Unsere bisherigen Wohnungen in Washington und in London waren Katja insofern entgegengekommen, als die modernsten Apparaturen die Klimaanlage beziehungsweise die Heizungen gewesen waren. Selbst die hatten wir radikal vereinfacht, indem wir die diversen Zeitschaltuhren, Regler und Thermostate mit Hilfe eines Fachmannes lahmlegten und die Bedienung auf einen einzigen Schalter reduzierten: ein oder aus.

Nun aber hatte uns Baudrillat einen Schnellkurs gegeben, der uns ziemlich ratlos zurückließ. In jedem Zimmer sind kleine Schaltpaneele in die Wände eingelassen, mit denen man Jalousien, Heizung und Beleuchtung steuert. Immerhin kann man keine bleibenden Schäden anrichten: Es wird eben hell, wenn man das Licht anknipst, und die Rollläden schnurren nach oben und erlauben den Nachbarn einen freien Blick durch die riesigen Glasscheiben auf ein hell erleuchtetes Zimmer.

Als verhängnisvoller allerdings könnte es sich entpuppen, wenn wir uns bei Waschmaschine, Grill und Kochfeld vertun würden. Letzteres akzeptierte noch nicht einmal unsere alten Töpfe und Pfannen, was teure Neuanschaffungen notwendig machte. »Dafür sparen Sie mit Induktion unglaublich viel Strom«, hatte uns Baudrillat beruhigt.

»Wenn man das Ding zum Laufen bringt«, hatte Katja nur gemurmelt. Nach einem kursorischen Blick auf die blinkenden Lichter und LED-Displays, die Küche und Waschraum wie die Kommandobrücke eines Raumgleiters aussehen ließen, hatte sie ihre Entscheidung rasch getroffen: »Kalte Küche, Pizzadienst und Reinigung.«

Was Katja freilich noch weniger behagte, waren die großzügigen Fensterfluchten, die es ihr unmöglich machten, ihre selbstgemalten Bilder aufzuhängen. Andererseits geben diese Fenster einen Blick frei, bei dem sogar den unmusikalischen Menschen das Bedürfnis befällt, spontan zu jodeln. See, Hügel und dahinter richtig hohe Berge, auf deren Spitzen auch im Sommer mitunter Schnee liegt. Wir haben keine Ahnung, wie diese Berge heißen, was uns wieder einmal als zugereiste Deutsche verrät. Schweizer, so hat man uns ermunternd erzählt, würden alle ihre Berge am Umriss erkennen. Für Ignoranten gibt es Gott sei Dank eine App, die man sich aufs Smartphone lädt und die einem dann die Bergwelt namentlich vorstellt.

Der Blick ins Weite freilich kann nicht darüber hinwegtäuschen, dass unsere Wohnung ziemlich klein geraten ist. Zweifel an der Größe waren uns allerdings erst gekommen, nachdem wir unsere Unterschrift unter den neuen Mietvertrag gesetzt hatten und wieder in unserem schmalbrüstigen Londoner Haus am Richmond Park in Kingston angekommen waren. Katja war zunehmend verzweifelt durch die Räume gestrichen. In der einen Hand hielt sie einen Grundriss der neuen Wohnung, in der anderen ein Metermaß.

»Wir können nichts mitnehmen«, stöhnte sie ein

ums andere Mal. »Das passt alles nicht rein.« Mit spitzem Zeigefinger stach sie auf Schränke, Kommoden und Sitzmöbel ein: »Weg, weg, weg, alles muss weg.«

»Das Leben ist ein einziger Schrumpfungsprozess«, sagte ich Katja in einem Ton, der tröstlich klingen sollte. »In der ersten Hälfte sammelt man allen möglichen und unmöglichen Kram an: Kelimkissen aus der Türkei, einen geschnitzten mexikanischen Paravent mit Sonnenblumenmotiv, Kamelfiguren aus Kamelleder, ein trojanisches Pferd aus Speckstein, du weißt schon.«

Bewusst hatte ich aufgezählt, was Katja im Laufe unserer Wanderungen rund um die Welt angeschafft hatte. Sie ging aber nicht darauf ein, sondern begnügte sich mit einem bissigen Blick.

»In der zweiten Lebenshälfte«, fuhr ich fort, »trennt man sich dann nach und nach von all dem Tand, bis nichts mehr übrig bleibt.«

Ich lachte nervös.

»Denn in der allerletzten Bleibe hat neben dem eigenen Korpus noch nicht mal die CD-Sammlung Platz.«

Katja hatte für meine philosophischen Betrachtungen freilich nicht viel übrig.

»Und was ist mit deinen Büchern?«, fragte sie schnippisch. »Tonnen um Tonnen an Staubfängern. Liest du die überhaupt jemals wieder?«

Sie traf einen wunden Punkt. Sosehr ich Bücher mein ganzes Leben lang geliebt habe, so sehr habe ich sie mit jedem neuen Umzug mehr gehasst. Denn letzten Endes wurden sie nur immer in Kartons gepackt, in den Umzugslaster gewuchtet und am Zielort wieder aufgestellt – manchmal auf dem Kopf stehend, weil die Möbelpacker sie stapelten wie Ziegelsteine und es mir irgendwann einmal egal war, sie umzudrehen. Denn ich las sie ja nicht mehr.

Katja hatte ja recht: Die meisten meiner Bücher schleppte ich nur deshalb durch die Welt und durch mein Leben, weil sie hervorragendes Dämmmaterial an den Wänden bildeten und mit ihren farbigen Rücken innenarchitektonische Akzente setzten. Aber lesen? Würde ich jemals wieder die Gorbatschow-Memoiren in die Hand nehmen? Liest man Harry Potter mehr als einmal? Und ziehe ich – wenn ich wirklich ganz ehrlich mit mir bin – den Brockhaus aus dem Regal, wenn Wikipedia nur einen Mausklick entfernt ist? Offen gestanden: E-Reader wurden keinen Tag zu früh erfunden.

Entnervt warf Katja den Grundriss auf den Tisch. »Aus dem Ding wird kein Mensch klug!«, fauchte sie. »Wie soll man da wissen, wo man was hinstellen kann.«

X-mal schon hatten wir den Plan studiert. Das Problem bestand darin, dass wir die darin enthaltenen Zahlen nicht richtig addieren oder multiplizieren konnten, oder was sonst notwendig gewesen wäre, um auf eine plausible Quadratmeterzahl zu kommen.

Damit keine falschen Vorstellungen aufkommen: Wir gehören nicht zu jenen Menschen, die nur mit einem Taschenrechner imstande sind, die vier Grundrechenarten auszuführen. Wir gehören zu jenen Menschen, die es auch mit einem Rechner nicht können. Katja errechnete für das Wohnzimmer eine Größe von 3,65 Ar, ich kam auf 4583 Deziliter. Beides erschien uns falsch.

»Einiges könnten wir ja im Keller einlagern«, gab Katja zu bedenken. »Für den Fall, dass wir später mal wieder in ein größeres Haus ziehen.«

Es war offenkundig, dass meine Überlegungen über die kontinuierliche Verkleinerung der persönlichen Lebensumstände bei meiner Frau nicht angekommen waren. Oder glaubte sie etwa wirklich, dass in einem Altersheimapartment Platz finden würde, was nicht in eine Fünfzimmerwohnung passte?

Zweifel hatte ich auch, inwiefern wir unseren neuen Keller frei und in eigener Regie würden verwenden können. Er war ziemlich eindrucksvoll, war er doch mit einer meterdicken, tonnenschweren Stahltür zu verschließen. Meine erste Vermutung, dass die Mieter hier ihre Goldreserven verwahrten, die sie dem Tresorraum der nächsten Kantonalbank nicht anvertrauen wollten, trog aber.

Zu unserer Wohnung gehörte vielmehr der Luftschutzbunker, wie er vom Gesetzgeber in Bern bis vor wenigen Jahren zwingend für jedes Haus vorgeschrieben war.

»Der ist aber nicht nur für Sie alleine«, hatte Herr Baudrillat vorsorglich erklärt. »Im Falle eines Atomkrieges müssen Sie ihn für die anderen Mieter öffnen, auch wenn Sie sich mit dem einen oder anderen vielleicht nicht so recht vertragen, oder? Und Sie haben eine gewisse Verantwortung, so wie wenn Sie im Flugzeug an einem Notausgang sitzen. Und es wird regelmäßig kontrolliert, ob Sie dieser Herausforderung gewachsen sind.«

Mit diesen Worten hatte er mir einen Merkzettel der eidgenössischen Zivilschutzbehörde in die Hand gedrückt.

»Alle Kellerabteile im Schutzraum müssen ausnahmslos frei zugänglich sein«, las ich. »Alle Schutzraumtüren, Panzerdeckel, Notausstiege/Fluchtröhren und Ventilationsaggregate müssen für die Funktionsprüfung ausnahmslos frei zugänglich sein.«

Sosehr es mich freute, dass im Mietpreis sozusagen ein Abenteuerspielplatz mit Fluchtröhren eingeschlossen war, so sehr regten sich Bedenken, ob wir überhaupt Koffer, Weihnachtsschmuck und Winterklamotten hier würden lagern können, ohne mit dem schweizerischen Zivilschutzgesetz in Konflikt zu geraten. Daran änderte auch der ansonsten eher willkommene Hinweis nichts, dass unser Keller Liegestellen und Notaborte enthielt. Sie waren verschweißt und durften nur im nationalen Verteidigungsfall, nicht aber in einem persönlichen Notfall benutzt werden.

Da der Bunker als Zwischenlager ausfiel, war uns nichts anderes übriggeblieben, als ebenso brutal wie brachial auszumisten. Dafür boten sich vier Methoden an, die wir alle bis zur Neige ausloteten: schenken und spenden, Sperrmüll und Skip – das Alphabet des Entrümpelns reduziert sich auf den Buchstaben S. Bei Skips handelt es sich um angemietete Metallbehälter, die fest zum Straßenbild englischer Städte zählen. Hier wird Bauschutt ebenso entsorgt wie Gartenabfälle und unerwünschtes Mobiliar. Nachbarn schmuggeln gerne ihren eigenen Trödel mit hinein. Ist er voll, holt ihn ein Laster ab.

Der Skip war freilich die Ultima Ratio. Anfangs wollten wir so viele Freunde wie möglich mit liebevollen Gaben erfreuen. Doch als wir bemerkten, dass keine Haustür sich mehr öffnete, wenn wir mit Armen voller Töpferwaren oder zerlesener Bücher anrückten, regten sich Zweifel. In einem Fall lösten wir um ein Haar eine Scheidung aus, als wir Serjoscha erfolgreich einen zweiten Porzellanteller mit persischen Miniaturen unterjubelten, obwohl seine Frau schon beim ersten mit Konsequenzen gedroht hatte.

Spenden ist einfacher. In jeder britischen Einkaufsstraße unterhalten diverse karitative Einrichtungen sogenannte »Charity Shops«. Hier kann man seinen alten Trödel abgeben – in der meist gerechtfertigten Hoffnung, dass andere Menschen bereit sein werden, für den Krempel ein paar Pfund lockerzumachen. Wenn man sich zu sehr schämt, kann man den Ramsch auch im Morgennebel vor der Tür deponieren, bevor der Laden öffnet. Das Schaufenster der Charity unserer Wahl ähnelte nach kurzer Zeit unserem Wohnzimmer.

Freundschaftlich begrüßte man mich nach dem fünften Besuch auch auf der Sperrmülldeponie, wo jene Gegenstände endeten, die wir beim allerbesten Willen keiner wohltätigen Stiftung aufdrängen konnten. Viel zu wenig erforscht ist die beruhigende Wirkung, die solche Orte auf die Seele ausüben. Ein Blick in die entspannten Gesichter der Männer – es sind fast nur Männer, die auf Sperrmüllkippen gehen – zeigte, dass jeder Armvoll Müll, der in den Schlünden der Container verschwand, nichts weniger war als ein Akt der Befreiung, ein Schritt näher auf dem Weg in ein Nirwana der Anspruchslosigkeit und des reinen Glücks. Bevor man viel Geld auf eine Meditationswoche in einem Zen-Kloster verwendet, sollte man für einen Augenblick innehalten und überlegen, ob es nicht auch eine Fahrt zum Sperrmüll tut.

Irgendwann gaben wir es auf, die Fahrten zu Charity und Sperrmüll noch zu zählen. Stolz aber waren wir, als wir unser deutlich abgespecktes Haus dem Umzugsteam zur Inspektion öffneten. Denn wir hatten den Eindruck, dass man den verbliebenen kläglichen Rest mit einem Volkswagen-Transporter in die Schweiz schaffen könnte.

»Nun ja«, räusperte sich der Vormann des Packertrupps, nachdem er den Rundgang durch das Haus beendet hatte, »da werden wir wohl den großen Laster brauchen. Und einen Anhänger.«

Dieser Anhänger stand noch unausgeladen vor der neuen Wohnung, da zog ich schon Erkundigungen über die Öffnungszeiten unseres neuen Rathauses ein. Denn man hatte uns eingeschärft, uns unbedingt so schnell wie möglich nach dem

Einzug bei der Gemeinde anzumelden. Zwei, höchstens drei Tage hätten wir Zeit, dann drohten Strafmaßnahmen. Welcher Natur die genau sein würden, wusste niemand zu sagen. Die Andeutungen, die gemacht wurden, waren freilich furchteinflößend, und so gingen mir schauderhafte Bilder durch den Kopf: Kerkerhaft, öffentliches An-den-Pranger-Stellen, Stäupen vor dem Einwohnermeldeamt oder – im mildesten Fall – Abschiebung. Die heißt in der Schweiz Ausschaffung, was sprachlich unangenehm nahe am Abschaffen liegt.

Was Bürokratie betrifft, so habe ich meine eigene Rangliste, basierend auf persönlichen Erfahrungen. Unangefochten an der Spitze liegen Ägypten und die frühere Sowjetunion, Deutschland dümpelt irgendwo im Mittelfeld mit letzthin steigender Tendenz zu mehr Bürgerfreundlichkeit. Am angenehmsten empfand ich den Papierkram in Großbritannien – weil es ihn kaum gibt. Anmeldung – Fehlanzeige. Akkreditierung für Journalisten – nie gehört. Arbeitsgenehmigung – wie bitte? Im Prinzip kann man als Mit-Europäer im Vereinigten Königreich tun und lassen, was man will, ohne jemanden zu fragen.

Das war nicht immer so. Als ich in den siebziger Jahren in London lebte, musste ich, wie alle Ausländer, eine Alien Registration Card mit mir führen. Das Wort war mir fremd, ich kannte nur die Vokabeln »foreigner« und »stranger«. Zum Glück kam damals – es ist wirklich lange her – der Film »Alien« in die Kinos, und ich wusste endlich, was die Briten in Fremden sahen.

Inzwischen ist man auf der Insel, wie gesagt, sehr viel lockerer geworden. Der Wechsel in die Schweiz entpuppte sich daher als recht gewöhnungsbedürftig. Ich bin mir zwar sicher, dass es die alten Ägypter waren, welche die Bürokratie erfunden und an ihre späten Nachfahren weitergegeben haben, die heute am Ufer des Nils leben. Aber in der Eidgenossenschaft hat man sie perfektioniert – so wie ja auch die Uhr und die Schokolade keine ursprünglich schweizerischen Erfindungen sind. Sogar der Käse erblickte, wenn ich mich recht entsinne, in Ägypten das Licht der Welt, und man sieht, zu welch kulinarischer Perfektion es die Schweizer darin gebracht haben.

Was den Umgang mit Beamten in vielen Ländern des Orients und des Ostens erleichtert, ist die Tatsache, dass man sich Abkürzungen erkaufen kann – was buchstäblich zu verstehen ist. In Ägypten hatte ich mir einen eigenen Büromanager gehalten, zu dessen vornehmsten Aufgaben es gehörte, auszurechnen, welchem Amtsvorsteher für welche Dienstleistung wie viel Bakschisch zustand. Dasselbe Prinzip galt in Moskau vor dem Ende des Kommunismus. Nachteilig war nur, dass der Rubel in den Augen der Sowjetbürger praktisch wertlos war, was den Austausch von Naturalien erzwang. Daher war mein Auto stets vollgeladen mit Zigarettenstangen, Wodkaflaschen, Parfumflakons und – seinerzeit besonders bei Verkehrspolizisten beliebt – Kartenspielen.

Mir war freilich klar, dass ich in der Schweiz mit ein paar Skatkarten nicht viel würde bewegen können. Nicht dass dieses Land immun wäre gegen Korruption, Geldwäsche oder Bestechung. Schließlich haben einige der größten und undurchsichtigsten Firmen der Welt ihren Sitz in Zug, Luzern oder Baar, und denen wird immer wieder nachgesagt, dass sie ihrem geschäftlichen Erfolg mit der einen oder anderen Überweisung auf ein Schweizer Konto nachhelfen, das sie einem zentralasiatischen oder afrikanischen Diktator freundlicherweise bei einer Privatbank an einem der malerischen Schweizer Seen eingerichtet haben. Aber ich bin Realist genug, um einzusehen, dass dies nicht meine Klasse ist.

Von mir wollten die Schweizer Behörden Papiere. Vor allem Kopien von Papieren: dem Pass, der Geburtsurkunde, der Heiratsurkunde, dem Arbeitsvertrag, dem Mietvertrag, der Gehaltsabrechnung, der Krankenversicherungsbestätigung, dem Führerschein, den Röntgenaufnahmen von der Kieferoperation, von Zeugnissen, Diplomen, Steuererklärungen, angereichert um wichtige Zahlen und Nummern für Sozialversicherung, Telefon, Dioptrien, Schuh- und Konfektionsgröße. Und das nur, um einen Handyvertrag abschließen zu dürfen.

Okay, ein paar dieser Anforderungen habe ich erfunden, aber erstens habe ich nicht oft geflunkert, und zweitens weiß man nie, wann es einem Kanton einfällt, auch diese Daten anzufordern. Grundsätzlich gilt in der Eidgenossenschaft: Wenn etwas nicht mit einer Urkunde und einem Stempel belegt werden kann, dann existiert es nicht.

Immer wieder wollte man den Mädchennamen meiner Mutter wissen. Den hatte sie zeit ihres Lebens gehasst. Erst legte sie sich einen Künstlernamen zu, dann heiratete sie meinen Vater, und wenn nicht auch Beamte in Deutschland sie ständig danach gefragt hätten, dann hätte sie ihn wahrscheinlich sehr schnell vergessen. Und nun also war es offenbar unabdingbar, den Namen Knollmaier in der Schweiz urkundlich zu verankern, wenn ich das Recht erhalten wollte, ein paar Jahre hier zu leben.

Sogar in der Redaktion daheim wurde man aufmerksam.

»Betreiben Sie eigentlich einen schwunghaften Handel mit meinen Autogrammen?«, wollte Mäuer wissen, als ich schon wieder eine Bestätigung anforderte, aus der hervorging, dass ich dem Verlag nicht nur vage bekannt sei, sondern bei ihm in Lohn und Brot stehe, dass ich nicht als fünfte Kolonne mit dem Ziel der Errichtung eines Zeitungsablegers ins Land geschickt worden sei und dass ich mehr als 90 Prozent meiner Arbeit deutschen und nicht Schweizer Medien zur Verfügung stellen werde.

»Ich wusste gar nicht, dass Ihre Autogramme in der Schweiz so begehrt sind«, wunderte ich mich.

»War nur ein Scherz, verstehen Sie, ein Scherz. Es scheint ja einfacher zu sein, ein Nummernkonto bei einer Schweizer Bank zu eröffnen, als eine Telefonnummer zu beantragen.«

»Da kann ich nicht mitreden«, gab ich zurück. »Für Nummernkonten zahlen Sie mir nicht genug.

Aber falls es einmal so weit sein sollte, werde ich Sie gerne um Rat fragen.«

Es entstand eine kurze Pause, in der nur zu hören war, wie Mäuer nachdenklich an seinem Bonbon lutschte.

»Das erinnert mich«, ließ er sich schließlich wieder vernehmen. »Wir hatten doch schon einmal darüber gesprochen. Recherchieren Sie doch mal, was man braucht, um ein Nummernkonto zu eröffnen. Nicht für mich.« Er lachte verlegen. »Aber unsere Leser wollen so was wissen.«

Voraussetzung für solche und andere Recherchen war aber die ordnungsgemäße Anmeldung und Akkreditierung und damit der Sprung über zahlreiche Hürden. Der sowjetische Regimekritiker Alexander Solschenizyn verstand etwas von Bürokratie, deshalb kann man ihn wohl als Kronzeugen benennen. Er hielt fest, dass die Schweizer Spielart die russische bei weitem übertraf. Vergleichsmöglichkeiten hatte er jedenfalls: Nach seiner Verbannung lebte er eine Zeitlang in Zürich, bevor er weiter nach Amerika flüchtete. Ein enges Korsett an Vorschriften gilt freilich nicht nur für Neuzugänge, wie mir meine Schwester bestätigte, die seit Jahren in der Schweiz lebt und für die Staatsbahnen arbeitet. Unerlässlich für ihre Berufsausübung ist ihre silberne Trillerpfeife, und ihr Arbeitgeber erwartet, dass sie die Pfiffe regelmäßig übt. Doch niemand sagt ihr, wo sie das tun kann. Daheim in den vier Wänden? Ruhestörung. Draußen im Wald? Genehmigungspflichtig. Inzwischen nimmt sie die Pfeife mit in den Urlaub. In

Griechenland nimmt man es nicht so genau. Übrigens besitzt sie noch eine zweite, schwarze, Pfeife. Mit der darf sie aber nur auf dem Bahnhof von Konstanz trillern. Sie weiß nicht, was geschehen würde, sollte sie dort silbern pfeifen. Und sie traut sich nicht, es herauszufinden.

Dass sogar die Luft vermessen und verwaltet wird, mussten die Besitzer eines historischen Gebäudes in Zürich erfahren. Es ging um eine Aufschrift, die sie am frisch renovierten Haus anbringen ließen – ordentlich beantragt »unter Beilage einer genauen Darstellung und Beschreibung des Projektes schriftlich im Doppel« und genehmigt vom Hochbaudepartement der Stadt Zürich, Amt für Städtebau, Abteilung Reklameanlagen.

Dann aber fiel den Federfuchsern der Stadt auf, dass die Buchstaben nicht bündig mit der Hausmauer abschlossen, sondern drei Zentimeter weit von ihr abstanden. Oder anders ausgedrückt: Sie ragten in die »öffentliche Luftsäule« hinein, deren Gebrauch zu privaten Zwecken (atmen?) aber bewilligungs- und gebührenpflichtig ist. So steht es im Artikel 6 der VARÖG – der Vorschriften über das Anbringen von Reklameanlagen auf öffentlichem Grund. Nun müssen die Hausbesitzer für die Handvoll Lettern 214 Franken im Jahr an die Stadt entrichten.

Die wiederum verfährt nach dem Motto, dass auch Kleinvieh Mist macht: 1,2 Millionen Franken bringt die Luftsteuer der Stadt Zürich jedes Jahr ein. Das ist zwar nicht übertrieben üppig bei einem Milliardenbudget, aber es reicht doch für mehrere

Dienstfahrräder oder Straßenbahnjahresnetzkarten. In der Presse verteidigte der zuständige Departementssekretär die Maßnahme: »Wichtig erscheint mir, dass man sich bei der Diskussion immer auch die Grundüberlegung vor Augen hält. Nämlich, dass der öffentliche Grund im Prinzip allen gehört. Wer ihn übermäßig für seine privaten Zwecke brauchen will oder muss, entrichtet der Allgemeinheit eine Gebühr. Wäre die Nutzung des öffentlichen Raumes kostenlos, gäbe es ihn nicht mehr.«

Schweizer legen eben gesteigerten Wert darauf, dass ihr Leben in geordneten und vorhersehbaren Bahnen verläuft. Aber es hat mich dann doch beruhigt, dass sie darüber nicht ihren Humor verloren haben. An einer Hauswand in Luzern entdeckte ich eine meterhohe Aufschrift in altdeutscher Fraktur: *Was haben Sie eigentlich gegen Beamte? Die tun doch gar nichts*. Bleibt zu hoffen, dass Luftsäulen in Luzern weniger kosten als in Zürich.

Beate Hardegger freilich ist eine Vorzeigebeamtin, sowohl im übertragenen als auch im konkreten Wortsinn. Wenn sie sich im Dienst die Nägel lackieren, Sudokus lösen oder private Telefongespräche führen würde, so spräche sich dies sehr schnell in der Gemeinde herum. Denn Frau Hardegger sitzt hinter einer von weitem einsehbaren Glasscheibe im Atrium des Gemeindehauses von Stäfa, unserem neuen Wohnort. Hier nimmt man, so scheint es, das Prinzip der transparenten Verwaltung wörtlich.

Noch gläserner allerdings schienen wir für Beate Hardegger zu sein. Sie begrüßte uns nicht nur mit unserem Namen, sie kannte auch den Inhalt unseres Briefkastens von diesem Morgen. Aus dem hatte ich auf dem Weg zur Gemeinde eine Bescheinigung der kantonalen Gesundheitsbehörde gefischt. »Schön, dass es mit der Krankenkasse so rasch geklappt hat«, strahlte Frau Hardegger. Instinktiv griff ich in die Jackentasche, um mich zu vergewissern, ob der Brief noch da war und nicht auf wundersame Weise den Weg in den Aktenschrank der Beamtin gefunden hatte.

»Wir freuen uns ganz besonders, dass Sie sich für unsere Gemeinde entschieden haben«, strahlte sie uns an. Es wirkte, als ob sie es durchaus ernst meinte, und deshalb wollte ich ihr nicht sagen, dass wir rein zufällig in Stäfa gelandet waren. Wir hatten mit dem Makler an einem Tag neun verschiedene Wohnungen besichtigt – von Bergeshöh bis Seengrund, an Gold-, an Pfnüsel- und an gar keiner Küste. Das Apartment in Stäfa hatte den Vorteil, dass es uns allen dreien gefiel und – auch nicht ganz unerheblich – wenigstens einigermaßen zu finanzieren war.

»Sie werden sich wohl fühlen. Vor allem, wenn Sie erst mal die anderen Gemeinden kennengelernt haben …«

Sie machte eine wegwerfende Handbewegung.

»Männedorf zum Beispiel.«

Aus ihrem Mund klang es wie ein sibirischer Verbannungsort nördlich des Polarkreises. Das konnte allerdings nicht sein. Ich joggte jeden Morgen von unserem Haus hinüber nach Männedorf, das lediglich durch einen Weinberg von Stäfa getrennt war. Aber den Lokalpatriotismus nehmen Schweizer ernst. Es gibt den Ausdruck »Kantönli-Geist«, hinter dem sich Eigensinn und Eigenbrötlerei auf Kantonsebene verbergen. Aber da die Keimzelle des staatlichen und gesellschaftlichen Lebens in der Alpenrepublik die Gemeinde ist, versteht es sich von selbst, dass die Animositäten schon auf dieser Ebene beginnen.

»Und noch mehr freut es mich, dass es Ihnen gelungen ist, eine Wohnung in Stäfa zu finden und nicht in Uerikon«, fügte Frau Hardegger hinzu und richtete ihre Unterlagen exakt parallel zur Tischkante aus.

»Aber Uerikon gehört doch zu Stäfa«, wandte ich ein.

»Ja, aber die mussten wir retten, weil sie nicht mit dem Geld wirtschaften konnten und Bankrott anmelden mussten. Da haben wir sie halt übernommen.«

Frau Hardegger schüttelte den Kopf über so viel unschweizerische Verantwortungslosigkeit. Die Wunde schien noch frisch, der Schmerz noch nicht verwunden wegen des guten Stäfner Geldes, das man den Hallodris aus Uerikon nachwerfen musste.

»Ich verstehe«, nickte ich, »eine Auswirkung der aktuellen Finanzkrise, nicht wahr? Schon erstaunlich, bis in welche Verästelungen diese globalen Verwerfungen reichen können.«

»Finanzkrise? Wo denken Sie hin. Das war in

den zwanziger Jahren. Des letzten Jahrhunderts. Na ja, heute stehen wir gut da. Wir haben sogar einen sehr attraktiven Steuersatz. Nur 82 Prozent.«

Nun hatte ich schon gehört, dass in der Schweiz die Gemeinden die Steuerhoheit besitzen. Sie treiben den Obolus ein und reichen ihn nach oben weiter – an den Kanton und an die Bundesverwaltung in Bern. Das gibt einem Gemeindeammann irgendwo in einer 300-Seelen-Gemeinde im Wallis oder in Graubünden gleich ein ganz anderes Selbstbewusstsein, als wenn er mit dem Hut in der Hand in der Kantonshauptstadt um seinen Steueranteil betteln müsste.

Zugleich ermöglicht es überdurchschnittlich gut betuchten Bürgern, mit der Gemeinde einen Vorzugssteuersatz auszuhandeln. Manchmal überredet ein ausländischer Milliardär seinen Wohnort sogar dazu, die Steuern für alle Bewohner zu senken – als Voraussetzung dafür, dass er nicht auszieht und sein Geld mitnimmt. Ein Kollege mit Schweizerfahrung hatte mir diesen Usus ans Herz gelegt, aber ich hatte ernsthafte Zweifel gehegt, ob ich mit meinem Gehalt einen örtlichen Steuerinspektor beeindrucken könnte. Nun aber wollte diese Variante vielleicht doch erwogen werden. Ein Steuersatz von 82 Prozent?

»Sagten Sie: ›ein attraktiver Steuersatz‹?«, vergewisserte ich mich, nachdem ich mir den Frosch im Hals weggeräuspert hatte, der sich bei Frau Hardeggers Worten manifestiert hatte.

»Ja, sicher. Das ist es doch auch.«

Erst allmählich dämmerte mir, dass mir Stäfa nicht 82 Prozent meines Gehaltes wegsteuern wollte, sondern lediglich 82 Prozent des kantonalen Steuersatzes in Rechnung stellte.

Ein Vorteil der straff durchorganisierten Schweizer Bürokratie besteht darin, dass sie effizient und schnell arbeitet – vorausgesetzt, man hat seine Hausaufgaben ordentlich erledigt und alle erforderlichen Papiere mitgebracht. Auch Frau Hardegger hakte zügig Punkt um Punkt ab. Merkwürdig erschien mir nur, dass sie nach jedem Schritt Zahlen in einen Taschenrechner eintippte. Mit Schwung drückte sie die letzte Taste, wie eine Staatspräsidentin, die die Turbinen eines neuen Staudamms in Betrieb setzt.

»So, drüühundertfoifunvierz Franken nüünunnüünzg sind das dann gerne«, verkündete sie, indem sie plötzlich ins Schweizerdeutsche verfiel.

Katja und ich sahen uns an. Wir hatten nur ein Wort verstanden: gerne. Stellt sich die Frage, gerne für wen, dachte ich mir. Frau Hardegger erkannte unsere Not und wiederholte den Betrag auf Hochdeutsch: »Gerne dreihundertfünfundvierzig Franken neunundneunzig.« Leider machte das die Sache nicht besser.

»Äh, ich glaube, so viel Geld haben wir nicht dabei. Wir hatten nicht erwartet …«, stotterte ich.

»Machen Sie sich keine Sorgen, wir nehmen auch Karten«, beruhigte uns Frau Hardegger. »Maestro, Visa, auch American Express.«

Resigniert sah ich zu, wie sie meine Karte in das Lesegerät schob. Plötzlich hob sie den Kopf.

»Jetzt hätte ich doch beinahe vergessen zu fragen: Haben Sie Haustiere?«

»O ja, einen Hund. Chico heißt er. Ein Goldstück.«

»Das ist ja reizend.«

Flink tanzten ihre Finger erneut über die Tasten des Rechners.

»So, jetzt sind das gerne vierhundertachtundachtzig Franken fünfundsiebzig. Aber da ist die Steuer bis zum Ende des Jahres schon dabei. Nur die Kursgebühr müssen Sie extra bezahlen.«

»Kursgebühr?«

»Ja, wissen Sie das nicht? Jeder Hund, der neu in die Gemeinde kommt, muss einen Kurs absolvieren. Und der Besitzer natürlich auch. Gehorsam, Umgang mit anderen Hunden, das Übliche halt.«

Sie musterte mich durch ihre randlose Brille.

»Oft hat das Herrchen den Kurs nötiger als der Hund.«

Wir erhoben uns von den Stühlen und wandten uns zum Gehen. Chico in einem Gehorsamkeitskurs, das konnte ja heiter werden. »Da gehst aber du hin, ich nicht«, zischte Katja.

»Bevor Sie gehen, habe ich noch etwas für Sie«, rief uns Frau Hardegger nach. »Ein kleines Geschenk.«

Sie machte sich unter der Tischplatte zu schaffen. Es sah aus, als ob sie am Kombinationsschloss eines Tresors herumhantierte. Für einen halben Tausender an Gebühren konnte man schließlich ein ordentliches Geschenk erwarten.

»Hier haben wir es ja«, stöhnte sie und brachte

zwei quittengelbe Etiketten zum Vorschein. Andächtig schob sie sie uns über den Tresen zu.

»Bitte schön. Ihre ersten Kehrichtmarken. Eine Aufmerksamkeit Ihrer Gemeinde. Ab sofort müssen Sie die freilich kaufen. Denn die gehören auf jeden Sack.«

»Auch auf einen alten Sack wie mich?«, höhnte ich – aber da hatte Katja mich schon am Jackenärmel fortgezogen.

Drei

Wenn man mit dem sogenannten Goldküstenexpress, von den schweizerischen Bahnen unromantisch S7 genannt, nach Stäfa fährt und auf den schmucklosen Bahnhofsplatz tritt, sieht man als Erstes mehrere würfelförmige Gebäude: Ganz links steht eine Raiffeisen-Bank aus den sechziger Jahren. Neben ihr erhebt sich eine ähnlich phantasielos rechteckige Credit Suisse aus den Siebzigern, gefolgt von einer Post nebst angeschlossener Postbank aus den achtziger Jahren des letzten Jahrhunderts. Den Abschluss bildet ein ochsenblutroter Kubus, der eine Filiale der Zürcher Kantonalbank beherbergt und der in den neunziger Jahren entstanden sein muss.

Diese Häuserzeile, die überall in der Schweiz stehen könnte, zeigt zweierlei: Zum einen verzetteln sich die Eidgenossen im Gegensatz zu anderen alpenländischen Nationen architektonisch nicht in putzigen Bauernhausverschnitten mit Geranienkästen und Schindelverkleidungen an der Fassade, sondern halten konsequent einen minimalistischen modernen Baustil durch, egal ob für Apartmentblocks, Altersheime oder Alpenvereinshütten. Dies geschieht ohne Rücksicht auf etwaig vorhandene landschaftliche Schönheiten. In Naturschönheiten werden bauliche Monstrositäten gestemmt, so als ob man nach einem sahnigen Praliné einen Schluck Essig trinken müsste.

Die Schweiz hat der Welt den Architekten Le Corbusier geschenkt, und ihn ehrt sie nicht nur auf der Zehn-Franken-Note, sondern auf jedem verfügbaren Bauplatz. Dass der Schweizer an einem Design festhält, das er als gut empfindet, ist übrigens schon Ernest Hemingway an den »großen braunen Hotels im Kuckucksuhr-Stil« im ganzen Land aufgefallen. Sie sähen aus, »als wären sie vom gleichen Mann mit der gleichen Säge zugeschnitten worden«, bemerkte der Schriftsteller.

Zum anderen zeigt der Aufmarsch der vier Geldinstitute in Stäfa, dass nicht nur die Schokoladen- und Käseklischees der Schweiz mehr als einen kleinen Kern von Wahrheit enthalten: In keinem anderen Land – vom durchaus verwandten Ausnahmefall Liechtenstein einmal abgesehen – gibt es mehr Banken pro Einwohner und Quadratmeter als hier. Es gäbe, hatte ich irgendwo in einem Wanderführer gelesen, wahrscheinlich sogar mehr Banken im Land als Bänke, auf denen sich ein müder Wanderer ausruhen könne.

Stäfa freilich kann sich einer besonderen Ruhebank rühmen – des Goethe-Bänkli. Hier soll der deutsche Dichterfürst bei einer seiner Schweizreisen versunken über den See hinüber auf die Pfnüselküste geblickt und mental an »Herrmann und Dorothea« gestrickt haben. Außer dieser Bank sind noch die Hauptstraße von Stäfa und das älteste Traditionsgasthaus nach Goethe benannt. Auf einer seiner Reisen in das Land, wo die Zitronen blühen, hatte es ihn hierher verschlagen. Einer nicht bestätigten Legende nach soll er hier als erster Nicht-Schweizer die Saga von Wilhelm Tell kennengelernt und als Stoff für ein Theaterstück erwogen haben. Irgendwie schien er dann doch keinen Gefallen an dem Sujet gefunden zu haben, weshalb er es generös dem jungen Kollegen Schiller überließ.

Anfangs konnten die Schweizer mit dessen Drama anscheinend nicht viel anfangen. So berichtete der Philosoph Friedrich Hegel von der Uraufführung in Weimar, wie zwei Schweizer im Publikum bekrittelt hätten, dass die Charaktere nicht richtig schweizerisch seien. Inzwischen aber hat man seinen Frieden mit dem Theaterstück gemacht, und seitdem hat die Schweiz nicht nur eine Identität und ein stolzes Selbstverständnis, sondern auch den Apfel als Lieblingsfrucht. Hätte der sadistische Landvogt Gessler nur eine Pflaume zur Hand gehabt, als er Tell zum Schuss auf den Kopf seines eigenen Sohnes zwang, wäre die Geschichte der Schweiz wohl anders verlaufen.

Nun, in Stäfa kann man sein Geld nicht nur zur Bank bringen, sondern es auch ausgeben. Katja freilich wird nicht müde, sich zu fragen, wie die angestaubten Kleider- und Schuhgeschäfte mit dem Charme der frühen sechziger Jahre überhaupt existieren können. Julia hatte einen ersten Rundgang durch den Shopping-District des Ortes ohnehin eher wie einen Besuch in einem Freiluftmuseum gewertet. Katja aber versuchte hartnäckig, das Rätsel zu lösen.

»Da ist nie jemand drin in den Geschäften«, bemerkte sie jedes Mal, wenn wir auf dem Weg zum Supermarkt wieder am »Leue Lädeli« oder an einem der vier miteinander konkurrierenden Schuhgeschäfte vorbeigingen. »Das ist wie mit diesen riesigen Chinarestaurants, in denen auch nie jemand sitzt. Aber da weiß man wenigstens, was los ist: Da waschen die chinesischen Triaden ihr Schwarzgeld.« Nach einer kurzen Pause blickte sie mich erschreckt an: »Gibt es eine Schweizer Mafia? Finstere Figuren, die ihre Feinde mit Armeetaschenmessern malträtieren, bevor sie sie in großen Zubern mit geschmolzenem Raclette ertränken?«

Ich hatte sie beruhigt. Schweizer Mafiosi, so versicherte ich, trügen Maßanzüge und dezente Krawatten. Für die Geldwäsche benötigten sie weder Wirtshäuser noch Massagesalons. Wie ihre reputierlichen Kollegen in London, Frankfurt und New York auch benutzten sie dazu ganz gewöhnlich unverständliche Finanzkonstrukte.

Ein merkwürdig zwiespältiges Verhältnis scheinen die Stäfner und die anderen Ufergemeinden zum See zu haben. Sie werben mit dem Seeblick, aber sie zeigen der Wasserfläche die kalte Schulter. Die Ortszentren liegen überall weit weg vom Ufer. Dort unten verlaufen die Bahn und die Schnellstraße. Manche Ortschaften haben hier sogar Industriebetriebe angesiedelt. Auf ihre an und für sich privilegierte Uferlage aber weist keine der Gemeinden speziell hin. Einzig die Gemeinde Oetwil brüstet sich mit dem Zusatz »am See«. Die Oetwiler haben es auch nötig: Sie leben auf dem Berg, und noch nicht einmal von ihrem Kirchturm aus kann man einen Blick auf den See erhaschen.

Nur im Sommer wird in Stäfa und anderswo, die Metropole Zürich eingeschlossen, der See genutzt: Da stürmen die Einheimischen die sogenannten Badis, von denen jedes Dorf mindestens eines aufweist. Diese öffentlichen Badeanstalten werden seit Generationen als Orte sorgloser Kindheit und Jugend verklärt. Dieser psychologische Optimierungsprozess ist auch notwendig, denn in der Praxis bestehen diese spartanischen Badeanstalten aus wenig mehr denn einer umzäunten Wiese mit Wasseranstoß.

Stäfa besitzt zwei solcher Badis. Außerdem gibt es zwei Kirchen, vier Supermärkte, zwei Sonnenstudios, fünf Friseure und ein Chinarestaurant. Letzteres lässt sich die Zutaten wahrscheinlich täglich frisch per Privatcharter aus Hongkong einfliegen. Nur so lassen sich die Preise auf der Speisekarte erklären. Auf höherem Preisniveau bewegen sich auch die Winzer am Ort. Deshalb können wir noch nicht sagen, wie ihre Weine schmecken. Wir legen jeden Monat etwas zur Seite für die erste Flasche Stäfner Blauburgunder. Dasselbe gilt für die beiden Metzger. »Ich bin doch in New York auch nicht zu Tiffany's gegangen«, lautete Katjas schnippische Antwort auf meine Frage, ob sie schon einmal beim Dorffleischer eingekauft hätte.

Ob eine Kirche katholisch oder protestantisch ist, erkennt man in der Schweiz gemeinhin schnell mit einem Blick auf die Kirchturmspitze. Papisten zieren sie mit einem Kreuz, Reformierte eher utilitaristisch mit einer Wetterfahne oder einem Wetterhahn. In einem Land, dessen Einwohner sich jahrhundertelang von Kanton zu Kanton, von Dorf zu Dorf, zwischen Stadt und Land an die Kehle gegangen sind, kann es nicht weiter verwundern, dass sich auch Katholiken und Protestanten lange Zeit spinnefeind waren. Den letzten Religionskrieg beendeten die Eidgenossen erst vor 150 Jahren – zu einer Zeit, als Beethoven und Schubert schon tot waren und Richard Wagner bereits die Idee zu seinem Ring-Zyklus gekommen war. (Dieser Genieblitz traf ihn übrigens im Zürcher Nobelhotel Baur au Lac, und es wäre interessant zu untersuchen, ob der Genius Loci Eingang gefunden hat in Walküre oder Götterdämmerung.)

Heute sind die beiden Hauptkonfessionen sehr viel lockerer im Umgang miteinander geworden, sogar in Kantonen wie den beiden Appenzells, die eigentlich entlang der Glaubenslinien geschaffen wurden. Traditionell despektierlicher, ja beinahe frech, gebärden sich die Reformierten, als ob sie nachträglich die Geister ihrer verklemmten Freudentöter Zwingli und Calvin exorzieren wollten. Besonders kess scheint der protestantische Pastor von Stäfa zu sein. Auf dem Parkplatz vor dem Pfarrhaus sind drei Plätze reserviert: für Father, Son und Holy Ghost, wie auf Englisch auf den Asphalt gepinselt ist. Die beiden Ersteren scheinen stets anderswo beschäftigt zu sein. Ihre Plätze sind immer leer. Der Heilige Geist fährt einen Toyota Verso. Da dies eine klassische Familienkutsche mit Platz für Kinderwagen und Hund ist, wirft dies einige bestürzende theologische Fragen auf.

In einem Punkt freilich scheinen sich Schweizer Katholiken und Protestanten einig zu sein: Beide bevorzugen monströs große Uhren an ihren Kirchtürmen. Das Zifferblatt von St. Peter in Zürich scheint fast über die Ecken des Turmes hinauszuragen, und ähnlich großräumig tickt die Schweiz auch anderswo. Der Bahnhof der Kleinstadt Aarau gönnt sich gar die größte Uhr Europas. Ich schwanke zwischen zwei Theorien für diese Megalomanie: Entweder neigen Schweizer genetisch bedingt zur Kurzsichtigkeit, oder sie wollen weithin mit ihrer Fertigkeit im Uhrenbau prahlen. Da sie üblicherweise aber eher unter- als übertreiben, erscheint mir die erste Variante wahrscheinlicher.

Ebenfalls eine Art von Glaubensfrage ist die Entscheidung, in welchem Supermarkt man einkauft. Auch wenn hier die Unterschiede nicht so krass sind wie in Britannien. Auf der Insel nämlich ist der Einzelhandel in allerfeinste Segmente unterteilt: vom Tiefkühlspezialisten Iceland für die proletarische Unterschicht bis hin zum Hoflieferanten Fortnum & Masons für die Queen und ihre Familie. In der Schweiz ist das Bild ein wenig übersichtlicher: Es gibt den allumfassenden, allumsorgenden Patriarchen, den Nährer und Versorger in Gestalt der Migros-Kette. Etwas feiner und teurer ist der naseweise Parvenu namens Coop. Dazu gesellen sich der Billigdiscounter Denner und freche Invasoren aus dem sogenannten Großen Kanton, vulgo Deutschland: Aldi und Lidl.

Für die meisten Schweizer gehört die Migros ebenso selbstverständlich zur nationalen Identität wie Wilhelm Tell, das Bankgeheimnis und Roger Federer. Die Migros scheint es schon immer gegeben zu haben, auf alle Fälle gibt es sie in jedem Winkel des Landes – vom Zürcher Flughafen bis ins kleinste Alpendorf, und vor allem gibt es bei ihr praktisch alles, was man braucht: Lebensmittel, Elektronik, Möbel, Bücher (»Ex Libris«), Benzin, Urlaubsreisen und sogar Fortbildung nach Art von Volkshochschulen. Einen Schweizer würde es jedenfalls nicht überraschen, wenn man ihm sagen würde, dass Tell hier seine Armbrust kaufte, Banker ihre Tresore und Federer seine Trophäen.

Einen Deutschen erkennt der Schweizer übrigens sehr schnell daran, dass er Migros mit dem s am Schluss ausspricht. (Gut, Deutsche erkennen die Schweizer schon am Gang und am Gesichtsausdruck, der Migros-Test ist nur die letzte Bestätigung. Ähnliches gilt fürs »Merci vielmal« – grammatikhörige Teutonen beharren auch hier auf dem End-s und sagen »vielmals«.) Tatsächlich spricht man den Namen à la française wie »Migro« aus, schließlich leitet er sich von der französischen Bezeichnung »demi gros« ab. Das ist der Zwischenhandel, der zwischen en gros und en détail liegt, zwischen dem Groß- und dem Einzelhandel.

Zu diesen deutlich niedrigeren Zwischenhändlerpreisen bot Migros-Gründer Gottlieb Duttweiler seit 1925 seine Lebensmittel an. Er war einer jener legendären Gründertypen, denen das eigene Land beinahe zu klein war. Außerdem war er von sozialen und moralischen Prinzipien geprägt. Deshalb gibt es in Migros-Läden bis heute nicht die Volksverderber Alkohol und Nikotin zu kaufen. Und schon 1941 überschrieb Duttweiler seine Firma gleichsam seiner Kundschaft: Die Migros wurde zur Genossenschaft.

Die Schweizer danken es ihm bis heute mit – beinahe – unverbrüchlicher Treue. Auch wenn sie seit einigen Jahren gelegentlich bei der Konkurrenz fremdgehen. Da schweizerische Geschäftsleute nicht nur Grundsätze haben, sondern auch nicht doof sind, kaufte der Migros-Konzern vor einigen Jahren den Billigdiscounter Denner. Dort können nun auch treue Migros-Kunden unbelastet von Gewissensbissen Schnaps, Wein und Zigaretten kaufen.

Zu den noch ungelösten Welträtseln gehört es, weshalb Schweizer klaglos bereit sind, für so gut wie alles höhere Preise zu zahlen als der Rest Europas. »Dafür bekommen wir bessere Qualität«, pflegen sie dieses masochistische Konsumverhalten zu verteidigen und verweisen auf Joghurt, Schweineschnitzel oder Kühlschränke aus eigener helvetischer Produktion. Diese Argumentation verfängt freilich nicht bei Produkten wie Nutella (in Italien hergestellt), Nissan-Autos (aus Japan) oder Nivea-Creme (kommt aus Deutschland).

Doch allem Anschein nach ist vielen Menschen zwischen Boden- und Genfer See diese Unstimmigkeit noch nicht aufgefallen.

Entsprechend misstrauisch wurde es denn auch beäugt, als mit Aldi und Lidl die ersten deutschen Discountketten die Grenze überschritten und in die Alpenrepublik einmarschierten wie eine teutonische Panzeroffensive. Herr Baudrillat, der Hausverwalter, bemühte sich nach Kräften, von der Aldi-Filiale abzulenken, die man unübersehbar von unserer Wohnung aus erblicken konnte.

»Toll, ein Aldi gleich nebenan«, rief Katja begeistert aus.

»Ja, tut mir leid«, murmelte Baudrillat. »Wir konnten das leider nicht verhindern. Aber es hat nicht an Bemühungen gefehlt.«

Als er unsere fragenden Mienen sah, holte er weiter aus.

»Wissen Sie, ein rechter Schweizer würde nie bei so einem billigen Jakob einkaufen«, seufzte er. »Da weiß man doch nicht, woher die Ware stammt und wie frisch sie ist.«

Er hielt kurz inne und überlegte offenbar, ob er fortfahren sollte.

»Aber Sie sind ja Deutsche«, meinte er schließlich mit einer Mischung aus Nachsicht und Gönnerhaftigkeit. »Deutsche haben ja keine Probleme mit Aldi. Eigentlich kaufen nur Deutsche dort ein, habe ich mir sagen lassen.«

Weil man als Auslandskorrespondent seinem Gastland ja so nahe wie möglich kommen soll, erledigten wir also unsere ersten Wocheneinkäufe bei der Migros. Und es schien auch gar nicht zu stimmen, was über die überzogenen Preise berichtet worden war: schöne, magere Schweinesteaks für vier Franken fünfzig – da konnte man eigentlich nicht meckern. Bis mein Blick aufs Kleingedruckte fiel: pro hundert Gramm.

Eine Zeitlang glaubte ich, einer ganz speziellen Einkaufsquelle auf die Spur gekommen zu sein, einem Insidertipp, den die Einheimischen nicht mit zugereisten Ausländern zu teilen bereit waren.

»Wenn du das nächste Mal einkaufen gehst«, riet ich Katja, »dann erledige das doch auf der Post.«

»Aber ich brauche Milch, Eier, Obst, Gemüse und keine Briefmarken.«

Verschwörerisch zog ich mein rechtes Auge herunter.

»Vertrau mir. Auf der Post gibt es alles. Obst, Milch, Kartoffeln und noch mehr. Ich habe es selber gehört von unserer Nachbarin. Ich habe sie unten mit prallvollen Tüten getroffen, und sie hat gesagt, sie sei gerade von der Post gekommen.«

»Von der Post? Hat sie das so gesagt?«

»Na ja, im Dialekt halt. Irgendwas von ›poschte gaa‹. Du weißt ja, dass die hier Schwierigkeiten mit einem sauberen st haben.«

Katja tat also, was sie – dank leidvoller Erfahrungen – eigentlich eher selten tut: Sie folgte meinem Ratschlag und rollte mit ihrem Shopping Trolley zu unserem Postamt.

Ich weiß nicht, was sich anschließend im Einzelnen dort abspielte, als meine Frau nach einem halben Pfund Butter verlangte. Ganz abwegig war die Frage nicht, schließlich haben Schweizer Postämter ebenso wie die Postanstalten anderer Länder längst viel mehr im Angebot als nur Briefmarken.

Bis zu Molkereiprodukten freilich reicht diese Produktpalette nicht, wie Katja mir in ziemlich unmissverständlichen Worten klarmachte, und auch Radieschen suchte sie vergebens. So wie ich sie verstand, hatte sie lediglich einen großen Heiterkeitserfolg erzielt, der ihr allerdings zutiefst peinlich war.

Immerhin kam sie mit zwei wichtigen Erkenntnissen zurück: »Poschte gaa« hat nichts mit einem Postamt zu tun, sondern bedeutet einfach »einkaufen gehen«. Und einer von uns, so hatte sie beschlossen, müsse nun ganz dringend einen Sprachkurs besuchen, damit sich derart blamable Situationen nicht wiederholten.

Vier

Einer von uns, das sagt sich so leicht. Tatsächlich bedeutete es, dass ich es war, der sich schon bald in einem kahlen Klassenzimmer wiederfand und zusammen mit einer Gruppe gleichermaßen verwirrter Männer und Frauen Personalpronomen nachbetete, die Urs uns vorsagte: ase-n-en, ase-n-äine, aseme, ase-n-ere.

Ich hatte keine Ahnung, was ich da eigentlich sagte, und ein Kontrollblick in die Runde bewies mir, dass ich damit nicht alleinstand. Dass Schweizerdeutsch anders klingt, das wusste ich bereits. Und ich wusste auch, dass das, was ich aus dem Munde jener Schweizer hörte, die ich im Ausland kennengelernt hatte, nicht Schweizerdeutsch war – auch wenn es sich so anhören mochte. Und ich war vertraut mit der bekannten Definition: »Es gibt Ausländer, die Deutsch ohne jeglichen Akzent sprechen. Das sind Glücksfälle. Und es gibt Deutsche, die einen Akzent ohne jegliches Deutsch sprechen. Das sind Schweizer.«

In unserem Kurs befanden sich Deutsche und Nicht-Deutsche, aber vor Urs und dem Schwyzerdütschen waren wir alle gleich, eine kleine UNO der Verblüfften und Verwirrten.

»Du müescht en Mund nöd so wiit uufmache«, ermahnte Urs nun Alex. »Wir Schwyzer geben nichts gern her, auch nöd unsere Worte. Wir presse sie us de Mundwinkel.«

Tagsüber unterrichtete Urs ABC-Schützen. Er war ein gemütlich-rundlicher Typ mit Schnauzbart, der Käsefondue, Geschnetzeltem, grillierten Würsten und anderen leiblichen Genüssen nicht abgeneigt zu sein schien. Irgendwann im Laufe seines Berufslebens war er offenbar zu der Überzeugung gekommen, dass man Schüler jedweden Alters am besten als Sechsjährige behandelt. Der pädagogische Erfolg schien ihm jedenfalls recht zu geben.

Ein knappes Dutzend Männer und Frauen kamen einmal in der Woche zusammen, um in die Geheimnisse einer Sprache einzudringen, die der Schweizer Autor Bruno Ziauddin einmal als »Augapfel« des Schweizer Volkes und zugleich als »Achillesferse seines Selbstbewusstseins« bezeichnet hat. Augapfel, weil der Schweizer sie zärtlich liebt wie die eigene Mutter; Achillesferse, weil sie ihn unter Fremden in allergrößte Peinlichkeiten stürzt.

Veranstaltet werden die Sprachkurse übrigens von der Supermarktkette Migros. Immerhin wird auf diese Weise sichergestellt, dass auch die Ausländer wissen, wo sie »poschte gaa« sollen.

Wir sind bunt zusammengewürfelt – bezüglich Alter, Nationalität und Charakter, und auch unsere Gruppe zerfällt in die Grundtypen, die es in jeder Klasse gibt: den Streber, den Frechling, das Dummchen und den Clown. Letztere Rolle ist mir zugefallen, seitdem ich auf die Frage nach den Vokabeln Eppeeri und Viipuure mit »Vororte von Helsinki« geantwortet habe. Woher hätte ich auch wissen sollen, dass es sich um Erdbeeren und Weinbauern handelte.

Die anderen waren mir einen ganzen Kurs voraus, denn sie hatten bereits die Anfängerlektionen absolviert. Daher war es nicht einfach gewesen, mich einzuschreiben.

»Sie wissen schon, dass das ein Fortgeschrittenenkurs ist«, hatte mich die Dame am Telefon erinnert, als ich mich anmeldete. »Sie haben doch den Anfängerkurs erfolgreich bestanden, oder?«

Das hatte ich nicht, und ich gestand es unumwunden ein.

»Das könnte jetzt aber ein Problem sein, oder?«, räusperte sich die Frau am anderen Ende der Leitung. »Wie wollen Sie denn diesen Vorsprung aufholen? Im schlimmsten Fall blockieren Sie das Vorankommen der anderen Schüler, oder?«

Sie schien dem vom Komiker Emil Steinberger in Deutschland verbreiteten Klischee total zu entsprechen, mit dem »oder«, das sie jedem Satz hintanstellte. Manche sehen es als Ausdruck tiefsitzender Unsicherheit. Der Schweizer wolle sich immer der Zustimmung seines Gesprächspartners versichern, meinen sie. Dagegen spricht zweierlei: Zum einen kennen auch die jeglicher Minderwertigkeitskomplexe unverdächtigen Briten – isn't it – und Franzosen – n'est-ce pas – diese Redewendung. Zum anderen bekräftigen Schweizer auch unbezweifelbare Stellungnahmen mit dem »oder«: »Ich bin der Ueli, oddr?«

Die Dame von der Sprachschule jedenfalls schien von keinen Selbstzweifeln geplagt zu sein. Erst als ich anbot, mich notfalls einem Eignungstest zu unterziehen, und ab und zu ein »ja, isch guet so« in meine Rede einstreute, ließ sie sich erweichen. Ich könne ja erst einmal zur ersten Lektion zur Probe kommen, stimmte sie schließlich zu. Der Lehrer werde dann entscheiden, ob ich geeignet sei oder nicht.

Die Schule war im selben Gebäude untergebracht wie das örtliche Hauptquartier der Kantonspolizei von Sankt Gallen. Dieser Umstand machte vor allem dem Kosovo-Albaner Rexep zu schaffen, der mit Vertretern der öffentlichen Ordnung überwiegend nachteilige Erfahrungen gesammelt hatte. Umso fleißiger arbeitete er an seiner Einbürgerung. Den Kurs besuchte er, seitdem er in den »Bestimmungen für die Aufnahme in das Bürgerrecht« gelesen hatte, dass ein »Einbürgerungskandidat« Schweizerdeutsch »verstehen und eine deutschschweizerische Mundart in angemessener Weise sprechen können« müsse. So dringend will er »Papirli-Schwyzer« werden, dass er Vokabelengpässe mit einer an Mimikry heranreichenden Identifikation mit dem Gastland ausgleicht. So erinnerte er einmal mit vibrierender Stimme an die Zeiten, »wann mir unsere Sööne als Söldner ins Uusland gschickt han«. Eine Schweizergarde aus muslimischen Albanern? Das dürfte sogar jene Toleranz übersteigen, die dem Papst aufgrund seines Amtes abverlangt wird.

»Züritüütsch isch Millimeterarbeit«, schärfte Urs uns nun ein und nahm dabei vor allem Alex und mich ins Visier. »Wir Zürcher rede zwar schneller wie andere Schwyzer, aber wir han lange Vokaale.«

Alex und ich sind die beiden einzigen Deutschen, und Urs hatte von der ersten Stunde an kaum einen Zweifel daran gelassen, dass wir nicht die geringste Chance hätten, jemals die richtige Aussprache hinzukriegen: »Eure Sprachwerkzeuge – die Zunge, der Kehlkopf, die Zähne – haben sich im Laufe der Geschichte falsch entwickelt, da könnt ihr nichts machen.«

Alex' Sprachapparat freilich dürfte noch am ehesten dazu geeignet sein, die charakteristischen Laute des Schweizerischen nachzuahmen. Schließlich gehört er als Schwabe ebenfalls zu den Alemannen. Doch gerade darin scheint sein Problem zu liegen. »Ich bin wie ein Italiener, der Spanisch lernt«, hatte er in der ersten Stunde als Grund für die Teilnahme an dem Kurs erklärt. »Die Sprachen sind sehr ähnlich, aber eben doch nicht dasselbe, hano?«

Worauf ihn Urs das erste Mal korrigiert hatte: »Wenn überhaupt, dann sagen wir ›oddr‹ am Ende von einem Satz und nöd ›hano‹, oddr?«

Nun also hob Urs erneut zu einer vergleichenden Betrachtung des Schwäbischen und des

Schweizerdeutschen an. Nur wenige Millimeter lägen zwischen den beiden Sprachen, je nachdem, ob man die Lippen oder die Stimmritzen ein wenig weiter öffne oder sie zusammenpresse, sagte er. Dabei war es natürlich keine Frage, welches Idiom sich weniger öffnete: das Schwyzerdütsche selbstverständlich. Denn so wie die Eidgenossen sparsam aufs Geld schauen, so haushalten sie auch sprachlich: Lieber zu wenig als zu viel, lieber kürzer als zu lang.

Grammatikalisch kommt die Sprache mit zwei Zeiten aus – der Gegenwart und einer Vergangenheit –, und sie verzichtet auf den Genitiv, jedenfalls im üblichen Sinn. Nicht nur die Vorsilben verschmelzen mit dem Rest des Wortes, sondern ganze Pronomen, wie etwa das »du«: »Häsch Ziit« ist deutlich kürzer als »Hast du Zeit«, und »öbd magscht« ist schneller gesagt als »ob du vielleicht Lust hast«. Die Sucht, Wörter zu verkürzen, macht nicht einmal vor Ortsnamen halt, genau genommen am wenigsten vor Ortsnamen. Dabei mag erstaunen, dass Zürich umgangssprachlich auf die letzten beiden Buchstaben verzichtet, wo man doch sonst so stolz ist auf das tief im Rachen wurzelnde »ch«, das Uneingeweihte hektisch zur Tüte mit den Kräuterbonbons greifen lässt. Aber wahrscheinlich ist es Teil einer verbindlichen Regel, die die letzten Silben abhackt. Aus Rapperswil wird Rappi, aus Zollikon und Russikon Zolli und Russi, und die Kleinstadt Hombrechtikon im Zürcher Oberland schnurrt gleich auf Hombi zusammen. Ob das aus ihren Einwohnern freilich

Hombies macht (was sich auf Zombies reimt), habe ich nicht herausgefunden.

Als »very efficient« beschreibt denn auch ein englischer Sprachführer des Schweizerdeutschen den Dialekt: »Wenn sie Laute formen, versuchen die Schweizer jede Zungenbewegung zu minimieren«, stellt das Buch fest. »Deshalb verschmelzen die Klänge verschiedener Buchstaben schon im Mund miteinander.« Das klingt ein wenig, als sollte der Verzehr von Studentenfutter beschrieben werden, wenn knackige Nüsse und weiche Rosinen im Mund miteinander zu einem Brei zermahlen werden. Und so hört sich die Sprache denn auch für Uneingeweihte häufig an.

Das stach schon Martin Luther unangenehm ins Ohr. Obschon er selbst kaum lupenreines Hochdeutsch sprach, stieß er sich an der Sprache seines Zürcher Mitreformators Ulrich Zwingli. Der spreche, so meinte Luther, ein »filziges, zottiges Deutsch«. Der Spötter Oscar Wilde wiederum, der bekanntlich lieber einen Freund verlor als eine Pointe verschenkte, vermochte aus dem Schweizerdeutschen nur das »Knirschen von Ziegelsteinen« herauszuhören: »Falls ein Schweizer in Versuchung kommt zu sprechen«, meinte er mit einem Seitenhieb auf die Maulfaulheit der Bergler, »wird ihn niemand verstehen – außer vielleicht ein Geologe.« Und selbst ein Schweizer, wenn auch ein umstrittener Landsmann wie der Schriftsteller Ludwig Hohl, ließ kein gutes Haar an der Rede seiner Landsleute: Ein »Mittelding zwischen menschlicher Sprache und der Ausdrucksform des Tieres« sei sie, »eine kuhmistartige Dialektsprache«.

Ich würde nicht so weit gehen. Vor allem aus der Entfernung erinnert mich das rhythmische »chr-chr-chr« des Schweizerdeutschen eher an einen fleißigen Holzwurm, der sich methodisch durch eine Schrankwand aus deutscher Eiche frisst. Wir im Kurs sahen das sowieso entspannter, schließlich hatten wir alle unsere guten Gründe, weshalb wir uns zu diesem Studium entschlossen hatten. Da war Meike, eine lattendünne Holländerin, die endlich verstehen wollte, was die Polizisten sie fragten, die ständig ihren Wagen anhielten. Wahrscheinlich hätte sie eher einen Fahrkurs gebraucht als einen Sprachkurs. Immerhin beherrschte sie muttersprachlich das krachende Ch so gut wie die Einheimischen.

Istvan war der Älteste und der Fleißigste in der Klasse. Er war vor vielen Jahren – wahrscheinlich mit Attilas Heerscharen – aus Ungarn eingewandert und hatte sich schlecht und recht mit ungarisch eingefärbtem Hochdeutsch durchgeschlagen. Seit seine Kinder Schweizer geheiratet hatten, stand er freilich vor dem Problem, mit Schweizer Enkeln kommunizieren zu müssen. »Sie verstehen mich nicht, und ich sie schon gar nicht«, gestand er seufzend in der ersten Stunde ein.

Die Tschechin Milena wiederum hatte in den verschiedensten Teilen der Schweiz gelebt und überall ein wenig vom jeweils vorherrschenden Dialekt aufgeschnappt – hier ein wenig Berner Deutsch, dort Baseldütsch und auch ein paar Brocken aus dem Appenzeller Land. Sie brauchte eine Art von eidgenössischer Lingua franca, ein allgemein verbindliches Hoch-Schwyzerdütsch. Einen Rückschlag erlitten ihre Hoffnungen freilich, als Urs eingestehen musste, dass es noch nicht einmal ein einheitliches Zürich-Deutsch gebe, das wir bei ihm lernen sollten. »So reden sie in Winterthur«, beschied er Milena, die wissen wollte, wieso er den Abend »Oobig« nenne, wo sie doch die Version »Aabig« gehört habe. Winterthur, dies sei für jene Leser mit ähnlich schwachen Schweizer Geographiekenntnissen, wie ich sie habe, angemerkt, ist streng genommen ein Vorort von Zürich. Aus Urs' Mund aber hörte es sich an, als ob Milena versucht hätte, die Sprache der Navajo-Indianer mit dem Hamburger Platt zu vergleichen.

Die tragischste Figur in unserem Kurs freilich war eine junge Tessinerin. Wie alle welschen und italienischen Schweizer zwischen Lausanne und Lugano hatte auch sie Deutsch in der Schule als Pflichtfach absolviert. Nicht, dass es ihr innerhalb der Eidgenossenschaft etwas genutzt hätte, schließlich war es Hochdeutsch, das sie dort erlernte, und nicht der Dialekt, den ihre – vermeintlich – deutschsprachigen Landsleute sprachen. Die lernen zwar auch Schriftdeutsch in der Schule, was aber meist ein fruchtloses Unterfangen ist. Eine tschechische Philologin hat es einmal mit dem Versuch verglichen, simultan Autofahren und Klavierspielen zu erlernen.

Französisch sprechende Schweizer sehen das alles nicht als Problem. Sie reden ohnehin beharrlich französisch mit den Deutschschweizern, und wenn es gar nicht anders geht, dann wechseln sie ins Englische.

Unserer Tessinerin blieb dieser Ausweg verbaut. Sie arbeitete in der Kleinstadt Rüti bei der Sparkasse, und auf Englisch lassen sich die örtlichen Bauern nicht ein. »Alle halten mich für arrogant«, beklagte sie sich bei der Vorstellungsrunde in der ersten Lektion. »Weil ich keinen Dialekt kann.«

»Aber die müssen doch wissen, dass du aus dem Tessin bist«, erkundigte sich Urs.

»Schon, aber das glaubt mir niemand. Wegen meinem Namen.«

»Und wie heißt du?«

»Regula. Regula Blümli. Das klingt nicht besonders italienisch, oder? Ich muss endlich eine Sprache lernen, die zu meinem Namen passt.«

Aber auch für Deutsche wimmelt es im Schwyzerdütschen von Fallstricken. Besser gesagt: Gerade für Deutsche wimmelt es von Fallstricken. Wenn ein Schweizer verspricht, dass er dir »ein Telefon gibt«, dann kann man lange darauf warten, dass er einem ein Handy schenkt. Er hat nur angekündigt, dass er anrufen wird. Suppen kochen Schweizer grundsätzlich in einer Pfanne und nicht in einem Topf, Gwüschterti sind keine Geschwüre, sondern Geschwister, und wenn einen Eidgenossen fröstelt, überzieht ihn eine Hühner- und keine Gänsehaut. Wenn Schnee gefallen ist, wischt man die Straße, den Küchenboden aber putzt man mit einem feuchten Mopp. Und als ich mein Auto kaufte, fragte mich der Verkäufer, ob ich betrieben werde. Er verwechselte mich nicht mit dem Wagen. Er wollte nur wissen, ob ich noch anderswo Schulden abbezahlte.

Im Unterricht erging es mir nicht viel anders. »Ich habe keine Ahnung, was man mir damit sagen will«, kommentierte ich einmal einen Satz, in dem offensichtlich ein impressionistischer Maler eine prominente Rolle spielte. »Hütt hämer der Eerscht vom Monet? Also ich lese das als ›Heute haben wir unseren ersten Monet gekauft‹. So einen Satz kann es nur in einem Sprachlehrbuch in der reichen Schweiz geben.«

Urs sah über den Seitenhieb hinweg. Monet wird – im Gegensatz zu Migros – offensichtlich nicht französisch, sondern mitsamt der Endsilbe -et ausgesprochen. Ein kalter Monet ist daher kein Gemälde in kühlen Blautönen, sondern ein Monat wie November oder Dezember.

Als Hausaufgabe sollten wir die Uhrzeiten üben. Dies, so schärfte uns Urs eher überflüssigerweise ein, habe enormen praktischen Nutzen im täglichen Leben. Das konnte ich nur bestätigen. Vor kurzem erst hatten wir einen Elektriker bestellt. Er verstand mich hervorragend, was ich daran erkannte, dass er mir einen Termin vorzuschlagen schien. Ob es denn morgen ginge, wollte er wissen. Kein Problem, erwiderte ich und fragte nach der Uhrzeit – worauf er aus nicht nachvollziehbaren Gründen vom Schweizerdeutschen ins Serbokroatische zu verfallen schien: »Zän ab sibene.« Weil er alles wie üblich auf der ersten Silbe – also wie den Béton, das Bórdell und das Fóndue – betonte, dachte ich mir nur, dass er vielleicht aus dem kroatischen Sibenik stammen könnte.

Ich tippte auf zehn Uhr. Das war gut, und ich stimmte zu. Zum Glück bin ich Frühaufsteher, eine Eigenschaft, die ich mit dem Großteil der Schweizerinnen und Schweizer teile. Katja hingegen liegt gerne etwas länger im Bett, weshalb sie nicht erfreut war, als es am nächsten Morgen kurz nach sieben läutete und der Elektriker munter und kregel vor der Tür stand. Er habe doch gesagt, dass er um zehn nach sieben kommen werde, wunderte er sich. Aber er bitte um Entschuldigung, wenn er uns Unannehmlichkeiten bereitet habe, schließlich sei er zu früh eingetroffen: um sieben Uhr acht.

Der Elektriker gehörte zu jenen Schweizern, die auch mit mir und anderen Ausländern so reden, wie ihnen der Schnabel gewachsen ist. Die meisten Gesprächspartner allerdings stellen sich ungefragt auf das deutsche Gegenüber ein und sprechen Schriftdeutsch, was freilich mitunter so klingt, wie sich Gäste aus Gießen oder Gelsenkirchen das lokale Idiom von Almsennern aus dem Berner Oberland vorstellen. Sie sind dann recht stolz auf ihr Sprachtalent und wundern sich erst, wenn dem Schweizer die Geduld reißt und er in echtes Schweizerdeutsch verfällt.

Von »Hochdeutsch« reden die egalitär gesinnten Schweizer weniger gern, sie bevorzugen den Ausdruck »Schriftdeutsch«. In ihren Ohren schwingt bei »Hochdeutsch« eine Wertung mit, als ob die kristallen klirrenden teutonischen Töne qualitativ höher stünden als das Schweizerdeutsche. Das aber würden sie nie akzeptieren, dazu sind sie viel zu stolz auf ihre eigene Sprache, die ja eigentlich aus mehreren Unter-, pardon: Nebensprachen besteht, wie wir gesehen haben. Nicht nur jeder Kanton, auch jedes Gebirgstal, jedes Dorf spricht ja irgendwie anders. Mich würde es nicht wundern, wenn die Mietparteien in einem Wohnhaus sich wegen der unterschiedlichen Aussprache der Kardinalzahlen misstrauisch beäugten.

Nein, sie lieben ihre warme, gemütliche Sprache, ganz abgesehen davon, dass sie ihnen im Ausland nicht nur einen Hauch von Exklusivität, sondern auch Schutz verleiht. Als ich vor vielen Jahren in Ägypten lebte, erzählte mir einmal der Schweizer Botschafter von einer kühnen Anfrage um Amtshilfe der ägyptischen Staatssicherheit. Die staatlichen Schnüffler hatten wochenlang die Telefone zweier Schweizer Geschäftsleute abgehört und die Mitschnitte ägyptischen Germanisten zur Übersetzung vorgelegt. Doch die streckten alsbald die Waffen. Was sie da hörten, war ihnen im Germanistikstudium nie begegnet.

In diesem Zusammenhang weihte mich der Schweizer Diplomat in ein Geheimnis ein: Landsleute, die hinter dem damals noch real existierenden Eisernen Vorhang zu tun hatten, wurden von staatlichen Organen in Bern ermutigt, immer und überall das eigene Idiom zu sprechen. Offensichtlich hatten sich sogar die Sprachgenies des KGB an gewissen Varianten des Appenzellerischen oder Urnerischen die Zähne ausgebissen.

Bei aller Liebe zu ihrem Dialekt leiden die Schweizer aber auch unter ihm. Denn sie wissen nur zu gut, wie er in den Ohren der Deutschen klingt: putzig, verspielt, ja lächerlich. »Der Deutsche beugt sich über diese Mundart wie über einen Kinderwagen und macht ›Du, du!‹ und sagt dann: ›Ist sie nicht herzig?‹«, hat der deutsche Literaturprofessor Dietrich Schwanitz diese Beziehung anschaulich beschrieben. Er wusste, wovon er sprach – und vor allem, wie er sprach. Bis zu seinem elften Lebensjahr wuchs Schwanitz bei einem Schweizer Bergbauern auf und war daher fließend zweisprachig.

Was den Deutschen am Schwyzerdütschen so entzücke, beobachtete er, sei vor allem die Intonation. »Sie macht ihn zum großen Bruder dieses sprachlichen Babys. Und in komplementärer Weise dazu macht sie die Schweiz zu einem Kinderhort, in dem alles – das Puppenstubenhafte, die Übersichtlichkeit, die lange Friedenszeit, das heißt, die Niedlichkeit von allem – im Reichsdeutschen das Bild der Erfahrungslosigkeit verstärkt, das er sowieso mit der Schweiz verbindet. Umgekehrt erlebt der Schweizer diese Haltung als Herablassung. Für ihn enthält sie die Botschaft: ›Bei den Erwachsenen dürft ihr nicht mitreden. Euer Forum ist der Kindergeburtstag. Da machen wir die lustigen Spiele wie Alphorn-Blasen, Schwingen, Fahnenwerfen etc.‹«

Goldene Worte. Leider spiegeln sie nicht die ganze Realität wider. Denn wenn dem Schweizer etwas noch mehr missfällt als das kalte Schriftdeutsch, dann sind es Deutsche, die versuchen, Schweizerdeutsch zu sprechen. In diesem Punkt verhalten sie sich ein wenig wie Franzosen, die das Französisch eines Ausländers ja auch erst dann akzeptieren, wenn man es vom Original der Einheimischen nicht mehr unterscheiden kann. Wo der Ausländer bis zu diesem Zeitpunkt üben soll, ist ihnen gleichgültig.

Ich jedenfalls traue mich nicht, meine bei Urs gelernten Kenntnisse in der Praxis anzuwenden – aus Sorge, dass man meinen könnte, ich wolle mich entweder anbiedern oder lustig machen. Schwyzerisch rede ich nur mit anderen Deutschen, die man hier in Gestalt von Gastarbeitern an jeder Supermarktkasse, in jedem Restaurant, in allen Läden trifft. Jedenfalls verbiegen wir uns so lange die Zungen an »grüezi« und »merci vielmal«, bis wir festgestellt haben, dass wir eigentlich gleich Hochdeutsch reden können – also nach wenigen Sekunden. Auch dies erinnert an Frankreich und an den alten Witz über zwei Männer, die einander in Paris auf der Straße begegnen. »Pouvez-vous français?«, fragt der Erste. »Oui, je pouve«, erwidert der Angesprochene. »Gott sei Dank«, stöhnen beide auf, »dann können wir ja deutsch reden.«

»Wollte die Zeitung etwas von mir?«, fragte ich Katja, als ich vom Sprachkurs wieder nach Hause kam und die Tasche mit den Lehrbüchern und CDs erst einmal in eine Ecke warf. Für die Hausaufgaben war Zeit genug bis nächste Woche. Mein formvollendetes »Grüezi« hatte meine Frau mit steiler Stirnfalte ignoriert, ebenso meine Bemerkung »Ich ha scho gässe«, mit der ich ihr zu verstehen gab, dass sie nicht mehr kochen müsse.

»Ja, Mäuer hat angerufen«, sagte sie und verzog das Gesicht, als ob sie versehentlich in einen vergammelten Apfel gebissen hätte. »Verlässt der die Zeitung nie?«

»Kaum. Es will ihn ja niemand haben. Ich gebe ihm mal ein Telefon. Äh, ich rufe ihn an«, fügte ich eilig hinzu, als ich Katjas verwirrten Blick sah.

Seitdem wir in die Schweiz gekommen waren, hatte mich Mäuer weitgehend mit Anfragen, Anregungen und ähnlichen unsittlichen Anträgen verschont. Das lag freilich weniger daran, dass er seinen Beruf nun entspannter und abgeklärter gesehen hätte, sondern vielmehr an der Materie. Einen großen Nachruf wie jenen auf die Königin beispielsweise konnte man in der Schweiz nicht replizieren. Auch Interviewpartner vom Schlage eines britischen Premierministers würde er kaum finden. Zum Glück. Noch immer krümme ich mich vor Peinlichkeit, wenn ich an das gemeinsame Gespräch zurückdenke, das Mäuer und ich mit dem Premier geführt haben. Er hatte sich als alter Schulkollege Mäuers entpuppt.

Die Schweiz verfügt zwar auch über einen Bundeskanzler, aber dessen Aufgaben entsprechen eher denen eines Oberregierungsrates – mithin ist er kein politisches Wesen, auf dessen Höhe sich Mäuer herabbegeben würde.

»Na, wo treiben Sie sich denn während der Dienstzeit herum?«, fragte mich Mäuer, als ich endlich zu ihm durchgestellt worden war. Es klang wie eine Drohung mit einem Schuss Leutseligkeit, als wollte man einen Schierlingsbecher mit einem Sahnehäubchen aufhübschen.

»Sprachkurs«, gab ich wortkarg zurück. »Sie können schließlich zu Recht erwarten, dass ein Korrespondent die Landessprache beherrscht.«

Mäuer prustete los, so dass ich schon fürchtete, sein Fisherman's Friend würde wie ein Projektil durch sein Büro fliegen und die Fensterscheibe durchschlagen.

»Einen Sprachkurs belegen Sie? Jetzt gebe ich Ihnen mal einen Tipp von einem alten Schweizkenner: Wenn Sie in der Schweiz leben, dann brauchen Sie weder einen Sprachkurs noch ein Wörterbuch. Alles, was wirklich nötig ist, sind der Wechselkurs und ein Scheckbuch.«

»Scheckbücher gibt es aber schon lange nicht mehr.«

»Meine ich ja auch nur im übertragenen Sinn. Außerdem bin ich mir nicht so sicher, ob die Schweizer nicht vielleicht doch weiter Schecks annehmen. Die würden auch ein Blatt von einer Hakle-Rolle akzeptieren, solange es ausreichend gedeckt ist.«

Selbstgefällig kicherte Mäuer in sich hinein.

»Was mich zum Grund meines Anrufes bringt. Ich werde Sie demnächst besuchen kommen. Halb privat und halb beruflich. Es geht um die Problematik von Auslandskonten, und ich habe da unlängst auf einer Tagung einen reizenden Herrn kennengelernt.«

Mäuer machte eine bedeutungsschwere Pause.

Wer konnte dieser reizende Herr sein, dass sich in die Stimme meines Chefs so etwas wie Andacht schlich? Kurt Felix?

»Der Name tut erst mal nichts zur Sache. Wichtig ist, dass er eine Privatbank leitet. Er hat gesagt, ich bin jederzeit willkommen in Zürich.«

Er hüstelte nervös.

»Gut möglich, dass er einen falschen Eindruck von meiner persönlichen Finanzlage bekommen hat.«

Das versprach interessant zu werden.

»Wie meinen Sie das?«, fragte ich.

»Nun, ich habe ihm eigentlich nur einen alten Witz erzählt. Sie kennen ihn doch, den, wo ein Deutscher in Zürich in eine Bank geht und sagt, er möchte ein Konto eröffnen. Und als der Kassier ihn fragt, wie viel er denn einzahlen will, beugt sich der Kunde über den Tresen und flüstert: Drei Millionen. Worauf der Bankmensch ganz laut sagt: Sie brauchen nicht zu flüstern, bei uns in der Schweiz ist Armut keine Schande.«

»Und?«, fragte ich. Ich wartete noch auf die Pointe der ursprünglichen Geschichte.

»Na ja, ich fürchte, dass mein Banker glaubt, ich hätte solche Summen anzulegen«, meinte Mäuer kleinlaut. Aber schon bald schöpfte er wieder Selbstvertrauen. »Ich bin sicher, dass wir ihn überzeugen können, auch einen kleineren Betrag zu akzeptieren. Einen sehr viel kleineren.«

Ich war über ein Wort gestolpert, das er gebraucht hatte. »Wir? Sagten Sie gerade, ›wir‹ würden ihn überzeugen?«

»Hatte ich das nicht erwähnt? Sie kommen mit zu dem Treffen. Sie sind ja der Experte für das Land. Wer weiß, vielleicht nutzen uns sogar Ihre frisch erworbenen Sprachkenntnisse, oddr?«

Fünf

In einem Land, das so reibungslos funktioniert wie ein Schweizer Uhrwerk, sind selbstverständlich auch die Hunde und andere Haustiere perfekt durchorganisiert. Eigentlich kann man auch gar nichts anderes erwarten von einer Gesellschaft, die Bernhardinern solch blindes Vertrauen schenkt, dass sie ihnen ein Fässchen Hochprozentiges umschnallt und sie damit in die Berge schickt. Ich habe solche Kneipenhunde zwar noch nicht mit eigenen Augen gesehen, aber dies ist wahrscheinlich nur eine Frage der Zeit.

Seit einigen Jahren hat die Schweiz das wohl strikteste Tierschutzgesetz der Welt. Allerdings ist manchmal nicht klar, wer wirklich geschützt werden soll: das Tier oder Menschen, die Tiere nicht mögen und mit ihnen daher nichts zu tun haben möchten. Zur Ehrenrettung des Gesetzgebers sei freilich erwähnt, dass nicht einmal das kleinste und unscheinbarste tierische Wollknäuel seiner Aufmerksamkeit entging.

Meersäuli etwa – wie man Meerschweinchen kokett auf Schweizerdeutsch nennt – haben ein gesetzlich verbrieftes Anrecht auf einen Partner.

Ob die Beziehung heterosexuell oder doch eher gleichgeschlechtlich abläuft, ist dem Halter (oder dem Meerschwein) freigestellt und dem Gesetzgeber gleichgültig. Wenig erstaunlich, hat die Schweiz doch kurz vor dem Inkrafttreten des Tierschutzgesetzes die Homo-Ehe legalisiert – nicht nur bei Kleinnagern.

Wichtig für die Meerschwein-Partnerschaft ist also lediglich, dass sich immer mindestens zwei Tiere im Käfig befinden. Stirbt eines, muss es sofort ersetzt werden, damit der Überlebende nicht an gebrochenem Herzen, sozialer Kälte oder ganz einfach Einsamkeit zugrunde geht.

In der Realität führt dies zwangsläufig dazu, dass man sich sein ganzes Leben lang nicht mehr von Meerschweinen befreien kann und für das letzte Paar sicherheitshalber testamentarische Vorkehrungen treffen sollte. Denn diese Tiere sterben ja nicht im Doppelpack – vorausgesetzt, man hilft nicht nach.

Doch es gibt eine Rettung, und eigentlich kann es nicht verwundern, dass den geschäftstüchtigen und findigen Schweizern diese Lösung eingefallen ist: das Miet-Meersäuli. Dieses Tier mietet man so lange, bis das eigene überlebende Fellschweinchen eingegangen ist. Dann wird der Rent-a-Nager retourniert.

Für Hunde gibt es solche Arrangements nicht. Aber sie dürfen ja noch für sich alleine gehalten werden. Chico jedenfalls würde geharnischte Einwände erheben, wenn er das Luxusleben eines Einzelhundes mit einem Rivalen teilen müsste.

Sichtbarster Ausdruck dafür, dass Hunde in der Schweiz neben Rechten vor allem Pflichten als eidgenössische Bürger haben, ist der Robidog. Im Prinzip handelt es sich dabei um nichts anderes als um einen Abfallbehälter speziell für die Hinterlassenschaften der kleinen Lieblinge. An beiden Seiten der grasgrünen Metallboxen flattern wie hechelnde Hundezungen frische Plastikbeutel im Wind. Sie sind, und dies ist in der Schweiz in der Tat bemerkenswert, kostenlos, umsonst, gratis. Mit Argusaugen wird freilich darüber gewacht, dass sich niemand die Taschen mit Plastiktüten vollstopft.

Robidogs stehen überall, selbst in den abgelegensten Alpentälern und auf Almhöhen jenseits der Baumgrenze. Eine innere Gesetzmäßigkeit besagt, dass nur dort keiner dieser Abfalleimer steht, wo der Hund gerade geschissen hat, so dass man mit dem sorgfältig verknoteten Tütchen in der Hand die Straßen entlangwandert, auf der Suche nach dem nächsten Robidog. Es wird von einem Fall berichtet, in dem ein Hundeeigner den Beutel mit der Seilbahn in die Berge gebracht und dort entsorgt hat. So stolz ist das Land auf diese Errungenschaft, dass man den Robidog in einem Atemzug mit anderen bedeutenden Schweizer Erfindungen wie dem Klettverschluss, der Wäschespinne oder dem CERN-Teilchenbeschleuniger nennt.

Chico jedenfalls erkannte sehr schnell, dass die Tage hemmungsloser Freiheit, die er in Großbritannien genossen hatte, gezählt waren. Zwar unterliegen Hunde auch im Vereinigten Königreich gewissen Einschränkungen; doch im Zweifel werden Vierbeiner entweder ignoriert, oder sie genießen gleich dieselbe Narrenfreiheit wie ihre Herrchen. Kein Wunder, geht doch die Königin mit leuchtendem Beispiel und einer Rotte verwöhnter und launenhafter Corgis voran.

Gleich nach unserer Ankunft am neuen Wohnort trat Chico in einen Ausgehstreik. Wenn er sich überhaupt zu einem Spaziergang überreden ließ, dann zog es ihn nur an zwei Orte: zu Aldi und zum Tierarzt. Vor dem Supermarkt konnte er stundenlang liegen und fasziniert beobachten, wie Menschen mit leeren Beuteln hineingingen und mit prall gefüllten Taschen wieder herauskamen.

Verstörender war die Vorliebe für den Tierarzt, den unser Hund kennengelernt hatte, als wir ihn registrieren ließen. Bei dieser Gelegenheit wurde ihm mit einer schusterahlegroßen Nadel ein Schweizer Chip eingeimpft. Diese Erfahrung allein hätte ihm eine Heidenangst vor dieser Adresse einjagen müssen. In England war er stets lange vorher auf die gegenüberliegende Straßenseite gewechselt, wenn wir uns dem Veterinär näherten. Doch in Stäfa steuerte er immer wieder zielstrebig dieses Haus an.

Als ich Katja meine Beobachtungen mitteilte, war für sie der Fall klar.

»Der Hund ist depressiv. Habe ich doch gleich gesagt. Die Schweiz tut ihm nicht gut. Das ist ihm alles zu eng hier, zu bedrückend. Das schnürt ihm die Luft ab.«

Natürlich war mir klar, dass man in diesen Sätzen an jeder Stelle den Hund durch Katja ersetzen konnte. Man ist nicht für nichts viele Jahre lang verheiratet.

»Das sehe ich ja ein«, meinte ich denn auch begütigend. »Aber warum rennt er dann zum Tierarzt? Er hat doch keine körperlichen Schmerzen.«

»Das nicht, aber sehr wohl seelische. Merkst du es nicht? Er ist depressiv. Er will nicht mehr leben.«

Ich musste wohl dämlicher als üblich aus der Wäsche geguckt haben, denn Katja wurde wirklich ungeduldig.

»Wir sind in der Schweiz, hallo. Das ist das Land, in dem Fußgänger bei Rot an einer leeren Straße warten. Auf der anderen Seite lassen sie sich dann völlig legal einschläfern. Wieso sollte sich unser Hund nicht dasselbe Recht herausnehmen?«

Für akut suizidgefährdet hielt ich Chico zwar nicht. Dennoch erinnerte die Schweiz uns beide an seine Kindheit und Jugend in Amerika: Für Hunde endete die Freiheit im »land of the free« im allerbesten Fall am Ende einer Zehn-Yard-Laufleine. Hollywood ist an dieser Verschwörung aktiv beteiligt. Wie, Sie glauben mir nicht? Welches war denn der letzte Hundeheld in einem Film? Scoobie-Doo – nicht gerade ein leuchtendes Vorbild. Altstars wie Lassie und Rin Tin Tin sind ja nur noch Greisen ein Begriff. Die heutige Jugend verbindet mit Hunden eine vage Mischung aus Furcht und Ekel: Sie haaren, hinterlassen Exkremente, haben üblen Mundgeruch und zerfleischen auch schon mal ein Kleinkind.

Für Chico änderte sich also manches in der Schweiz. Zum einen lebten wir nicht mehr in einem Haus, wo er jederzeit in den Garten düsen konnte, sondern in einer Wohnung im dritten Stock. Das erfordert mitunter eine Fahrt mit dem Fahrstuhl, eine Einrichtung, deren genauen Zweck er bis zum heutigen Tag nicht durchschaut hat. Ich vermute, er hält den Lift für eine Art von Sicherheitsschleuse, die man eben passieren muss, bevor sich die Tür zu Fressnapf und Bett öffnet.

Und dann das Bellen. Chico bellt nicht oft, aber wenn er bellt, dann trägt seine Stimme weiter als die von Paul Potts. Das aber unterscheidet ihn von allem, was es sonst in unserem Dorf gibt. Dort scheinen selbst Lastwagen auf Elektromotoren herumzuschnurren – so mucksmäuschenstill ist alles. Hundegebell hörten wir zwar auch, aber immer nur zwischen zehn und elf am Morgen und meistens noch einmal für eine halbe Stunde am späteren Nachmittag.

»Du wirst sehen, hier gibt es bestimmte Bellzeiten«, hatte Katja vermutet. »Hier hat ja alles seine genau bestimmte Zeit. Ich wäre nicht überrascht, wenn jede menschliche Regung getaktet ist mit den Abfahrtszeiten der S-Bahn.«

Katja bezog sich auf die Waschtermine, mit denen zahllose Schweizer leben. Mit nacktem Entsetzen hatte sie zur Kenntnis genommen, dass viele Schweizer Wohnungen über keine eigene Waschmaschine verfügen, sondern sich mit einer kommunalen Einrichtung im Keller begnügen müssen. Je nach Anzahl der Parteien im Haus kommt man mehr oder weniger häufig dran – im Allgemeinen einmal in der Woche, sagen wir: mittwochs zwischen zehn und vierzehn Uhr. Es versteht sich von selbst, dass bei unserer Wohnungssuche das Vorhandensein einer eigenen Waschmaschine ganz oben auf der Prioritätenliste gestanden hatte. (Dass man einen Kurs belegen müsste, um sie in Betrieb zu nehmen, war uns damals noch nicht klar gewesen.)

Belltermine für Hunde hätten uns also nicht weiter überrascht, obschon dies sogar den amerikanischen Bundesstaat Maryland in den Schatten gestellt hätte, wo Chico seine Kindheit verlebte. Dieser Staat legte Hunde an eine besonders kurze Leine – was durchaus wörtlich zu verstehen war. Nirgendwo durfte Chico frei laufen, ausgenommen im eigenen Haus, im Garten oder in einer sogenannten »Play Area«. Dabei handelte es sich um ein mit Maschendraht eingezäuntes handtuchschmales Geviert, das durch zwei Sicherheitsschleusen zu betreten war. Das Gras, das dort vielleicht irgendwann einmal gewachsen war, war längst fortgeätzt worden durch die Ausscheidungen all der Hunde, die augenscheinlich nicht nur aus Maryland, sondern auch aus den Nachbarstaaten zum Austoben hierherkamen. Ein reines Vergnügen war dies weder für Herr noch für Hund, da sich die überall herumliegenden matschigen und gut durchgekauten Tennisbälle erst dann eindeutig von Hundeknödeln unterscheiden ließen, wenn man sie zum Werfen in die Hand genommen hatte.

Amerika wäre freilich nicht Amerika, wenn es den Hunden und ihren Besitzern nicht die Möglichkeit zur Selbstverbesserung gegeben hätte. Self-improvement ist ein Kernelement amerikanischer Wesensart, und in Maryland nahm es die Gestalt eines Volkshochschulkurses für Herr und Hund an. Am Ende der Ausbildung erhielt der vierbeinige Kursteilnehmer – und nur er – eine Plakette, die ihn als »Good Canine Citizen« auswies. Dieser »gute Hundebürger« hatte fortan das Recht, sich frei von Leinenzwang durch die Straßen zu bewegen.

Ich hatte damals die Möglichkeit einer solchen Ausbildung mit Chico andiskutiert. Nach kurzer Debatte waren wir beide zu dem Schluss gekommen, dass wir uns diese Anstrengung schenken würden. Damals ahnten wir natürlich nicht, dass uns das Schicksal eines Tages in Gestalt von Verena Köpfler einholen würde.

Wie die meisten Schweizer nahm auch sie ihre Aufgabe bitterernst, und diese Aufgabe bestand darin, Hunden und vor allem ihren Besitzern die Grundregeln eidgenössischen sozialverträglichen Zusammenlebens einzuimpfen. »Praktische Hundeausbildung für große oder massige Hunde« nannten sich diese Kurse. Chico nahm zwar Anstoß an dem Attribut »massig«, aber ich konnte ihm nachweisen, dass damit Hunde mit einer Schulterhöhe ab 45 Zentimeter und einem Gewicht über 16 Kilogramm gemeint waren. Beide

Voraussetzungen erfüllt er. Wohl nicht zufällig waren die Kurse eng an den klassischen Aufbau des europäischen Bildungssystems angelehnt: von der Welpenspielgruppe über die Welpenförderung und den »optimierten Junghundekurs« bis hin zu »optimal aufeinander abgestimmten Kursmodulen« für den älteren Hund.

Diesmal konnten Chico und ich uns nicht drücken. Der Kurs war Pflicht, das hatte uns Frau Hardegger auf dem Gemeindeamt unmissverständlich wissen lassen. Das einzige Zugeständnis an unser beider fortgeschrittenes Alter war, dass wir uns den theoretischen Teil schenken durften. »Die im Rahmen des praktischen Sachkundenachweises absolvierten vier Lektionen können vollumfänglich dem Junghundekurs bzw. dem Erziehungskurs angerechnet werden«, belehrte uns ein Merkblatt, von dem ich in etwa ebenso viel verstand wie mein Hund.

Mit ihrer gertenschlanken Wanderstockfigur, den kurzgeschnittenen graumelierten Haaren, der wettergegerbten Physiognomie und dem karierten Palästinensertuch über der Schulter war Verena Köpfler eine derart typische Vertreterin Schweizer Frauen jenseits eines gewissen Alters, dass man sie fast schon als moderne Version der nationalen Schutzheiligen Helvetia hätte verwenden können. Assistiert wurde ihr von Claudia, einer eher molligen brünetten Studentin mit samtenen Augen, und Bernie, einem jungen Labrador, dessen Schlafzimmerblick auch nicht von schlechten Eltern war.

Kühl, trüb und feucht war es an diesem Morgen, und Verena Köpfler hatte ihre Schüler in Reih und Glied antreten lassen wie auf einem Appellplatz. Soll heißen: Sie hatte es versucht, denn den meisten der anwesenden Hunde war das Konzept von Ordnung und Disziplin genauso fremd wie Chico. Die einzige Ausnahme war ein massiv übergewichtiger Basset, der mit unbeschreiblich traurigem Gesichtsausdruck unverrückbar wie ein Grabstein zu Füßen seines Herrchens lag.

»Ihr seid alle hier, weil der Gesetzgeber das so angeordnet hat«, begrüßte sie uns mit dem informellen Du. Das überraschte mich mittlerweile nicht mehr. Sosehr Schweizer auf korrekte Umgangsformen Wert legen – nicht nur unter Hunden –, so rasch sind sie unter bestimmten Umständen beim Duzen. Die Voraussetzung scheint zu sein, dass man einer Gruppe angehört, die derselben Beschäftigung nachgeht. Zerstreut sich die Gruppe, kehrt man genauso umstandslos zum Sie zurück.

Auch Chico fühlte sich unwohl. Vor allem aber war er beleidigt, weil ich ihn ohne Vorwarnung aufs Kursgelände geschleppt hatte. Seinen Missmut tat er dadurch kund, dass er sich noch zickiger verhielt als üblich. Im Moment äußerte sich das darin, dass er seinem Nachbarn, einer französischen Bulldogge mit Knopfaugen, ausdauernd das Gesicht ableckte. Er weiß, wie sehr das anderen Hunden missfällt, doch im vorliegenden Fall löste er eine gegenteilige Reaktion aus. Die

Bulldogge schickte sich zu amourösen Avancen an.

Ungehalten zog ihn sein Besitzer zurück. »Eros, benimm dich«, zischte er.

»Der Name scheint ja zu passen«, erwiderte ich lächelnd. Freundlichkeit erschien mir angebracht. Der Mann war ein einziges festgeschnürtes Paket aus steinharten Muskeln. An entscheidenden, gut sichtbaren Stellen hatte er sie mit Tätowierungen verziert. Der Kopf war kahlrasiert, und nicht nur die Kulleraugen ließen ihn aussehen wie den größeren Bruder seines Hundes.

»Was meinen Sie?«, fragte er unsicher. »Er kann doch nicht singen. Ich habe ihn nach Eros Ramazotti genannt, meinem Lieblingssänger.«

Verena hatte unterdessen mit dem Training begonnen.

»Am Anfang nehme ich lieber eine Attrappe«, verkündete sie und hielt ein zerzaustes Stofftier ungewisser Provenienz an einer Schnur hoch. »Wenn es klappt, hole ich Bernie.«

Mir schwante nichts Gutes, und ein Blick in die Runde überzeugte mich, dass ich mit meinen dunklen Vorahnungen nicht allein war. Die Sache ist die, dass Chico Stofftiere jedweder Gattung als wohlfeile Beute betrachtet. Er schnappt sie sich und zerlegt sie genüsslich, indem er mit der Akribie eines Chirurgen Faden um Faden aus ihnen herauszieht.

Für die Übung, die Verena im Sinn hatte, war das Stofftier augenscheinlich besonders ungeeignet. Denn das zerrupfte Plüschteil am Strick sollte ihren Hund darstellen, dem unsere Tiere bei einer Begegnung auf der Straße ausweichen sollten. Die Essenz einer erfolgreichen Hundeerziehung, so erklärte es Verena, bestand offenbar darin, Hunde nach Möglichkeit voneinander fernzuhalten. Treffen sie auf dem Trottoir oder auf einem Waldweg aufeinander, müssen sie geschwind in einer einzigen eleganten Bewegung hinter den Beinen der Besitzer auf die dem entgegenkommenden Hund abgewandte Seite wechseln.

Diese Übung gestaltet sich insofern schwierig, als schon eine oberflächliche Beschäftigung mit Hunden zeigt, dass sie sehr soziale Geschöpfe mit ausgeprägten Begrüßungs- und Kommunikationsritualen sind. Begegnen sie einem Artgenossen, müssen sie ihn beschnuppern, beknurren oder bespringen.

Schon bei der Ankunft hatte uns Verena gemaßregelt, als wir aus den Autos geklettert waren. Offensichtlich hatten wir gegen eine ganze Reihe bundesstaatlicher und kantonaler Gesetze verstoßen wegen der Art und Weise, wie wir unsere Lieblinge befördert hatten.

»Nach dem Buchstaben des Gesetzes ist ein Hund eine Ladung und muss entsprechend sicher verankert sein«, erklärte Verena streng. »Nur Sie haben es vorbildlich gemacht.«

Sie wies auf eine schlanke Blondine in Lodenmantel und Designer-Gummistiefeln, deren Dogge ihr fast bis zum Brustbein reichte. Der Hund war auf der Ladefläche ihres Range Rovers in einem Käfig untergebracht gewesen, der stabiler gebaut war als die meisten britischen Reihenhäuser. Und auch nicht viel kleiner, wenn man es genau betrachtete.

»Meine Mitzi sitzt am liebsten bei mir auf dem Schoß«, meldete sich ein Mann zu Wort. Er steckte in viel zu engen Lederhosen und hatte einen leicht ins Rosa changierenden weißen Zwergpudel auf dem Arm. »Für sein Leben gern guckt er durch die Windschutzscheibe.«

Dem Akzent nach stammte der Mann aus dem Osten Deutschlands, und daher gelang es Verena spielend, ihm unter Androhung gemeinschaftlicher Ausweisung das Versprechen abzunötigen, künftig ohne aktive Mithilfe von Mitzi seinen BMW Roadster zu lenken.

Aber auch perfekt verstaut dürfe sich ein Hund nur in einem fahrenden Auto aufhalten, schärfte sie uns nun noch ein.

»In einem parkierten Wagen hat er nichts verloren, und wenn es doch einmal unvermeidlich wird, dann müssen Sie entsprechende Vorkehrungen treffen.«

Dazu gehörte nach ihren Worten die Bereitstellung von genügend Nahrung und Wasser, um dem Verschmachten des kleinen Lieblings vorzubeugen. Beim Abstellen des Wagens müssten zudem der aktuelle Sonnenstand und die weitere Bewegung des Zentralgestirns berücksichtigt werden, um ein Aufheizen des Wageninneren zu verhindern. Wenn ich sie richtig verstand, dann erwähnte sie Sextanten, die pflichtbewusste Halter zu diesem Zweck stets im Handschuhfach mit sich zu führen pflegten. Zum Glück gebe es mittlerweile aber auch recht gute Apps fürs iPhone, die einen ähnlichen Zweck erfüllten.

Chico und ich sahen uns an. »Komm, lass uns gehen«, schienen seine Augen zu sagen. »Das ist nichts für uns.«

Daraus wurde freilich nichts, denn zunächst mussten wir noch die praktischen Tests absolvieren. Dass wir uns mit dem Stofftier nicht blamierten, lag einzig daran, dass wir nicht die Ersten in der Gruppe waren. Das war Eros, der sich brünstig über den Stofffetzen hermachte. Nachdem man ihn mühsam vom Spielzeug getrennt hatte, machte Henk dem Stofftier den Garaus. Als kräftiger Schäferhund hatte er keine Mühe, es im Maulumdrehen in seine Bestandteile zu zerlegen. Der Rest der Gruppe absolvierte die Übung dann schon mit Bernie. Zum Glück schien Chico ihn nicht leiden zu können, weshalb er sich selbsttätig von ihm fernhielt, ohne dass ich ihn auf die andere Seite ziehen musste. Das trug uns ein paar Bonuspunkte ein.

»Das nächste Mal üben wir Begegnungen mit auffällig gekleideten Menschen und das Bahnfahren«, verabschiedete uns Verena.

Ersteres erschien mir in der Schweiz eher überflüssig. Ausgefallene Garderobe war mir bisher nicht als ein Markenzeichen dieses Volkes aufgefallen. Aber vielleicht lösten ja schon Mützen mit leicht vergrößertem Schirm bei schweizerischen Hunden akute Panikattacken aus. In England jedenfalls hatten Chico Menschen in flatternden Pelerinen, auf Pferden oder mit wehenden Burnussen gleichgültig gelassen.

»Diesen Kursabschnitt werden wir uns schenken«, flüsterte ich ihm zu. »Bahnfahren tust du ja auch nicht.«

Tatsächlich hatte er die wenigen Male, als wir ihn in London in einem Zug mitzunehmen versucht hatten, voller Furcht auf meinem Schoß gesessen. Dies erfreute wenigstens die Mitreisenden. Da Chico deutlich größer ist als ein durchschnittlicher Schoßhund und ich deutlich kleiner als ein durchschnittlicher Mann, müssen wir ein bemerkenswertes Bild geboten haben: das eines Hundes mit Menschenbeinen, die in Jeans und Halbschuhen steckten.

In der S-Bahn von Stäfa nach Zürich hätte man uns das wahrscheinlich nicht durchgehen lassen, überlegte ich auf der Heimfahrt, nachdem ich Chico mit Hilfe seiner Leine behelfsmäßig an der Nackenstütze befestigt hatte – wie die Ladung an Deck eines Containerschiffes. Hundehaare auf den Sitzpolstern der steril sauberen Züge würden vermutlich eine umfassende Desinfizierung der ganzen Flotte nach sich ziehen. Selbst am Abend eines langen Tages wirken die meisten Zuggarnituren noch immer so, als ob sie gerade vom Band gerollt wären.

Dass die Schweiz sehr auf Reinlichkeit bedacht ist, wusste ich seit meiner Schulzeit. Damals verschlang ich die Bücher des israelischen Autors Ephraim Kishon. Ganz besonders in Erinnerung blieb mir seine Schilderung von einem Besuch in

Zürich. Er kaufte sich, klar, eine Tafel Schokolade, die er heißhungrig gleich auf der Straße aufriss und aufaß. Anschließend versuchte er, die klebrige Verpackung vorschriftsgemäß zu entsorgen. Doch die Abfallbehälter waren so glänzend rein, dass er sie mit seinem Stanniolpapier nicht besudeln wollte. Am Ende nahm er sie, wenn ich mich recht entsinne, mit heim nach Tel Aviv, wo er sie gleich nach der Ankunft auf die Straße warf.

Früher hatte ich die Schilderung immer für einen Fall von dichterischer Übertreibung gehalten. Inzwischen bin ich überzeugt, dass es sich um einen dokumentarischen Tatsachenbericht handelt. Zoltán, der Ungar aus der Wojwodina, der zusammen mit seinem Westmoreland-Terrier Sladko im Nebenhaus lebt, erzählte mir bei einem gemeinsamen Spaziergang, dass er einmal in Panik geraten war, weil er einen Kassenbon vermisste, den er in die Manteltasche gesteckt hatte. Nein, er habe ihn nicht gebraucht, weil er etwas umtauschen wollte. Sein Plan war, ihn zu Hause zusammen mit dem anderen Altpapier zu entsorgen. Aber irgendwo musste er ihm aus der Tasche gerutscht sein.

»Ich bin den ganzen Weg zurückgegangen«, gestand er mir, und der Schrecken über seine missliche Lage stand ihm noch immer ins Gesicht geschrieben. »Ich wusste, dass ich ihn wiedererkennen würde: Migros, 63 Franken 50 für Weihnachtsschmuck. Gottlob habe ich ihn gefunden. Er hing an einem Maschendrahtzaun und war kurz davor, auf ein Privatgrundstück hinübergeweht zu werden. Ich sage dir: Auf dem Nachhauseweg habe ich diesen Zettel festgehalten wie ein Los, das den Jackpot gewonnen hat.«

Übertrieben fand ich seine Erzählung spätestens seit dem Zeitpunkt nicht mehr, als ich sprachlos einen Arbeiter beobachtete, der mit Bürste und Seife einen Bürgersteig von den Schmutzspuren eines Baugerüsts reinigte, das seine Kollegen gerade demontierten. Und Katja erzählte jedem, der es hören wollte, vom dem Klempner, der ihr in ihrer eigenen vor Sauberkeit funkelnden Schweizer Küche detaillierte Reinigungstipps gegeben hatte: »Da söied Si nöd mit zu scharfe Riinigigsmittel raagaa«, hatte er ihr eingeschärft. »Das gibt Kratzer.« Der Finger freilich, mit dem er auf das Spülbecken deutete, hätte gut ein schärferes Reinigungsmittel vertragen können.

Doch trotz dieser Vorwarnungen war ich nicht auf die Szene vorbereitet, die ich einmal an der Supermarktkasse erlebte. Aus irgendwelchen Gründen war die zügig vorrückende Schlange ins Stocken geraten. Und an Schweizer Kassen wird zügig kassiert. Private Plaudereien zwischen Kassiererin und Kundin brechen abrupt ab, sobald die Gesamtsumme ermittelt ist.

Nun aber schien gar nichts mehr zu gehen. Ich stellte mich auf die Zehenspitzen und reckte den Hals, um einen Blick auf das andere Ende der Schlange zu erhaschen. Den angestrengten Gesichtern der Beteiligten nach zu urteilen und angesichts der Aufregung, die zu herrschen schien, musste es einen ernsten Vorfall gegeben haben, ein

Ereignis, das womöglich die Polizei oder wenigstens die Ambulanz auf den Plan rufen würde.

Vorsichtig schob ich mich ein paar Meter nach vorne, um besser sehen zu können. Die Kassiererin hatte das Laufband abgestellt und den gesamten Kassenbereich großräumig mit Warntafeln und Abtrennblöcken gesichert. Vor ihr stand ein älteres Ehepaar mit hochroten Backen, das mit den Händen hierhin und dorthin deutete, worauf sich die Kassiererin mit Schwämmen, Lappen und verschiedenen Putzmitteln zu schaffen machte. Erst allmählich durchschaute ich die Situation: Was aussah wie ein Chemie-GAU, bei dem hochgiftige Stoffe ausgetreten waren, entpuppte sich als lecke Milchpackung, aus der ein paar Tropfen auf das Band gesickert waren.

Ich musste wohl entnervt aufgeseufzt haben, denn die Frau vor mir in der Reihe drehte sich zu mir um. »Damit kann man nicht spaßen«, belehrte sie mich. »Wenn man nicht sofort hinterherputzt, wird die Milch sauer und kann andere Lebensmittel verseuchen, die auf dem Band abgefertigt werden. Denken Sie nur, was das für Folgen haben könnte.«

Sorgfältig platzierte sie das übliche Plastikteil auf dem Band, um ihre Einkäufe von meinen zu trennen. Kundenknüppel, so habe ich mir einmal sagen lassen, nennt man an deutschen Supermarktkassen diese Gerätschaften.

Ich holte meine Ware aus dem Wagen: Milch – hermetisch versiegelt, Käse – geruchsdicht verschweißt, Bananen – von Natur aus verpackt,

Radieschen – knackig und knallrot, ein gartenfrisches Bund mit grünen Blättern. Missbilligend beäugte die Kassiererin das Gemüse. Dann zauberte sie von irgendwo eine Plastiktüte hervor.

»Stecken Sie die Radiesli besser hier hinein«, befahl sie mir. »Sie wissen nicht, was für Bakterien da dran kleben, die dann von den Blättern auf das Laufband rieseln.«

Sechs

Wie schon erwähnt, war mir die Schweiz die längste Zeit meines Lebens unbekannt, um nicht zu sagen ein Buch mit sieben Siegeln. Frühe Erinnerungen beschränkten sich auf Heidi, einen Roman, dessen Inhalt ich alle Jahre wieder zur Weihnachtszeit als Wiederholung im Fernsehen serviert bekam. Gelesen hatte ihn nur meine kleine Schwester. Denn ich fand, dass sich die männlichen Protagonisten – der Alm-Öhi, der Geißenpeter und Konsul Sesemann – nicht als überzeugende Identifikationsfiguren für einen heranwachsenden Knaben in einer deutschen Großstadt eigneten. Außerdem erinnerten mich ihre Lebensumstände zu sehr an die sommerlichen Urlaubsreisen in die Steiermark: Wiesen, Wälder, Wandern.

Im Deutschunterricht wurde uns die Schweiz durch Friedrich Schillers »Wilhelm Tell« nahegebracht. Ich empfand dieses Drama schon immer als weit überschätzt von Kritik und Öffentlichkeit. Mal ehrlich: Es ist die Mutter aller Plagiate, eine Kopie Guttenberg'scher Güte, eine fast schon dreiste Kompilation aus lauter geflügelten Worten.

»Die Axt im Haus erspart den Zimmermann.«

Mit diesem Spruch, den ich schon damals dämlich fand, pflegte mein Vater jede handwerkliche Tätigkeit einzuleiten. Begabt dafür war er nicht, eher wild entschlossen. Seine innere Distanz zu körperlicher Arbeit demonstrierte er, indem er noch nicht einmal zum Tapezieren Anzug und Krawatte gegen etwas Praktischeres eintauschte.

»Es lächelt der See, er ladet zum Bade.« Mit diesem Spruch, den ich schon damals dämlich fand, pflegte mein Vater jedes stehende Gewässer gleich welcher Größe zu grüßen. Nicht, dass er den Worten Taten hätte folgen lassen. Er konnte oder wollte nicht schwimmen und demonstrierte seine Abneigung dadurch, dass er auch an heißen Sommertagen in der Natur Anzug und Krawatte nicht gegen etwas Kühleres eintauschte.

»Früh übt sich, wer ein Meister werden will.« Mit diesem Spruch, den ich schon damals dämlich fand, ermunterte mich mein Vater, wenn ich mit Hammer und Schraubenzieher hantieren oder schwimmen gehen sollte.

Als wir dann im Deutschunterricht den Tell lasen und ich all die geflügelten Vater-Worte wiederfand, war es kein Wunder, dass ich eine gewisse Animosität sowohl gegen Friedrich Schiller als auch gegen die Schweiz entwickelte.

Deutlich praxisorientierter waren die Informationen über die Schweiz, die ich nach der Lektüre des Asterix-Abenteuers bei den Helvetiern erhielt. Das Bankgeheimnis, das Käsefondue, die Pünktlichkeit, die Ehrpusseligkeit der Einheimischen – es war alles da, was man zum Verständnis des skurrilen Nachbarn wissen musste. Deshalb war auch der Lacher am Ende des Büchleins garantiert, als der dicke Obelix einsilbig und mit einer waagerechten Handbewegung die Frage beantwortet, wie denn die Schweiz so sei: »Flach.«

Denn dass die Schweiz im Wesentlichen aus Bergen besteht, war sogar mir klar gewesen. »Die Schweiz ist ein kleines, steiles Land, viel mehr rauf und runter als seitwärts«, hatte Ernest Hemingway mit der Beobachtungsgabe des Reporters festgehalten. Sein Landsmann Mark Twain war hundert Jahre zuvor zu der Erkenntnis gelangt, dass die Schweiz nichts weiter sei als »ein einziger großer, buckliger Felsblock mit einer dünnen Grashaut drüber«. Und ein britischer Politiker verstieg sich einmal zu der Behauptung, dass die Schweiz nur deshalb so klein sei, weil sie aussehe wie eine zerknüllte Zeitung. Würde man all die Berge einebnen und glattstreichen, so wäre das Land bestimmt so groß wie Amerika.

Lange Zeit waren die Berge für die Einheimischen ein Hindernis, mit dem man sich eben so arrangierte. Dass die Haltung der Ureinwohner zwischen Verachtung und Furcht schwankte, bezeugen topographische Namen, die sich erhalten haben: Da gibt es einen Berg namens Mörder in Glarus und das Jammertal in Luzern. Noch despektierlicher klingen die Bschissni Matte, das Dräckloch und die Arschplanggen. Wichtig war den Bergbewohnern eigentlich nur, dass sie die Passstraßen besetzten, über die fernwehkranke Deutsche ständig ins sonnige Italien wollten. Lange bevor in Denkfabriken der Ausdruck geprägt wurde, übten analphabetische und maulfaule Bauern aus Uri, Schwyz und Nidwalden sich in praktischer Geostrategie: Sie kontrollierten sowohl die Nord-Süd- als auch die Ost-West-Achse Europas.

Im Gegensatz zu anderen Bergvölkern haben die Schweizer das Pech, dass ihre Felsen bar jeglicher verwertbaren Schätze sind. Sie bergen keine Mineralien, kein Gold, keine Erze – leer sind die Berge, wie die Schweizer spätestens beim Bau ihrer zahlreichen Tunnels feststellen konnten. Doch ebenfalls im Gegensatz zu anderen Bergvölkern ist es allein den Schweizern gelungen, diese wertlosen Bergmassive doch zu Gold zu machen – gleichsam als begehbare Unterlage für reiche Reisende. (Ein vergleichbares Kunststück schafften sie, indem sie eine staubtrockene Körnermischung zum Siegeszug um die Welt schickten. Erst Kellogg's Cornflakes konnten es mit dem Müesli aufnehmen.)

Wie so viele andere schweizerische Produkte – die Uhr, die Schokolade, das Girokonto – wurde auch der Tourismus nicht von den Eidgenossen, sondern von Ausländern erfunden. Wahrscheinlich tippten sich die Einheimischen sogar an die Stirn, als sie die ersten exzentrischen Briten sahen, die in Steilwänden herumkraxelten, sich Holzscheite an die Füße schnallten und sich mit ihnen todesmutig steile Abhänge hinunterstürzten – wenn sie nicht gerade ergriffen innehielten und wortreich das Alpenpanorama bestaunten. Nur wenige Zeitgenossen widerstanden dem Ruf der Berge. Einer von ihnen war der stets miesepetrige Philosoph

Georg Wilhelm Friedrich Hegel, dem der Anblick »dieser ewig todten Masse« der Berge nur die »einförmige und in die Länge langweilige Vorstellung« gab: »Es ist so.«

Einen Knall mochten die Fremden mit ihrer Bergliebe ja gehabt haben, aber die Schweizer hätten sich gehütet, die Irren an ihrem Treiben zu hindern, solange sie für ihren Wahnsinn gutes Geld berappten. Sie wandten sich also in großer Zahl von der Milchwirtschaft ab und melkten stattdessen die Bergsteiger. Dabei schufen sie einen geschlossenen Wirtschaftskreislauf: Im Tal verkauften sie Wanderschuhe und Spazierstöcke, auf dem Gipfel Rösti und Apfelkuchen, und damit all die Devisen in der Familie blieben, begleiteten sie die Fremden zwischen diesen beiden Endpunkten als Bergführer. Die konnten nebenbei ein Auge darauf haben, dass die Wanderer ihr Geld in den richtigen Kassen ließen. Schon 1810 notierte ein angesäuerter Tourist in seinem Tagebuch: »Hierzulande scheint man den Fremden als Schwamm zu betrachten, den man derb ausdrücken müsse.« Ein paar Jahre später titulierte Friedrich Engels die Mitarbeiter der schweizerischen Fremdenverkehrsbranche als »die habgierigsten und spitzbübischsten Preller der Welt«. Und noch ein wenig später notierte der Schriftsteller Robert Musil: »Die Schweizer sind nur höflich, wenn sie Nutzen dabei haben. Sie wissen, was sich gehört; sie werden nie neue Liebenswürdigkeiten erfinden, aber die üblichen verkaufen sie als ordentliche Kaufleute.«

Eine ähnliche gesellschaftliche Entwicklung lässt sich zwar auch in anderen Touristenländern wie beispielsweise Ägypten verfolgen, wo einheimische Fellachen und Kameltreiber zu Fremdenführern und Souvenirhändlern mutierten. Doch derweil kein Ägypter mit einem Rest von Selbstachtung persönlich Interesse für Tempel und Pyramiden aufbringen würde, wandelten sich die Schweizer in ihrer Freizeit selbst zu veritablen Bergfexen. Nicht nur für die Fremden stiegen sie ins Gestein, sondern auch fürs eigene, ganz private Vergnügen.

Unglaubliche 63 504 Kilometer minutiös ausgeschilderter Wanderwege durchziehen das Land: vom Boden- bis zum Genfer See, vom Jura bis ins Rheintal, eingeteilt in Schwierigkeitsgrade, als seien es Abfahrten für Profiskiläufer. Neben dieser Zahl verkümmert das Streckennetz der anderen großen Schweizer Liebe zur popligen Märklin-Anlage: Nur auf läppischen 3000 Kilometern können die Schweizer Bahnen ihre Züge hin und her rangieren. Das Wort Leidenschaft passt an und für sich nicht besonders gut zur Schweiz und ihren Bewohnern – bis auf diese zwei Ausnahmen: das zuweilen als ferrosexuell beschriebene Intimverhältnis zu Schienenfahrzeugen und die Wanderlust. Wie sonst, wenn nicht mit einem Rückgriff auf sublimiert Erotisches, wäre die Sitte des Nacktwanderns zu erklären, der einige Schweizer anhängen, übrigens bei so gut wie jeder Witterung.

Wem das zu weit geht, der kann sich einen Themenweg aussuchen: den Barfußweg im Kleinkanton Appenzell Außerrhoden etwa, wo man anderthalb Stunden lang bloßfüßig über runde Kiesel und spitze Tannenzapfen stolpert. Oder man wählt den Klangweg, den zwanzig Klanginstallationen säumen: ein Zaun mit Metallflöten, ein Specht, der auf eine Trommel einhackt, ein Flipperkasten mit Glocken – was man eben in der Natur so erwartet. Die Veranstalter weisen darauf hin, dass sich die für die Strecke veranschlagte Wanderzeit von zweieinhalb Stunden leicht verdoppeln kann, wenn man sich an allen dargebotenen Klängen berauscht.

Wer eher zu den Couchkartoffeln gehört, der kann – man gönnt sich ja sonst nichts – wenigstens einen Wanderweg als »Gönner« oder »Gönnerin« adoptieren und mit regelmäßigen Spendengeldern sponsern. Wanderbücher und Wanderkolumnen in den Zeitungen werden mit religiöser Inbrunst studiert und memoriert, bevor sich an schönen Sommerwochenenden anscheinend das ganze Volk geschlossen erhebt und mit der Bahn ins Freie zieht.

Nun ja, vielleicht nicht wirklich das ganze Volk. Denn die Wandersucht ist hauptsächlich bei den Deutschschweizern verbreitet. In der westschweizerischen Romandie und im italienischsprachigen Tessin fällt das Wandern unter das, was man im Jiddischen »Goyim naches« nennt – ein Zeitvertreib, dem kein vernünftiger Mensch nachgehen würde und der deshalb ziemlich konkurrenzlos den nichtjüdischen Goyim überlassen wird. Eingeweihte zählen auch Fußball und Base Jumping zu Goyim naches.

Doch die deutschen Schweizer machen den mangelnden Ehrgeiz ihrer romanischen Landsleute locker wett. Rund zwanzig Wanderungen à dreieinhalb Stunden Länge unternimmt jeder Schweizer durchschnittlich im Jahr. Dass dies eine Durchschnittszahl ist, erkennt man schon daran, dass für einen echten Schweizer Wanderfreund jeder Ausflug unter drei Stunden Dauer und mit einer Höhendifferenz von weniger als 400 Metern nicht als Wanderung gilt, sondern als Sonntagsspaziergang.

All dies hatte ich Katja nicht erzählt, als ich sie von meiner Idee zu begeistern suchte, dass wir am besten zu den Herzen der Schweizerinnen und Schweizer vordringen würden, wenn wir ebenfalls zu wandern anfingen. Meine Vorsicht hatte gute Gründe. Katja liebt zwar die Natur, aber am liebsten genießt sie sie durch ein Autofenster oder von einem bequemen Stuhl in einem Ausflugsrestaurant aus.

In den USA hatte ihr am meisten missfallen, dass man die Natur dort weitgehend wild wuchern lässt. Katjas Bedarf an üppiger Dschungelvegetation wird von einer Ansammlung von mehr als vier Topfpflanzen reichlich gedeckt. An guten Tagen wagt sie sich in einen überschaubaren Stadtpark oder in das Gewächshaus eines botanischen Gartens.

»Das Problem mit der Natur ist, dass sie so unkontrollierbar ist«, erklärte sie mir einmal. »Es kann heiß sein oder kalt, aber es gibt nirgendwo einen Regler, mit dem man die Temperatur justieren könnte.« Ich sehe sie noch vor mir, wie sie den Kopf schüttelte ob so viel Gedankenlosigkeit. »Und dann wimmelt es von Tieren, großen und kleinen. Und vor allem von Insekten.«

Die Vorstellung, einen Berg mit eigener Muskelkraft zu erklimmen, hält sie für eine Zumutung. »Wenn Gott das gewollt hätte, dann hätte er uns wie Ziegen konstruiert«, sagt sie. Auch unser Haus liegt auf einer Anhöhe, was sie ebenfalls so irritiert wie ein Stein im Wanderschuh. »Die Schweizer sind doch so gut mit Seilbahnen, Schleppliften und so Zeugs«, hatte sie sich erregt, »da sollte es doch kein Problem sein, eine Rolltreppe zu uns hoch zu bauen. Wie ich gelesen habe, kann man ja auch aufs Matterhorn mit einem Fahrstuhl.« Sie gelobte sich, das Rolltreppenprojekt auf einer der nächsten Gemeindesitzungen zur Sprache zu bringen.

Unter diesen Vorzeichen wird leicht erkennbar, wie schwierig es war, Katja für Wanderungen zu erwärmen. Was half, war zum einen die Aussicht auf Ausflugsrestaurants, die – anders als im wilden Amerika – in den Alpen und Voralpen in fast ebenso dichten Abständen am Wegesrand warten wie die Robidog-Behälter zur Entsorgung von Hundekot. Zum anderen gefiel ihr der Gedanke, dass wir uns passend und zünftig von Kopf bis Fuß einkleiden müssten.

»Unsere englischen Klamotten sind total ungeeignet für das, was wir vorhaben«, überlegte sie. Es klang, als ob sie eine Expedition zum Südpol plante. Ich verkniff mir, ihr zu sagen, dass der Brite

Robert Scott ebenfalls mit eher durchschnittlicher britischer Allzweckkleidung in die Antarktis aufgebrochen sei. Aber vielleicht war dies der Grund, weshalb seine Expedition scheiterte.

Katja aber würde nichts dem Zufall überlassen. »Gut geplant ist halb erledigt« ist das Motto, dem sie getreulich folgt. Bevor sie etwas Neues ausprobiert, legt sie zunächst die Fundamente. Sie geht dabei ebenso akribisch vor wie die amerikanische Raumfahrtbehörde bei der Vorbereitung einer, sagen wir mal, bemannten Mars-Mission. Der Unterschied zwischen Katja und der NASA allerdings besteht darin, dass bemannte Mars-Missionen im Zweifel häufiger abheben als die hochfliegenden Pläne meiner Frau.

Wir hatten uns in einem Kaufhaus verabredet, das sich auf Outdoorkleidung und Accessoires spezialisiert hat. Ich traf Katja allerdings in der Abteilung für Damenmode an, wo sie unschlüssig vor einem Regal mit Pullovern verharrte.

»Was denkst du«, fragte sie mich und hielt sich etwas Gestricktes in Blau und Weiß vor den Körper. »Ich habe festgestellt, dass ich keine Blusen habe.«

Inzwischen bin ich klug genug, um bei solchen Gelegenheiten nicht mehr auf den offenkundigen Widerspruch zwischen Ware und Wort hinzuweisen. Deshalb schwieg ich auch, als meine Frau den Pulli zusammenfaltete und wieder zurücklegte.

Dass Männer und Frauen Einkäufe verschieden anpacken, versteht sich von selbst und kann höchstens einen zum ersten Mal frisch verliebten Teenager überraschen. Männer verfolgen beim Einkauf zupackend ein festumrissenes, schon zu Hause klar formuliertes, konkretes Ziel: Sie wollen eine Hose, eine Bohrmaschine, eine Suzuki GSX-R 750 W mit 101 PS. Mit militärischer Präzision wird der Kauf dann vorbereitet: Auf einschlägigen Webseiten werden Preisvergleiche angestellt, der richtige Laden bei Google Maps ausgelotet, Parkplätze oder öffentlicher Nahverkehr ausgekundschaftet.

Frauen andererseits mäandern eher durch die Läden wie ein unbegradigter Bach durch eine blühende Frühlingswiese: hier schnuppernd, da prüfend, dort pflückend. Irgendwo mag zwar die Absicht vorhanden gewesen sein, einen Pullover (Rollkragen, Merinowolle, Grundfarbe Beige) zu kaufen. Aber diese Absicht ist nirgendwo so fest verankert, als dass sie nicht jederzeit aus der Bahn geworfen werden könnte.

Diese Unterschiede müssen schon in vorgeschichtlicher Frühzeit angelegt worden sein. Männer identifizierten ein konkretes Beutetier, dem sie nachstellten, bis sie es erlegt hatten. Sätze wie »Vergesst doch mal für einen Augenblick das Mammut, da drüben habe ich ein leckeres Kaninchen gesehen« dürften dem Steinzeitjäger eher selten über die Lippen gekommen sein. Im Gegensatz dazu streiften die Frauen mit Bastkörben durch Wälder und Wiesen, hin und her treibend zwischen Pilzen, Beeren, Kräutern und Früchten.

Auf alle Fälle hatte es einen guten, um nicht zu

sagen naturgegebenen Grund, dass Männer und Frauen getrennt loszogen, um Beute zu machen. Leider ist dieser Brauch in Vergessenheit geraten, obschon doch alles dafür spräche, die Geschlechter auch heute beim Einkauf voneinander zu trennen.

Wer kennt sie nicht, all die Ehemänner, Freunde oder Verlobten, die verloren zwischen Büstenhaltergestellen herumstehen, den leeren Blick in ein unbestimmtes Etwas gerichtet. Dass diese Männer nur auf Stand-by stehen und nicht ganz abgeschaltet sind, erkennt man daran, dass sie meist richtig mit einem »Hmm« oder »O ja, schön« reagieren, wenn sie von ihrer Partnerin gefragt werden, ob ihr der BH oder der Pullover denn stehe.

Wirklich glücklich ist allerdings keiner mit diesem Arrangement: nicht die Frau, die ihrem Macker sowieso kein Wort glaubt, nicht der gelangweilt bis genervte Mann und auch nicht das Management des Ladens, dem schließlich an einer entspannten Shopping-Atmosphäre gelegen ist. Wie viel besser wäre es doch, wenn sich die Wege der Beteiligten schon am Eingang scheiden würden. Doch bislang hat sich nur IKEA vorsichtig an diese Idee herangewagt. Vorerst nur in ihrem Möbelhaus in Sydney (viel zu weit weg) haben die Schweden eine Aufbewahrungsstätte eingerichtet, in der Ehemänner abgegeben werden können. In Anlehnung an die Kinderkrippe Småland, wo man schon lange den Nachwuchs in einem Pool bunter Plastikbälle versenken konnte, gibt es nun auch Manland. Hier können männliche Einkaufsmuffel flippern, Hotdogs verdrücken, Xbox oder altmodisch Kicker spielen oder Sport-TV gucken.

Aktuell half mir das freilich nichts, denn wir wollten keine Möbel, sondern Wanderkleidung kaufen, und wir waren auch nicht in Australien, sondern im Kanton St. Gallen. Katja hatte eine Liste mit dem, wie sie es nannte, absoluten Minimum an Notwendigem vorbereitet: festes Schuhwerk, atmungsaktive Jacken, bequeme Hosen und vielleicht sogar Stöcke. Ja, ganz besonders Wanderstöcke.

Heute heißen sie natürlich nicht mehr Wanderstöcke, sondern Nordic Walking Sticks. Über sie hatte ich mich schon in England lustig gemacht, als meistens am Wochenende Scharen von Engländern in die bukolische Landschaft von Richmond Park einfielen. Mit beiden Fäusten umkrallten sie einen Stock, als ob sie es darauf anlegten, die sibirische Tundra in Richtung Eismeer zu durchwandern, auch wenn sie tatsächlich nur vom Parkplatz einen gekiesten Weg entlang zur Eiscremebude trabten.

Eines Morgens erschrak ich fast zu Tode, als mir Thorbjörn, unser schwedischer Nachbar, stöckeschwingend entgegenkam: Weil es früh am Morgen war, schien er gar nicht erst den Pyjama ausgezogen zu haben, bevor er sich die Stöcke griff. Auch sein Glasauge, das ich bisher noch gar nicht bemerkt hatte, war zu Hause geblieben. Mit seiner Augenklappe sah er aus wie eine Kreuzung aus dem altgermanischen Götterkönig Odin und einem aus dem Leim gegangenen, schwabbeligen Captain Jack Sparrow. Als Schwede hatte er allerdings wenigstens eine landsmannschaftliche Entschuldigung, nordisch herumzulaufen.

Ohne Stock also würde Katja noch nicht einmal den Anstieg zum Bahnhof Wädenswil anpacken. »Denk doch nur an deinen Wandervogel Mäuer. Der hat sicher einen Stock aus Mahagoni oder anderem Edelholz.«

»Der verdient aber auch besser als ich.«

»Zier dich nicht so. Wenn ich bedenke, dass ich nur wegen deines Chefs bereit bin, diesen Unfug mitzumachen ...«

Katja seufzte tief auf. Schon mehrmals hatte ich ihr erklärt, dass es meiner Karriere bestimmt nicht schaden würde, wenn ich Mäuers Angebot einer gemeinsamen Wanderung im Wallis oder im Engadin annehmen würde. Wenn nur der Wind in den Wipfeln wispere und die Vögel zwitscherten, könne man entspannt und locker viele Dinge ansprechen, die für die eigene Zukunft wichtig sein könnten.

Mäuer war selbst der beste Beleg dafür, dass es sich auszahlte, die Hobbys seines Vorgesetzten zu teilen. Schneller als jeder andere hatte er die Golf-Begeisterung des ehemaligen Chefredakteurs entdeckt. Uns war dies erst aufgefallen, als er mit karierten Hosen in knalligen Farben zur Arbeit erschien und in Redaktionskonferenzen, bei denen er direkt neben dem Chef saß, ostentativ in Golf-Zeitschriften blätterte. Als sich zeigte, dass das Herz des Vorgesetzten doch eher für Fußball schlug, warf dies Mäuer keinen Augenblick lang aus der Bahn. »Golf Illustrated« wurde durch den »Kicker« ersetzt. Jeden zweiten Samstag verbrachte Mäuer an der Seite des Chefs im Stadion. Zu Auswärtsspielen der Bayern nahm der seinen Vize allerdings nicht mit.

Unter Schweizer Wanderern scheint ein Stockpaar inzwischen de rigeur zu sein, wie der Augenschein in S-Bahnen gezeigt hat. Irgendwie ist das nur konsequent, schließlich erleichtern sie den Übergang zum Skilaufen. Mich erinnert ihr Anblick an Mark Twains kurze Abhandlung über den Alpenstock, über den er während seiner Reise durch die Schweiz stolperte. »Offensichtlich«, so hatte er beobachtet, »gilt es als unsicher, sich in der Schweiz ohne einen Alpenstock zu bewegen, sogar in Städten.«

Es verstand sich mithin von selbst, dass auch wir uns Stöcke zulegten. Ich konnte mich nicht drücken.

»Das würde dir so passen«, hatte Katja mich angezischt, als ich zu bedenken gab, dass ich bisher noch immer imstande gewesen sei, freihändig zu gehen. »Ich gehe wie eine alte Frau am Stock, und du markierst den flotten Springinsfeld!«

Noch nicht einmal mein Vorschlag, unsere zahlreichen Tüten und Taschen an die Stöcke zu hängen wie erlegte Tiere und sie so nach Hause zu schaffen, konnte ihr ein Lächeln abringen. Sie weiß, wann ich sarkastisch bin.

Wir wirkten also wie ein Flüchtlingstreck en miniature, als wir die Straße zu unserem Haus hochkeuchten, angeführt von unserem hechelnden Hund. Ich kann mir letztlich natürlich nicht ganz sicher sein, aber ich hege schon seit langem die Vermutung, dass Chico ab und zu gerne in verschiedene Rollen schlüpft: Mal spielt er den Schoßhund, mal den Wachhund, häufig auch nur den trägen Hund. Heute schien er sich in der Rolle eines Huskys zu gefallen, der einen Schlitten in Gestalt seines bepackten Herrchens zog.

Deshalb prallte ich um ein Haar mit einem unbeweglichen Objekt zusammen, das sich rasch als Chicos Frauchen entpuppte. Nein, es war nicht Katja, sondern die Besitzerin eines zweiten Hundes dieses Namens, der uns ausgerechnet in Stäfa begegnet war.

Man sagt ja, dass Hunde und ihre Besitzer einander im Verlauf der Jahre immer mehr ähnelten. Gut möglich, dass an dieser Theorie etwas dran ist, denn Chico ist ein außergewöhnlich gutaussehender Hund, dem man sein vergleichsweise hohes Alter überhaupt nicht ansieht. Noch immer zieht er bewundernde Blicke auf sich, wenn ich mit ihm durch die Straßen spaziere, auch wenn es eine Weile gedauert hat, bis ich erfasste, dass gelegentliche Ausrufe wie »Was für eine Schönheit!« ihm galten.

Bei Chico Nummer zwei und seinem Frauchen war die Ähnlichkeit geradezu verblüffend. Sie selbst bezeichnete ihren kleinen Liebling, einen schwarzen Labrador, wohlwollend als »kräftig«. In der Tat war Chico so kräftig, dass er schier das Geschirr zu sprengen schien, in das sie ihn gezwängt hatte. Es trug die Aufschrift »Hot Dog«, vermutlich in Anlehnung an seine Leibspeise.

Auch das Frauchen war eher kräftig ausgefallen. Meist trug sie Schwarz, einschließlich der Ray-Bans auf der Nase. Schwarze Kleidung brachte ihr breites Ringerkreuz und die kräftigen Schultern noch besser zur Geltung. Niemand hätte sich gewundert, wenn sie bei einer der regelmäßig in der Schweiz stattfindenden Älpler-Olympiaden außer Konkurrenz gegen männliche Felsenschleuderer und Ringer angetreten wäre. Im Zivilberuf hätte man sie sich als Mitarbeiterin einer Spedition vorstellen können, die Klaviere und Konzertflügel verschifft.

Zu Beginn schien sie unentschieden, was sie davon halten sollte, dass unser Hund auf denselben Namen hörte wie ihrer: Wirklich nur ein Zufall? Anmaßung? Oder womöglich Anbiederung an einheimische Gepflogenheiten?

Denn schnell hatte sich herausgestellt, dass es sich um eine waschechte eidgenössische Patriotin handelte. Gegen Ausländer hatte sie im Prinzip nichts, vorausgesetzt, sie hielten sich an die Spielregeln. Leider könne man dies inzwischen noch nicht einmal mehr von den Deutschen sagen, stöhnte sie, seitdem die in hellen Scharen ins Land eingefallen seien.

»Die Schweiz ist ein feines Land, hier leben stolze Menschen«, pflegte sie zu sagen. »Wir leben zwischen Uhren, Schokolade und viel Geld. Im Sommer wird grilliert, im Winter wärmt Fondue die Mägen und die Herzen. Und wir haben Humor: Es wird viel gelacht – deutsch, französisch, italienisch. Es ist so wunderschön international hier.«

Da sie diese Rede jeden zweiten Tag hielt, kannte ich den zweiten Teil dieser vermeintlichen Multikulti-Suada.

»Aber hier ist auch Angst«, hob sie denn auch an und kniff die Augen zusammen. »Die Angst vor den Männern aus Nordafrika oder aus dem Kosovo. Manche sagen, sie belästigen unsere Frauen, trinken zu viel Alkohol, pöbeln und klauen. Andere sagen nichts, weil sie Angst haben, was zu sagen. Ich habe keine Angst, ich lasse mir den Mund nicht verbieten.«

Daran konnte kein Zweifel bestehen. Der Kosovare, den sie in die Finger bekam, konnte einem schon jetzt leidtun.

Irgendwann hatte sie mir stolz mitgeteilt, dass sie seinerzeit bei der Volksinitiative gegen den Bau von Minaretten für deren Verbot gestimmt habe. »Es würde ja schon helfen, wenn diese Dinger aus Holz wären«, hatte sie gesagt.

Klar, das verstand ich. Dann würden sie sich besser in die alpenländische Kulisse einfügen. Nein, hatte sie erstaunt zurückgegeben. Weil sie dann besser brennen würden.

»Also, ich bin nicht dagegen, dass diese Leute hier leben«, beendete sie ihre Rede. »Aber wer Gast ist und hier leben will, hat sich an die Hausordnung zu halten: Gesetze akzeptieren, Steuern bezahlen, Land und Leute respektieren. Sie verstehen schon. Wer das nicht will – raus. Sofort raus. Wenn bei Ihnen zu Hause ein Gast randaliert, dann setzen Sie ihn ja auch vor die Tür. Oder etwa nicht?«

Ich hatte mich beeilt, ihr zu versichern, dass sich meine Gäste im Allgemeinen zu benehmen verstünden, weil ich sie sonst gar nicht einladen würde. Und ich selbst, fügte ich hinzu, hätte nichts als Hochachtung für die Schweiz und ihre Gebräuche, ich räumte hinter meinem Hund auf, wartete an der roten Ampel, und meine Steuern zahlte ich sowieso überpünktlich.

So ganz traute sie mir nicht über den Weg. Besonders misstrauisch beäugte sie Chicos neues Halsband mit passender Leine – rot mit Schweizerkreuzen. Wahrscheinlich argwöhnte sie, dass wir versuchten, wenigstens unseren Hund klammheimlich einzubürgern.

Wie üblich kamen Frau und Hund gerade vom Einkaufen bei der Migros zurück, und wie üblich trug Chico seine Einkäufe selbst. Ich hatte meinen Augen nicht getraut, als ich die beiden zum ersten Mal sah, von meinem Chico ganz zu schweigen: Der Labrador trug sorgsam eine Banane im Maul, ohne Anstalten zu machen, sie zu verschlingen. Wie sich herausstellte, war der Schweizer Chico so gut erzogen, dass er alle seine Leckereien (zu denen merkwürdigerweise auch Bananen gehörten) selbst nach Hause trug, wo er sie dann entweder schälte oder auspackte, bevor er sie verzehrte. Ob er dazu Messer und Gabel verwendete, hatte ich noch nicht in Erfahrung gebracht. Gewundert hätte es mich nicht. Mein Chico stand bei diesen Erzählungen kurz davor, sich mit der Vorderpfote an den Kopf zu tippen.

Jetzt aber trug der Schweizer Chico keine Banane im Maul, sondern eine dicke, fette Wurst. Vorsichtig, wie das nur Hunde können, hielt er sie mit den Kiefern umschlossen, sorgsam darauf bedacht, die Pelle nicht mit den Zähnen zu durchbohren. Bananen und Hundekuchen in Vakuumverpackung waren eines, aber eine Wurst?

»Alles eine Frage der Erziehung«, hatte sein Frauchen meine Frage vorweggenommen. »Und mein Chico ist eben gut gezogen.«

Nur unmerklich betonte sie das Wörtchen »mein«.

»Es ist schon erstaunlich«, fuhr sie fort, »was man mit Erziehung alles erreicht, finden Sie nicht? Sehen Sie her.«

Sie beugte sich zu ihrem Hund hinab.

»Chico, sei ein guter Hund. Gib die Wurst dem Chico.«

Jetzt standen Katja und ich kurz davor, uns an den Kopf zu tippen. Sie glaubte doch nicht wirklich, dass ihr Hund, dass irgendein Hund eine Wurst, die er schon im Maul hatte, freiwillig einem anderen Vierbeiner abtreten würde? Was bezweckte sie mit dieser Übung? Wollte sie die moralische Überlegenheit der Schweizer gegenüber den harten, egoistischen Deutschen demonstrieren? Wollte sie zeigen, dass auch Schweizer Hunde von Natur aus hilfreich und höflich sind? Sollte gar die Prophezeiung des Propheten Jesaja sich erfüllen, dass »Wolf und Lamm zugleich weiden«? Das war doch einfach lachhaft.

Der Einzige, der lachte, war unser Hund, nachdem er die Wurst hinuntergeschlungen hatte. Nur eine Nanosekunde lang hatte er erst Chico angestarrt und dann die Wurst, die plötzlich vor seiner Nase lag. Dann war sie weg, und nur sein zufriedenes Grinsen und die Zunge, mit der er sich die Lefzen leckte, deuteten darauf hin, dass sie gerade noch da gewesen war.

Wir hatten uns noch nicht von dem Schock erholt, da kramte Chicos Frauchen schon einen Zettel aus ihrer voluminösen Handtasche hervor und streckte ihn uns entgegen.

»Hier, das wird Sie vielleicht interessieren. Wir sind eine Gruppe von Schweizerinnen und Schweizern, die sich um Asylbewerber kümmern. Nachhilfe für Kinder, Beratung für Frauen, Kleidersammlungen, solche Sachen eben.«

»Aber ich dachte, Sie hätten, wie soll ich sagen, gewisse Vorbehalte gegen Ausländer?«

»Schon, aber wenn sie erst einmal im Land sind, dann kann man sie doch nicht sich selber überlassen. Man kann nie wissen: Vielleicht werden einmal gute Schweizer aus ihnen. Vielleicht machen wir auch aus Ihnen und Ihrer Frau gute Schweizer – mit viel Geduld. Ihr Chico hat ja wenigstens schon die richtige Leine.«

Sieben

Wenn man über längere Zeit nur Schweizerdeutsch gehört hat, dann merkt man erst, wie schnarrend, zackig und zuweilen schmerzhaft Hochdeutsch klingt. Hier reden Leute, die ihre Worte hart aneinanderfügen wie messerscharf geschliffene Kristallblöcke. Das schweizerische Idiom hingegen ist breit und weich, es scheint zu zerfließen wie Raclettekäse unter dem Hitzestrahl des Toasters. Bei manchen Schwyzerdütsch-Sprechern hört es sich wiederum an, als versuchten sie mit einer Spargelstange im Mund zu reden. Einer quer gestellten Spargelstange, wohlgemerkt.

Explosiv wird das Schweizerdeutsche nur bei einem Laut, den die Sprachwissenschaft mit dem Fachbegriff »Frikativ« umschreibt. Das kommt von »Reibung«, und tatsächlich klingt das tief aus dem hintersten Rachenbereich aufsteigende schweizerische »ch« so, als ob zwei tektonische Platten aneinanderscheuern würden. Folgt auf dieses »ch« dann noch ein dunkel rollendes »r«, dann hat man es wirklich mit einer Art von sprachlichem Erdbeben zu tun.

Solche ungewohnten Laute in fremden Sprachen sollte man ernst nehmen, denn sie können sich als gefährlich, ja, als regelrecht gesundheitsschädigend für den ungeübten Sprecher erweisen. In Südafrika etwa gibt es die Sprache !Xóõ. Sie schreibt sich tatsächlich mit einem Ausrufezeichen vorne, doch stattdessen sollte sie lieber ein Ausrufezeichen hinten haben, im Sinne von »Oh, là, là!« oder »Aber holla!«. Denn mit dem vorderen Ausrufezeichen wird der typische Knacklaut umschrieben, der eine von Außenstehenden kaum zu meisternde Spezialität dieser Sprache ist. Nur ganz wenigen Fremden ist es je gelungen, sich flüssig in !Xóõ auszudrücken, und wer diese Kunst perfektioniert hatte, musste einen hohen Preis dafür entrichten: In seine Stimmbänder hatte sich ein Knoten geschlungen, der vorher noch nicht da war. Später fand man heraus, dass !Xóõ-Kinder ebenfalls diesen Knoten entwickelten, sobald sie zu sprechen begannen.

Da mir diese Geschichte eine Warnung war, gehe ich nie ohne eine Tüte Hustenbonbons zum Schwyzerdütsch-Kurs mit Urs. Keine Fisherman's Friends, die erschienen mir als Stilbruch, sondern heimischen Ricola-Kräuterzucker. Immer wieder schoss mir die Frage durch den Kopf, ob es wirklich ein Zufall war, dass diese Heiserkeit lindernde Süßigkeit ausgerechnet von einer Nation mit einem derart gefährlichen Rachenlaut erfunden wurde.

»Des mues kräftiger chume«, schärfte Urs nun schon zum dritten Mal Rexep ein. »Du tönscht ja wie ein schnarchender Hamschter. Dös mues krache.«

Der kleine Albaner blickte mich hilfesuchend an. Er sah sein Zürcher Bürgerrecht wohl schon an den scharfzackigen Klippen von Wörtern wie »Chrampf« und »Chräbel«, »chröschpelig« oder »chrüsälä« zerschellen. Mit Ausnahme des ersten Begriffes – er bedeutet so viel wie harte Arbeit – waren die anderen Wörter zwar auf den ersten Blick nicht einbürgerungsrelevant: Kratzer, knusprig und kitzelig. Aber bei Schweizer Beamten konnte man nie wissen.

»Etz sage mer aimol alle zäme ›Chrottepöschä‹«, forderte uns Urs auf.

Fragend sah ich Milena an.

»Löwenzahn«, flüsterte sie. »Was sonst.«

In der Tat: Ein Volk, das Schmetterlinge poetisch Sommervögel nennt, hat das Recht, für Pusteblumen ein Wort zu finden, das klingt, als ob man eine Handvoll ihrer durch die Luft schwebenden Samen verschluckt hätte.

Der Chor, der Urs entgegenschlug, hörte sich an wie die Klangkulisse beim Frühstücksbuffet in einer Entziehungsklinik für starke Raucher. Nur Meike, unsere Holländerin, strahlte über das ganze Gesicht. Ihre Rachenlaute waren sogar Urs zuweilen zu hart. Aber waren es nicht die Niederländer gewesen, die während der Nazibesatzung Deutsche daran erkannt hatten, dass sie sie den Namen der Stadt Scheveningen aussprechen ließen? Wer das »ch« nicht kräftig genug röcheln konnte, war enttarnt.

An der Aussprache würde man uns Deutsche immer erkennen. Jedenfalls wird Urs nicht müde,

Axel und mich immer wieder daran zu erinnern. Ein bisschen ähnlich wie im Chinesischen sei das. Kleine Veränderungen in der Stimmhöhe machten enorme Bedeutungsunterschiede aus, und Fremde, deren Stimmwerkzeuge nicht von Kindheit an entsprechend zurechtgebogen worden seien, brauchten sich keine Hoffnungen zu machen, als chinesische Muttersprachler durchzuschlüpfen. Von der abweichenden Augenform ganz zu schweigen.

Immerhin zeichnet sich das Chinesische durch eine weitgehende Abwesenheit von Grammatik aus. Dasselbe kann man vom Schwyzerdütschen leider nicht sagen, obwohl uns Urs dies immer wieder weiszumachen versucht. Jetzt hatten wir wieder so einen Fall erreicht.

»Der Genitiv«, verkündete er feierlich und legte eine verheißungsvolle Kunstpause ein. »Den Genitiv gibt es im Schwyzerdütschen nicht. Das ist die gute Nachricht.«

Tatsächlich verfahren Schweizer ähnlich wie andere mehr oder minder deutschsprachige Alpenbewohner, wenn sie vom Auto des Vaters oder der Frau des Chefs reden wollen. Getreu dem bewährten Motto, wonach der Dativ dem Genitiv sein Tod ist, wird daraus das Auto vom Vater und die Frau vom Chef.

Allerdings gehen Schweizer mit der ihnen eigenen hartnäckigen Konsequenz noch einen Schritt weiter und erheben diesen Genitiversatz in die Sphären des Kulturlebens. Ich war die ersten Male schmerzhaft zusammengezuckt, als im

Radio z.B. die »Eroica vom Beethoven« angekündigt wurde. Inzwischen habe ich mich – einigermaßen – daran gewöhnt, dass bei einer Reportage über Davos der »Zauberberg vom Thomas Mann« und bei einem Bericht über die italienische Renaissance der »David vom Michelangelo« erwähnt wird.

»Jetzt kommt die schlechte Nachricht«, fügte Urs nun mit Totengräbermiene hinzu, nachdem er sich ausreichend an unseren erleichterten Gesichtern geweidet hatte. »Der Genitiv II.«

Auch der hat ansatzweise Entsprechungen im Bajuwarischen oder Tirolerischen, was seine Anwendung in der Praxis freilich nicht einfacher macht, selbst wenn man, wie ich, in diesen verwandten Sprachräumen aufgewachsen ist.

»Em Maa sis Auto is schnell«, dozierte Urs.

Rosalind, unsere Engländerin, machte zunächst kugelrunde Augen, die sie dann schnell zu misstrauischen engen Schlitzen zusammenzog. In ihrer Heimat waren solche gewagten grammatikalischen Konstruktionen nach dem Einmarsch der Normannen 1066 abgeschafft worden, als man den verstockten Angelsachsen ihre Fälle, Zeiten und Genera austrieb.

»Dem Mann seines Auto ist schnell«, übersetzte Urs ins, nun ja, Hochdeutsche.

»Warum ›seines Auto‹?«, wollte ich wissen. »Im Bairischen sagt man: ›dem Mo sei Auto‹. Oder bestenfalls ›sein Auto‹.«

»Weil Auto Neutrum ist. Das Auto, also kommt am Ende ein ›s‹ hin.«

Urs gab mir ein paar Sekunden, bis ich es kapiert hatte.

»Aber em Maa sini Prülle«, sagte er und tippte an sein Fielmann-Gestell. »So, jetzt üben wir mal. Hier. Bildet den Genitiv II aus den folgenden Bestandteilen: Mami, Schoß, ghüsslet. Axel, probier du's mal.«

Axel starrte mit hervorquellenden Augen ins Lehrbuch. Auf derartige sprachliche Herausforderungen hatten ihn auch Kindheit und Jugend in Villingen-Schwenningen nicht vorbereiten können.

»De Mami ir Schoss isch – ghüsslet. Was immer ›ghüsslet‹ isch. Der Schoß der Mutter ist fruchtbar?«

»Falsch, total daneben. Was isch Mami?«

»Na ja, die Mutti halt.«

»Stimmt, aber welches Geschlecht haben Mütter in der Schweiz?«

Istvan meldete sich als Erster. »Neutrum natürlich.«

Jetzt, da er es sagte, konnte ich mich erinnern. Als naturgegeben empfand ich es freilich immer noch nicht.

»Sehr gut«, lobte Urs unseren Ungarn. »Es Mami, das Mami, also im Dativ em Mami. Und Schoss, welches Geschlecht hat Schoss?«

Axel und ich sahen uns an, als ob wir versehentlich in einem Klingonisch-Kurs gelandet wären.

»Schoss ist natürlich maskulin, der Schoß.«

»Nicht nur«, triumphierte Urs. »Die Schoss ist auch die Schürze. Zu Schoß würde ghüsslet ja auch schlecht passen. Also, der ganze Satz heißt richtig: Em Mami iri Schoss isch ghüsslet. Der Mutter ihre Schürze ist kariert.«

»Kariert?«

Bei Milena fiel der Groschen zuerst. »Klar, kleine Häuschen, Hüüsli. Kann ja gar nichts anderes sein.«

Wohlgefällig betrachtete Urs seine Schüler.

»Hausaufgabe bis zum nächsten Mal: Genitiv II. Übungen drei bis sieben im Buch. Und nie vergessen: Reden üben, nicht nur schriftlich. Aufs Reden kommt es an, das ist nicht anders, als wenn ihr Spanisch oder Armenisch lernen würdet.«

Da hatte Urs schon recht – in der Theorie. In der Praxis freilich hatte ich noch immer das Gefühl, dass ich nicht Schwyzerdütsch lerne, sondern Akkadisch, Babylonisch oder Maya – also keine lebende Sprache, die ich im Alltag verwenden konnte. Denn ich war noch immer nicht gut genug, um das tiefsitzende Misstrauen der Einheimischen gegenüber dem Schweizerdeutsch radebrechenden Deutschen zu durchbrechen.

Nun aber bot sich eine ideale Gelegenheit, meine Kenntnisse nicht nur auf der Post oder an der Migros-Kasse praxisnah zu erproben. Vor einigen Tagen hatten wir einen Brief erhalten, in dem unsere Gemeinde alle Neubürger zu einem »Zuzüger-und-Zuzügerinnen-Tag« einlud. Zum einen zeigte mir dies, dass auch die Schweizer Sprache keinen logischen Mustern folgt: Wer umzieht, der zügelt – mit einem »l«. Doch sobald man gezügelt ist (oder hat?), geht dieses »l« verloren, und man mutiert zum »Zuzüger«. Zum anderen unterstrich die Einladung erneut den Grad an politischer Korrektheit, den man in der Schweiz erreicht hat: Auch Zugereiste werden nach Geschlecht geschieden.

Wenn man dem Brief Glauben schenkte, wollte die Gemeinde alle Register ziehen, um ihre neuen Mitbürger (und Mitbürgerinnen) für sich einzunehmen: ein Apero – also ein Stehempfang mit Wein und Häppchen –, dazu diverse Musik. Anschließend eine Weinprobe bei einem der Stäfner Winzer und als krönender Abschluss ein festliches Diner mit einer weiteren Degustation diverser Rot- und Weißweine aus dorfeigener Produktion.

»Ich weiß zwar noch nicht, was die vorhaben«, maulte die stets misstrauische Katja, »aber es ist doch klar, dass die etwas im Schilde führen. Sonst würden sie es doch nicht so unverschämt darauf anlegen, uns betrunken zu machen.«

Ich sah die Dinge grundsätzlich positiver: Bei einem geschenkten Rotwein blickt man tief ins Glas, ohne große Nachforschungen anzustellen. Und irgendwie fand ich es reizend von der Gemeinde, meine Familie und mich zu begrüßen. Weder London noch Istanbul, noch Washington hatten dies für notwendig befunden.

Der Festtag begann im Atrium des Bürogebäudes einer Hörgerätefirma, die zu den größten Arbeitgebern des Ortes gehört und überdies, wie ich zu meiner Überraschung erfuhr, einer der führenden Hörgerätehersteller der ganzen Welt ist. Dass es sich dabei um eine Wachstumsbranche handelt, war mir schon lange klar. Schließlich erreicht – zusammen mit mir – die erste Disco- und Heavy-Metal-Generation das Vorruhestandsalter. Hörschäden waren uns schon damals von säuerlichen Älteren prophezeit worden. Dass aber die Woodstock-Meute zwischen Los Angeles und London dank Stäfner Technologie die Hits von einst auch noch im Altersheim hören kann, das erfüllte mich mit nicht geringem Lokalstolz.

Ich weiß nicht, was ich erwartet hatte, aber auf keinen Fall eine derart große Menschenmenge. Irgendwie hatte ich angenommen, dass es außer unserer Familie höchstens noch ein Dutzend anderer Menschen nach Stäfa verschlagen hätte. Hier aber drängelten sich gut und gern hundert Leute.

Als wir ankamen, war die Veranstaltung schon in vollem Schwung. Dies war unschwer an den leicht geröteten Gesichtern der Gäste und den korrespondierenden leeren Weinflaschen zu erkennen. Gerade hatte ein Chor sein Ständchen beendet, und wenn mich beim Hören der letzten Takte nicht alles täuschte, hatte er sogar den Schweizerpsalm gesungen, die Nationalhymne. Das war insofern bemerkenswert, als den Schweizern ihre schwülstige Hymne genauso peinlich ist wie unserer Tochter ihre Eltern, wenn sie »Paint it black« in der Öffentlichkeit röhren.

Erst seit 1981 ist der Schweizerpsalm die offizielle Hymne. Schon vorher hatte man das ursprüngliche Kirchenlied verdruckst aufgeführt, wenn es sich gar nicht vermeiden ließ, etwa dann, wenn Schweizer Skiläufer Medaillen einfuhren.

Noch früher hatte man »Rufst du, mein Vaterland« zur Melodie von »God Save the Queen« gesungen, was mitunter zu peinlichen Missverständnissen führte, wenn auch Briten bei derselben Veranstaltung mit von der Partie waren.

Peinlich an der neuen Hymne ist vor allem – wie bei anderen Nationalhymnen auch – der Text. »Wenn man den lieben Gott entfernt, bleibt nur noch der Wetterbericht übrig«, hat ein Spötter einmal die Strophen kommentiert, in denen tatsächlich vorrangig meteorologische Erscheinungen wie Nebelflor, Wolkenmeer, Alpenglühen und »Sonne klar« beschworen werden.

Nun trat ein zierlicher Mann mit Menjoubärtchen ans Mikrophon, der sich als Dorfhistoriker vorstellte. Er hielt sein eingangs gegebenes Versprechen, weit ausholen zu wollen, denn auch treu ein, indem er bei einer mir bislang unbekannten Molasse-Zeit begann. Offensichtlich spielte Stäfa schon damals eine gewisse Rolle im Wirken der Dinge, was mir umso erstaunlicher erschien, als der Redner den Beginn dieses Zeitalters auf das Jahr 60 Millionen vor Christus datierte.

Kurzlebige Berühmtheit errang Stäfa dann etwas später, Anfang der fünfziger Jahre des 20. Jahrhunderts, als hier das spätere Kultgetränk Rivella erfunden wurde. Es handelt sich dabei um eine Limonade, die schon allein deshalb gewöhnungsbedürftig ist, weil sie auf Molkebasis erzeugt wird. Erstaunlicherweise trübte noch nicht einmal diese Information die Begeisterung unserer Tochter für das Getränk.

Wirklich interessant wurde der historische Vortrag allerdings erst, als der Redner den einen oder anderen Heimkehrer begrüßte, der Stäfa vor Jahren für die Verlockungen der weiten Welt verlassen habe, nun aber reumütig in den Schoß des Dorfes zurückgekehrt sei. Heimweh habe sie getrieben, sagte er, und das sei alles andere als überraschend, schließlich habe Heimweh jahrhundertelang als »Schweizer Krankheit« mit durchaus körperlichen Ursachen und meist tödlichen Folgen gegolten.

»Schon 1688 prägte der Basler Mediziner Johannes Hofer den wissenschaftlichen Begriff Nostalgia«, erzählte der Hobbyhistoriker. »Er glaubte, dass durch das ständige Denken ans Vaterland die Lebensenergie, die durch Nervenröhren zwischen Körper und Gehirn fließt, erschöpft wird.« Auch warum ausgerechnet Schweizer so sehr unter dieser mysteriösen Krankheit litten, hatte man damals geklärt: wegen der klaren, dünnen alpinen Bergluft. Wo Schweizer diese nicht mehr atmen könnten, in den Niederlanden etwa oder in Norddeutschland, da presse der höhere Luftdruck die Blutgefäße zusammen, so dass die Säfte im Kreislauf nicht mehr ausreichend zirkulieren könnten. Die Folge sei Heimweh.

Nachdem nun auch dieses Rätsel endlich gelöst war, konnten Katja und ich uns im Raum umsehen. An den Wänden hatten die verschiedenen Stäfner Vereine und Clubs ihre Stände aufgebaut. Schweizer Gemeinden sehen es gern, wenn neue Bürger sich aktiv ins Vereinsleben einbringen. In Millionärsgettos, welche wegen ihrer lächerlich niedrigen Steuersätze Superreiche anziehen, wird immer häufiger von Ressentiments der Alteingesessenen berichtet, wenn der CEO der Weltfirma oder der global berühmte Tennisstar partout nicht beim Grillfest der freiwilligen Feuerwehr oder in der Bastelgruppe der Kita mitmachen will.

Unser neuer Wohnort schien sich auf den ersten Blick durch hohe Musikalität auszuzeichnen – was andererseits auch wieder nicht so erstaunlich war in einem Dorf, in dem ein Hörgerätefabrikant seine Konzernzentrale unterhält. Vor allem in Chören organisierten sich die Stäfnerinnen und Stäfner: in Männer-, Frauen- und Kinderchor sowieso, dazu warben ein Konzertchor und eine Kantorei, ein Gospelchor und ein Kirchenchor, die Plauschsänger und das Jodlerchörli um stimmkräftige Neumitglieder. Sogar zugewanderte Neubürger aus Norddeutschland finden hier ein Mittel gegen ihr Heimweh: Im Seemannschor Shanty Men sind neue Crewmitglieder jederzeit herzlich willkommen.

»Hier wäre doch was für dich.« Katja zupfte mich am Ärmel und deutete auf ein Plakat mit einem Nikolauskopf. »Die Chlausgesellschaft. Da musst du nicht oft hin, nur vor Weihnachten. Und als Nikolaus hast du doch reichlich Erfahrung.«

Katja berührte hier einen wunden Punkt. Nur einmal in meinem Leben hatte ich für Julia und ihre Freundinnen einen Nikolaus gemimt. Es war eine zutiefst verstörende Erfahrung für alle Beteiligten gewesen, nicht zuletzt für den Nikolaus.

Dass die anwesenden Kinder bei dieser Gelegenheit den Glauben an den Weihnachtsmann verloren, war noch nicht einmal das Schlimmste und angesichts der unzureichenden Verkleidung und des rutschenden Barts auch nicht weiter verwunderlich. Viel traumatischer war es für den verkappten Nikolaus, den Glauben an kindliche Unschuld und Arglosigkeit zu verlieren.

»Dann gehe ich schon lieber zu den Fahnenschwingern oder gleich hierhin, guck doch mal: Quartierverein Mies-Eich. Die machen Velo-Touren, Eiertütsche, Böllegartezmorge und Marroni-Essen. Fahrradtouren verstehe ich ja noch, aber warum ich mich einem Verein anschließen soll, wenn ich heiße Kastanien essen will, verstehe ich eher weniger.«

Das Vereinsleben freilich war sekundär; primär wollten wir Leute kennenlernen.

Dass dies nicht einfach sein würde, hatten wir ja schon festgestellt. Die Schweizer seien so wie ihre Landschaft, hatte uns jemand erklärt. Schön und einladend zum Ansehen, aber versuche einmal, in die Berge hineinzugehen oder sie gar zu ersteigen. Da werden sie unnahbar und unüberwindlich.

Ein fruchtigerer Vergleich stellt Schweizer und Amerikaner einander gegenüber: Die Eidgenossen ähneln demnach Kokosnüssen – praktisch unknackbare harte Schale und wohlig-weich-weißes Inneres. Die Yankees hingegen sind eher Pfirsiche – außen saftig weich, aber mit einem Kern, an dem sich noch jeder die Zähne ausgebissen hat.

Wir waren inzwischen beim zweiten Programmpunkt, dem Winzerbesuch, angelangt und daher allesamt sehr viel lockerer geworden. Bis jetzt hatte ich nur Deutsche kennengelernt: Jens, den Chirurgen aus Harvestehude, der sich tatsächlich im Seemannschor eingeschrieben hatte, Jörg, den Manager aus Bramsche, mit seiner Frau, die ein wenig an Popeyes Freundin Olive Oyl erinnerte; und Jürgen, der in Zürich Betriebswirtschaft studieren wollte. Aber es musste doch auch Schweizer in diesem Haufen Menschen geben.

Ich pirschte mich an einen Typen mittleren Alters heran, der allein mit seinem Weinglas am Geländer der Terrasse stand und versonnen über den See und die dahinter gestaffelt aufmarschierten Berge schaute.

»Grüezi«, hüstelte ich. »Sind Sie Schweizer?«

Widerwillig riss er sich vom Anblick der Natur los und drehte sich zu mir um.

»Ich schon«, sagte er mit unüberhörbarem Stolz. »Sie offenbar nicht.«

Dieses Gespräch kann eigentlich nur noch besser werden, dachte ich mir. Ich sollte mich täuschen.

Ich stellte mich vor und berichtete ein wenig von meiner Arbeit. Das hat sich immer als gute Methode erwiesen, das Eis zu brechen und ein Gespräch in Gang zu setzen. Journalisten gelten als exotischer denn Buchhalter und nicht ganz so kriminell wie Banker oder Politiker.

Ein schlimmer Fauxpas unterlief mir, als ich ihm erzählte, dass der Posten Schweiz bis zu meinem Eintreffen eine Zeitlang verwaist gewesen war.

»Ja, zwei Jahre lang hatten wir die Schweiz geschlossen«, resümierte ich.

»Also, was die Deutschen nicht alles können«, erwiderte er mit einer Kälte in der Stimme, die jeder Gletscherspalte Konkurrenz machte. »Eine einfache Zeitung drüben im großen Kanton kann die ganze kleine Schweiz dichtmachen, ganz einfach so.«

Ich begann eine Entschuldigung zu stottern, aber da hatte er sich schon verabschiedet und mit einem Blick abgewendet, der noch bitterböser wurde, als er meine Verabschiedung hörte. Was, zum Kuckuck, hatte ich denn schon wieder falsch gemacht?

Siedend heiß fiel es mir ein: Er hatte meinen Namen zum Abschied genannt und ich seinen nicht. Wir hatten uns namentlich vorgestellt, als wir uns miteinander bekannt machten. Das gehört sich so in der Schweiz. Nicht nur, weil man wissen will, mit wem man es zu tun hat. Mit Hilfe des Namens können geübte Schweizer wahrscheinlich zusätzliche Informationen über den damit nur mehr vermeintlich Unbekannten ans Licht zerren.

Knütti hieß er, fiel es mir nun wieder ein. Reto Knütti. Wie konnte man nur so einen Namen vergessen? Knütti aus dem Sack – die Eselsbrücke drängte sich förmlich auf. Wie hatte ich nur den wichtigsten Ratschlag vergessen können, den mir mein Freund und Kollege Beat eingeimpft hatte, nachdem ich ihm vom bevorstehenden Wechsel erzählt hatte.

»Vergiss alles, was du gehört hast, von wegen

Namen sind Schall und Rauch. In der Schweiz mögen früher einmal Bankkonten Nummern gehabt haben, aber nie Menschen. Menschen haben Namen, und die musst du dir unbedingt merken. Solange du das nicht vergisst, ist es ziemlich unwichtig, in welche Fettnäpfchen du sonst noch trittst. Und glaube mir: Fettnäpfchen stehen in der Schweiz an jeder Ecke herum, vor allem für Deutsche.«

Beat arbeitete als Auslandskorrespondent für eine Schweizer Zeitung. Er gehörte zu jenen helvetischen Kollegen, die ich im Laufe meiner Arbeit überall auf der Welt kennengelernt hatte: den Martin und den Christoph, den Ruedi und den Ulrich. Wenn ich so an sie zurückdenke, fällt mir auf, dass es ausschließlich ein Gewinn war, sie zu kennen. Kollegial waren sie, hilfsbereit, menschlich sehr nett und mit einem prächtigen Sinn für Humor ausgestattet.

Mit anderen Worten: Sie entsprachen nicht hundertprozentig dem Vorurteil, das sich das Ausland von den Bewohnern der kleinen Republik in den Alpen macht. In einer Kammer meines Gehirns hatte ich mir die Schweizer als eine Art von verschärften Extremschwaben ausgemalt: kleinkariert und kehrwochenbesessen, borniert und beckmessernd – nur besser gekleidet und mit besserem Essen.

Aber weder Beat noch die anderen Schweizer Kollegen entsprachen diesem Bild. Daher war ich mir nie ganz schlüssig, ob es sich bei diesen Auslandsschweizern um Menschen handelte, die aus dem üblichen nationalen Rahmen fielen und es daher in der heimischen Enge nicht mehr ausgehalten hatten, oder ob die Schweizer tatsächlich ganz anders waren, als man ihnen nachsagte.

Beats Ratschläge hatten zunächst erstaunlich geklungen, sich im Praxistest aber als unverzichtbar erwiesen. Und dem Namensthema hatte er besonders viel Aufmerksamkeit gewidmet.

»Der eigene Name ist für jeden Menschen der süßeste und wichtigste Klang in jeder Sprache«, hatte er den legendären amerikanischen Motivationstrainer Dale Carnegie zitiert. »Und für Schweizer gilt das ganz besonders. Es reicht sogar, wenn du den Namen schriftdeutsch aussprichst und nicht im Dialekt. Da hast du schon einen Stein im Brett.«

Goldene Worte, gewiss. Das Problem ist nur, dass mein Namensgedächtnis, das noch nie besonders ausgeprägt war, in den vergangenen Jahren noch weiter nachgelassen hat. Anfangs erkannte ich ein Gesicht, konnte ihm aber keinen Namen zuordnen. Inzwischen sagen mir oft auch Gesichter nicht mehr allzu viel, derweil ich in einer trüben Suppe fische, in der nicht zuzuordnende Namensbestandteile herumschwimmen.

Schweizer tragen oft sehr absonderliche Namen, sowohl vorne als auch hinten. An Beat, Urs und Regula hatte ich mich ja schon dank der Bekanntschaft mit Schweizer Journalisten und Diplomaten gewöhnt. Reto als Name eines Mannes ließ mich dann aber doch stutzen. Julia vertrat die Ansicht, dass hier einfach der Buchstabe »r« nach dem »t« fehle, denn die meisten Schweizer schienen ihr der aktuellen Retro-Mode anzuhängen, derzufolge der Style der sechziger und siebziger Jahre wieder en vogue ist. Und Pirmin, Flurin, Andrin und Curdin hätten wir alle eher auf dem Gewürzbord als in einem standesamtlichen Register vermutet. Vollends verwirrte mich ein Abgeordneter im Berner Bundesparlament mit dem Namen This Jenny. Vermutlich wollten ihn seine Eltern von seinem Bruder unterscheiden, den sie schätzungsweise That Johnny genannt hatten.

Das sind aber nur die Vornamen, und die sind nichts gegen die Familiennamen. Thomas und Regine Abgottspann etwa betreiben ein Hotel in Zermatt, Romeo Regenass schreibt Wirtschaftsartikel in einer Zürcher Tageszeitung, und Martin Dahinden steht als Schweizer Diplomat ganz vorne in der Vertretung seiner Heimat im Ausland. Bei uns im Haus wohnen die Dingeldeins, die wir freilich noch nie zu Gesicht bekommen haben, wohingegen der Abgeordnete Rene Imoberdorf manchmal im Fernsehen auftritt und womöglich mit dem Namen auf seinen Wohnort hinweist. Nicht ins Parlament schaffte es der Kandidat Cla Famos. Er war wohl doch nicht ganz so toll, wie es sein Name nahezulegen schien.

Als wir nach Weinprobe und gemeinsamer Busfahrt endlich bunt durcheinandergewürfelt mit den anderen Zuzügern und Zuzügerinnen beim Abendessen saßen, hatten wir denn auch schon eine kaum mehr überschaubare Menge neuer Namen gehört, wenn auch noch nicht gelernt. Visitenkarten allein sind in diesem Fall nicht besonders hilfreich. Warum hat noch niemand die Visitenkarte mit aufgedrucktem Porträtfoto erfunden?

Bei geselligen Treffen nach Art von Cocktailpartys, Stehempfängen oder Vernissagen wird in der Schweiz von jedermann erwartet, dass er sich zum Abschied nicht einfach klammheimlich verdrückt, sondern sich mit Handschlag und voller Namensnennung verabschiedet. Und dann gibt es ein weiteres Problem, vor dem wir nun standen: dem Zuprosten kreuz und quer über den Abendbrottisch. Denn auch dieses Ritual absolvieren die Eidgenossen nach einer komplizierten Choreographie: Glas ergreifen, dem Gegenüber männlich fest und treu ins Auge blicken, Glas erheben, anstoßen und zum Prosit unbedingt den Namen nennen: »Zum Wohl, Frau Müllerschön-Vögeli, Prost, Herr Leibundgut.«

Letzterer saß neben Katja und erwies sich, wie sie mir später erzählte, als eine unerschöpfliche Quelle entomologischen Wissens. Seine Expertise traf sich insofern gut, als meine Frau ein grundsätzlich angespanntes Verhältnis zu Kerbtieren hat – von der gemeinen Blattlaus bis zur grandiosen Gottesanbeterin. Kürzlich hatte sie auf unserem Balkon Kakerlaken entdeckt und diesen Fund umgehend Hausverwalter Baudrillat mitgeteilt.

Wenn es stimmt, dass man nicht nur sichtbar, sondern auch hörbar erbleichen kann, dann war es das, was Baudrillat widerfuhr, als Katja ihn anrief. Einem Schweizer zu sagen, dass sich in seiner Schweizer Wohnung Kakerlaken tummeln, ist ja in etwa so, als wenn man einem Loire-Winzer eröffnen würde, dass man seine Auslese jetzt doch lieber halbe-halbe mit Almdudler verdünnen möchte. Wir hatten seit diesem Gespräch nichts mehr von Baudrillat gehört. Denkbar, dass keiner der angewendeten Wiederbelebungsversuche angeschlagen hatte.

Nun also ließ sich Katja von ihrer neuen Zufallsbekanntschaft beruhigen, dass die Schweiz a) grundsätzlich schabenfrei sei – der Grund wohl eine Mischung aus gesunder Bergluft und angeborener Reinlichkeit der Bergbewohner – und es sich daher b) bei dem in freier Natur beobachteten Insekt nur um die gemeine italienische Waldschabe gehandelt haben könne, die – allem Anschein und vor allem Aussehen zum Trotz – streng genommen überhaupt nicht mit Kakerlaken verwandt sei. Sie sei aus dem Süden über den Gotthard eingewandert, mithin eine Art von Secondo. So nennt man in der Schweiz die Kinder und Kindeskinder italienischer Gastarbeiter. Die Waldschabe meide, anders als es der Name nahelege, dunkle, feuchte Plätze und fühle sich – ganz lebensfroher Südländer – auf Sonnenterrassen und lichtdurchfluteten Balkonen wohl.

Mein Tischnachbar wiederum, dessen Namen ich in dem Augenblick vergessen hatte, in dem er ihn nannte, war in entomologischer Hinsicht weniger beschlagen, erwies sich aber als stolzer Schweizer Patriot.

»Wussten Sie eigentlich, dass wir eine der größten Erfindernationen der Welt sind?«, fragte er mich unvermittelt, nachdem die Suppenteller weggeräumt worden waren und er wieder beide Hände zum Reden frei hatte.

Diese Ehre hätte ich bisher eher den Amerikanern zugestanden. Sofort musste ich außerdem an den alten Sowjetwitz denken, in dem es um die Standbilder zweier bärtiger Männer ging, die im Foyer der Moskauer Akademie der Wissenschaften standen: Genosse Petrow und Genosse Pawlow. Petrow war ein großer Erfinder, der vom Schießpulver über das Telefon bis hin zum Computer alles erfunden hatte, was man zum modernen Leben brauchte. Pawlow freilich war ein noch größerer Erfinder, denn er hatte den Genossen Petrow erfunden.

Daher erwiderte ich ihm mit einem leichten Schmunzeln: »Ja, ich weiß. Milchschokolade und Kräuterbonbons. Wer hat's erfunden ...«

Traurig schüttelte er den Kopf über so viel Ignoranz. Aber er wollte mich nicht in meiner Unwissenheit verharren lassen und legte daher los. Nach wenigen Minuten war mir ganz schwindlig, und ich sah mich hilfeheischend nach Katja um. Doch die war weit weg am unteren Ende des Tisches in ein angeregtes Gespräch mit dem protestantischen Pfarrer von Stäfa vertieft.

Augenscheinlich, so impfte es mir mein Nachbar ein, ist ein modernes, komfortables Leben ohne den Schweizer Beitrag zur Weltzivilisation nicht denkbar. Sowohl Zellophan als auch die Alufolie sind demnach schweizerischem Erfindergeist zu verdanken. Nein, nicht die Klarsichtfolie, aber die sei ja auch noch nicht ausgereift, wie jeder bestätigen könne, der einmal versucht habe, ein Stück sauber an der gezahnten Leiste abzutrennen.

Vor allem die Bandbreite Schweizer Erfindungen ließ mir den Kopf schwirren. Dass ein Volk von Bankern schon frühzeitig auf das Divisionszeichen »÷« gestoßen war, weil man ja sonst keine Zinsen berechnen konnte, war einsichtig. Und auch LSD – als Nebenprodukt der gescheiterten Suche nach einem Migränemedikament – lag nahe in einem Land, in dem die Menschen ohne die Zufuhr von belebenden und befreienden Substanzen nur schwer aus sich herausgehen.

Der Obsession mit der Sauberkeit sind sicherlich die elektrische Zahnbürste und die WC-Ente geschuldet. Erstere erblickte unter dem eher an eine Dinosaurierrasse erinnernden Namen Broxodent 1954 in Genf das Licht der Welt. Die zweite Erfindung brachte einem gewissen Walter Düring und seiner Heimatgemeinde Dällikon im Kanton Zürich in den achtziger Jahren des vergangenen Jahrhunderts Ruhm, Ehre und vor allem massig Kohle.

»Weil wir gerade von Enten sprechen – was, meinen Sie, hat die Schweiz noch erfunden?«, fragte mich mein Nachbar.

»Den Dadaismus, fällt mir gerade ein. Und ich muss sagen: Nach diesem Abend überrascht mich das nicht mehr.«

»Ja, den auch. Aber eben auch die wohl berühmteste Ente der Welt.« Selbstgefällig strahlte er mich an. »Ich wette, da kommen Sie nie drauf. Eine weltberühmten Ente.«

»Ich hätte ja auf den Citroën 2CV getippt, aber der kommt doch wohl aus Frankreich?«

»Ha, dachte ich's mir doch. Nein, den Ententanz! Daba-daba-daba-dab«, sang er los und begann mit angewinkelten Ellbogen auf und ab zu wackeln. »Komponiert vom Wirt des Gasthofs ›Rössli‹ in Davos. Vierzig Millionen Mal verkauft. Wer sagt da, dass die Schweiz keine musikalische Supermacht ist?«

»Na ja«, meinte Katja, als wir uns spätabends auf den Heimweg machten. »So toll war's auch wieder nicht.«

Sie hatte leicht reden. Ihr hatte niemand den Ententanz ins Ohr gesungen.

»Und da waren schon einige miese Typen dabei.«

»Die gibt's in jeder größeren Menschengruppe«, beschwichtigte ich. »Hast du jemand Speziellen im Blick?«

»Ja, dieses blonde Gift in dem engen Kleid mit dem viel zu kurzen Rock. Und das in ihrem Alter. Oh, die ist ein ganz schlimmer Finger.«

Ich wusste sofort, wen Katja meinte. Diese Frau war auch mir aufgefallen, allerdings hatte sie keinen so schlechten Eindruck auf mich gemacht.

Ich wunderte mich schon, wie meine Frau zu ihrem vernichtenden Urteil gekommen war.

»Woher willst du das denn wissen? Du hast doch überhaupt nicht mit ihr geredet. Du hast sie ja noch nicht einmal richtig angesehen.«

»Glaub mir, Schatz, und das ist eine Lektion fürs Leben, eine Frau kann eine andere Frau pausenlos beobachten, ohne sie eines Blickes zu würdigen.«

Acht

Wenn die Kinder gerade nicht greifbar sind, reservieren Frauen ihre kritischsten Blicke für ihre Ehemänner, vor allem im Hinblick auf ihr Aussehen. Von den Begafften wird das meist als Nörgeln empfunden; tatsächlich steht dahinter der aufrichtige Wunsch, den geliebten Partner der Welt dort draußen in seinem besten Licht zu zeigen. Andere Frauen würden sonst glauben, man habe in der Ehegattenlotterie eine Niete gezogen. Im wahren Leben schleicht sich allerdings eine kleine Unlogik ein – dann nämlich, wenn eine fremde Frau dem derart herausgeputzten Mann schöne Augen macht oder, schlimmer noch, Komplimente.

Diesmal aber schlich Katja besonders streng um mich herum, fast wie ein Kasernenhof-Spieß, der auf Teufel komm raus darauf erpicht ist, bei einem Rekruten einen offenen Uniformknopf oder einen Fussel auf der Mütze zu erspähen.

»Schal, Handschuhe, Mütze hast du doch hoffentlich eingepackt?«

»Ja«, erwiderte ich gequält. »Obwohl ich wirklich nicht weiß, wozu wir die mitschleppen sollen.

Es ist Sommer. Draußen sind schon jetzt zwanzig Grad, und es ist erst acht Uhr morgens.«

»Das spielt keine Rolle. Wir sind in der Schweiz, und wir gehen heute in die Berge. In den Alpen kann das Wetter von einer Minute auf die andere total umschlagen. Gerade holst du dir noch einen Sonnenbrand, und im nächsten Augenblick heult ein Schneesturm um die Zinnen. Das weiß doch jedes Kind.«

»Aber wir steigen nicht höher als neunhundert Meter. Maximum. Und wir wandern mit Senioren. Se-ni-oo-ren. Kaum tollkühne Draufgänger.«

Katja antwortete nicht. Auf Debatten, die ihrer Meinung nach erschöpfend behandelt worden sind, lässt sie sich generell nicht ein. Stattdessen wuchtete sie eine prall gefüllte Migros-Tüte aus der Küche heran. In ihr klapperte und schepperte es.

»Passt das noch in deinen Rucksack?«

»Nur, wenn ich die Wollsachen rausnehme. Aber was, um Himmels willen, ist denn das?«

»Der Proviant natürlich. Wir werden doch den ganzen Tag unterwegs sein. Zu Fuß. Im Freien. Unter der heißen Sonne. Da wird man schnell hungrig und durstig, und dann sind wir froh, wenn wir eine Kleinigkeit dabeihaben.«

»Erstens sieht das eher nach einer Speisung der Fünftausend aus, und zweitens werden wir in der Schweiz bleiben. Genauer gesagt: im Dunstkreis des Zürichsees. Soll heißen: Wir werden vermutlich nie weiter als zweihundert Meter vom nächsten Gasthaus entfernt sein. Außerdem sind eine Mittags- und eine Kaffeepause eingeplant.«

»Dem traue ich nicht. Und du kennst ja die völlig überzogenen Preise in den Restaurants hier. Du wirst sehen, unsere Mitwanderer werden uns um ein Sandwich bitten. Better safe than sorry, sage ich immer.«

Normalerweise bin ich es, der das Leben penibel vorausplant. Ich bin einer jener fürchterlichen Listentypen, die alles aufschreiben und abhaken müssen und denen Psychotherapeuten traumatische Kindheitserlebnisse unterstellen. Katja dagegen geht das Leben grundsätzlich leichter, um nicht zu sagen fatalistischer an. Que sera, sera – das ist ihr Motto.

Nur nicht beim Reisen. Beim Reisen verkehren sich die Fronten in unserer Ehe. Ich reise am liebsten so leicht wie möglich. Ein Pass, eine Kreditkarte und ein Smartphone reichen für eine Fahrt um die ganze Welt aus, finde ich. Katja hingegen möchte für jede nur denkbare Eventualität gerüstet sein: Wetterumschwünge, Erdbeben, plötzliche Hungersnöte, Staatsstreiche, Meteoriteneinschläge oder die Landung von Aliens. Man kann nie wissen.

Es muss ein Erbe ihrer sowjetischen Kindheit sein. In jenem Land war man tatsächlich auf sich allein gestellt, wenn man seine eigenen vier Wände verließ. Restaurants, Schnellimbisse, Kioske, Getränkeautomaten – all diese Errungenschaften des 20. Jahrhunderts gab es zwar in der Theorie. In der Praxis freilich gab es dort selten etwas Brauchbares zu kaufen. Schon der Weg zum Bahnhof konnte daher versorgungstechnisch zu einem Irrlauf durch eine menschenfeindliche Ödnis werden – wo man verhungerte, verdurstete und verschmachtete, wenn man nicht schon daheim alles Lebensnotwendige eingepackt hatte. Dass es sich um eine landsmannschaftliche Besonderheit handeln muss, bestätigt das Beispiel meines Freundes Serjoscha. Was er in seinem Rucksack mit sich führt, hätte Robinson Crusoe ein mehrjähriges Überleben gesichert. Und das ist nur Serjoschas Survival-Ausrüstung für einen Trip von Kingston zum Trafalgar Square.

Ich kann übrigens mit Stolz vermelden, dass unsere Tochter genetisch von beiden Elternteilen beschenkt wurde. Julia verreist – unabhängig von der Dauer – grundsätzlich mit einem Koffer von der Größe eines Fiat-Kleintransporters. Am Zielort angekommen, braucht sie dann aber nur die Scheckkarte, die ich regelmäßig und zuverlässig nachfülle.

Als Katja und ich endlich bepackt wie zwei Sherpas dem Stäfner Bahnhof zustrebten, war es für die dort wartende Wandergruppe nicht schwer, uns schon von weitem zu erkennen. Aber auch wir wussten sofort, dass wir unsere Schicksalsgenossen für den Tag gefunden hatten.

Wie eine Ansammlung buntgekleideter Walnüsse sahen die Männer und Frauen mit den faltigen, gebräunten, kernigen Gesichtern aus, die sich zwischen der Bushaltestelle und dem Treppenaufgang zu den Bahnsteigen die Beine vertraten. Mir stach sofort ihre minimalistische Ausrüstung ins Auge. Wir schienen zudem die Einzigen mit Wanderstöcken zu sein. Auf dem kurzen Weg zum Bahnhof hatte ich allerdings meine Nordic Walking Sticks schätzen gelernt. Sie ermöglichten es mir, mich trotz des zentnerschweren Rucksacks aufrecht zu halten.

»O Mann«, hauchte Katja beim Anblick der Gruppe. »Die lassen uns alle ihren Staub fressen, so fit, wie die aussehen. Die sind wieder zurück, wenn wir gerade mal den Bahnsteig erreicht haben.«

Sie ahnte nicht, wie nahe an der Wahrheit sie mit ihrer Prognose lag, aber zum Glück wusste ich das noch nicht.

»Jetzt übertreibe mal nicht«, ermutigte ich sie. »Das sind alte Leute. Der Jüngste ist locker zwanzig Jahre älter als wir.«

»Das täuscht. Das sind Schweizer. Die werden von Kindesbeinen an für die Berge abgerichtet. Hast du mir nicht von der Schweizer Bergsteigerin erzählt, die noch mit hundertdrei die Eigernordwand hochgeklettert ist? Und blind ist sie auch noch.«

»Sie sieht hervorragend, und außerdem ist sie erst schlappe einundachtzig. Nur hören tut sie schlecht.«

Etwa im gleichen Alter schien eine Walnuss zu sein, die sich nun von der Gruppe abgesondert hatte und mit ausgestreckter Hand zu uns herüberkam.

»Grüezi mitenand«, strahlte sie. »Ihr müsst die Neuen sein. Ich bin Doris.«

Mit diesen Worten drückte sie uns jeweils eine Wäscheklammer in die Hand.

»Einen Chugi habt ihr hoffentlich selber, unserer ist verschwunden«, fügte sie kryptisch hinzu.

Erst jetzt bemerkte ich, dass alle Mitglieder der Gruppe eine Klammer an der Kleidung stecken hatten, auf die sie ihren Vornamen geschrieben hatten. Dazu brauchte man also den Chugi, vulgo Kugelschreiber.

»Dörrobst«, flüsterte Katja mir ins Ohr, als sie die Wäscheklammer an meiner Jacke festzwickte. »Alles Dörrobst. Runzelig wie Zwetschgenmännchen.«

Dass viele Schweizer und vor allem Schweizerinnen jenseits eines bestimmten Alters getrockneten Pflaumen ähneln, hatte Katja schon früh vorwurfsvoll konstatiert. Sie selber ist der Meinung, dass der Mensch, zumal in seiner weiblichen Version, ab diesem Alter lieber ein paar Kilo Gewicht zu viel als zu wenig mit sich herumtragen müsse, weil dies auf natürliche Art die Haut straffe. »Das ist wie bei einem Ballon, der Luft verliert«, ist ihr Vergleich. »Wenn du hineinbläst, sieht er wieder wie neu aus.«

Zusammen mit den Zwetschgenmännchen und -weibchen machten wir uns auf den Weg zum Schiffsanleger. Denn unsere Wanderung sollte in Wädenswil losgehen, das auf der gegenüberliegenden Seite des Sees liegt. Wir waren noch nie dort gewesen, ganz einfach aufgrund der Tatsache, dass wir die Fähre nicht kannten, die einmal pro Stunde die beiden Ufer miteinander verband.

Kaum waren wir ein paar Schritte gegangen, als ich spürte, wie sich mir jemand von hinten näherte und an meiner Jacke zupfte. Ruckartig drehte ich mich um. Vor mir stand ein großgewachsener Brillenträger, dessen Schnurrbart wie eine träge Raupe auf seiner Oberlippe ruhte. Irgendwie sah er aus wie einer jener Menschen auf den Bildern, die als Beispielfotos in neuen Bilderrahmen stecken: generisch glückliche Menschen – nicht zu gut aussehend, um subtile Neidgefühle auszulösen, aber auch nicht zu hässlich, um den Bilderrahmen im Laden stehenzulassen.

Triumphierend hielt er einen kleinen Zettel in die Höhe, den er von meinem Kleidungsstück abgerissen hatte. »Hier, du hattest noch das Etikett dran hängen. Eure Sachen sind wohl noch ganz neu, oddr?«

Er hielt sich das Stück Papier vor die zusammengekniffenen Augen.

»Das sind ja Euro, keine Franken!«, rief er verwundert aus. Dann leuchtete ein wissendes Grinsen in seinem Gesicht auf. »Konschtanz, ihr habt in Konschtanz eingekauft.«

Wir mussten ihn wohl ein wenig belämmert angesehen haben, denn er fügte hastig hinzu: »Das ist keine Schande. Auch wir Schwyzer gehen manchmal in Konstanz einkaufen.«

Diese Einschränkung durfte sich als Untertreibung der Dekade qualifizieren. Unserer Erfahrung nach konnte man eher sagen, dass man in Konstanz vereinzelte Konstanzer antrifft, zumal an Samstagen. Das sind die Tage, an denen man keinen Unterschied zwischen Parkstreifen und Durchgangsstraßen bemerkt, weil die Autos überall stillstehen. Und sie alle haben Schweizer Kennzeichen.

Der starke Franken und die hohen Schweizer Preise haben die Eidgenossen massenweise zum Shopping über die Grenzen getrieben. In Konstanz erkannte ich das Dilemma des Schwaben Alex aus dem Sprachkurs: Meine Ohren konnten nicht auseinanderhalten, wer Schweizer war und wer Badener.

Nicht, dass das wichtig gewesen wäre, solange Bargeld, Scheck- und Kreditkarten einen länderübergreifenden Dialekt sprachen. So voll waren die Läden in der Stadt am äußersten Ende Deutschlands wohl noch nie. Zum ersten Mal dürften die Konstanzer still gedankt haben, dass die Schweizer ihre Gesuche um Aufnahme in die Eidgenossenschaft in der Vergangenheit immer schnöde abgelehnt hatten.

Das kam auch uns armen Euro-Schluckern zugute, die auf Nachschub aus der Heimat angewiesen waren, um sich hinreichend ernähren zu können. Oder warm einzukleiden. Denn trotz unseres Großeinkaufs an Wandersachen in der Schweiz hatten wir die Jacken nach einem Blick auf die Preisschilder dann doch lieber in Konstanz erworben.

Das aber hatte ein anderes Problem aufgeworfen: den Zoll. Denn der passfreie Grenzverkehr macht, um es mal überspitzt zu formulieren, beim nackten Menschen halt. Was er am Leibe trägt, muss er unter Umständen verzollen – jedenfalls, wenn es neu ist und einen bestimmten Wert übersteigt. Da wir – ein solcher Kaufausflug muss sich schließlich lohnen – es nicht bei ein paar gesteppten Jacken belassen hatten, plagten Katja Ängste.

Wahrscheinlich war es wieder einmal das sowjetische Erbe, das allen Bürgern die Furcht vor Behörden eingeimpft hatte. Zu nackter Panik steigert sich diese Angst, wenn Beamte nicht käuflich sind, was wir im Falle von schweizerischen Zöllnern grundsätzlich als gegeben ansahen.

Meine Bemühungen, Katja mit dem Hinweis zu beruhigen, dass der eidgenössische Zoll es nicht auf Textilien, sondern auf wichtigere Konterbande abgesehen habe, fruchteten nicht. Besonders auf illegal eingeführtes Fleisch seien sie scharf, kein Wunder, angesichts der Schweizer Fleischpreise. Halten die Grenzer anderer Länder Ausschau nach Drogen, Waffen oder illegalen Einwanderern, haben es die Schweizer auf Schnitzel, Steaks oder Geschnetzeltes abgesehen. Die Freigrenze ist tatsächlich so lächerlich gering, dass man mit zwei Schnitzelbrötchen als Reiseproviant schon an der Illegalität entlangschrammt.

Zudem geht Katja die kühle Gelassenheit ab, mit der man Zöllner täuschen kann. Sie wird regelmäßig ertappt, weil sie alle Symptome zeigt, auf die ein Lügendetektor ebenso anspringt wie ein erfahrener Grenzwächter: flackernde Wimpern, Schweißausbrüche, zuckende Lippen. Deshalb bereitete sie unseren Grenzübertritt generalstabsmäßig vor: Die Einkaufstaschen verschwanden in Mülleimern, alle potentiell inkriminierenden Beweisstücke wie etwa Kassenzettel wurden in kleinste Fitzelchen zerrissen und ebenfalls entsorgt.

Schließlich entschied sie, dass wir die Jacken anziehen und so tun sollten, als ob wir sie schon lange besäßen. An dieser Idee wäre grundsätzlich nichts auszusetzen gewesen, wenn es nicht August und einer der heißesten Tage des Jahres wäre. Dieser Widerspruch konnte auch dem Zöllner nicht verborgen bleiben, dem wir uns – eingemummt wie zwei Michelin-Männchen – näherten. Er ließ uns kopfschüttelnd passieren, nachdem ich etwas von einem plötzlichen Fieberanfall gestammelt hatte. Glücklicherweise hatte er das Preisschild nicht entdeckt, das auch Katja bei der hektischen Beseitigung des Beweismaterials übersehen hatte.

Zu warm für die Jacken war es freilich auch jetzt, auch wenn der Fahrtwind auf dem Deck der Fähre nach Wädenswil ein wenig Linderung brachte.

Der Typ aus dem Bilderrahmen hatte sich inzwischen als Diethelm vorgestellt. »Mit i-e, nicht mit langem i«, wie er präzisiert hatte. »Dijethelm, nicht Diiithelm.«

Katja zeigte sich unbeeindruckt: »Also so wie Diät-Cola, richtig?«

Diethelm wollte sich schier ausschütten vor Lachen über diesen Scherz. Er blickte von Katja zu mir und wieder zurück, als ob er sich nicht entscheiden könne, wen von uns beiden er für entzückender hielt. Ich hatte ohnehin mit wachsendem Unbehagen registriert, wie ungeniert er Katja, aber auch mich musterte. Und einmal ertappte ich ihn sogar dabei, wie er neckisch zwinkerte und die Lippen zu einem angedeuteten Kuss spitzte – nachdem er mich angesehen hatte.

Dass Katja die Aufmerksamkeit von Männern auf sich zieht, weiß ich, seitdem ich sie kenne. Sie sind oft nicht unbedingt ihr Typ Mann, aber das kann man sich nicht immer aussuchen. Dass mich zuweilen Frauen attraktiv finden, weiß ich aus meiner Zeit als Radiosprecher. Die Schwärmerei der Damen verpuffte dann recht rasch beim ersten Augenschein. Aber Luftküsse von Männern? Ich beschloss, mich von Diethelm fernzuhalten.

Auf dem Bahnsteig hatte Doris kurz den Verlauf des Tages skizziert. Aus dem Zug würden wir in den Postautobus umsteigen und von dort in einem Sessellift zu einem Berggasthof emporschweben. Katja nickte mir zu. Bis jetzt hörte es sich an, als ob die Tour durchaus zu bewältigen sei.

»Bevor wir aufbrechen, machen wir im Gasthof einen Kaffeehalt«, fügte Doris nach einer Kunstpause und unter allgemeinen Hochrufen hinzu. Ich warf Katja einen bedeutungsvollen Blick zu und rückte meinen tonnenschweren Rucksack auf dem Rücken besser zurecht.

»Nach drei Stunden etwa sind wir wieder am Ausgangspunkt zurück für ein spätes Mittagessen. Es hat drei Menüs zur Auswahl – Hackbraten, Käsespätzli oder eine Bündnergerstensuppe für den kleinen Appetit.« Aufmunternd blickte Doris in die Runde. »Hoffentlich schleppt ihr euch nicht mit Proviant ab.«

Katja schüttelte den Kopf und lächelte. Sie log nicht. Den Rucksack trug ja ich.

»Einige von euch werden es schon gemerkt haben«, rief Doris nun in die erwartungsvoll lauschende Gruppe. »Das ist ein Widmer-Wanderweg.«

Ein aufgeregtes Raunen hob an, aus dem die Wörter »super«, »echt flott« und »Widmer« herauszuhören waren. Thomas Widmer ist ein Schweizer Journalistenkollege, der vor allem als Verfasser von Kolumnen und Büchern über das liebste Hobby der Schweizer bekannt ist. »Wo Thomas Widmer hintrat, füllen sich noch Wochen später Postautos und Bergbeizen«, jubelte einmal ein Leser. In einem Land voller Wanderer ist Widmer so etwas wie der Goldstandard der Wanderzunft. Seine Handbücher mit dem Titel »Zu Fuß« fehlen in keinem Rucksack. Wandern ohne »Zu Fuß« sei wie »Autofahren ohne Sprit, Fliegen ohne Bord-Entertainment und Fahrradfahren ohne Pedale«, urteilte ein anderer begeisterter Leser.

Bis zur Kaffeepause war es mir gelungen, Diethelm von mir fernzuhalten. Doch kaum waren wir auf den Wanderweg eingebogen, lief er schon wieder neben mir her. Ich fühlte mich an eine Klette erinnert, wie sie Wanderern, zumal in der Schweiz, ohnehin das Leben schwermachen. Ich versuchte Diethelm von Georges de Mestral zu erzählen, einem Naturburschen aus der Westschweiz, den die Kletten an seinen Wanderstrümpfen zur Erfindung des Klettverschlusses inspiriert hatten.

Diethelm war eindeutig nicht interessiert, weder an Kletten noch an erfindungsreichen Welschschweizern. Sein Gehirn war ausschließlich in eine Richtung gepolt: Sex.

»Siehst du die da drüben«, deutete er zur Spitzengruppe unseres Trupps hinüber, der sich bereits merklich auseinanderzuziehen begann. »Die braucht keinen Tittebächer mit denen Smarties unterm Teppich.«

Ich war zunächst einmal sprachlos. »Wie bitte?«, hauchte ich.

»Tittenbecher, ein Bä-Ha. Sie braucht keinen, weil sie nur Smarties unterm Teppich hat, verstehst du? Kein Holz vor der Hütte, wie ihr Bayern sagt.«

Diethelm verstummte kurzzeitig, um eine steile Steigung zu nehmen. Schwer atmend nahm er den Faden wieder auf.

»Ich mag sie ja gerne ein bisschen größer.« Vielsagend nickte er nach vorne, wo auch Katja in einer kleinen Gruppe mitlief.

»Am besten siehst du das natürlich beim Nacktwandern«, wandte er sich wieder mir zu. »Kennst du das? Ich bin ein großer Fan.«

Ich teilte ihm mit, dass wir als Wanderer generell Novizen seien und dass wir deshalb beim ersten Mal lieber die Kleider anbehalten wollten. Ganz zu schweigen davon, wie viel sie uns gekostet hätten.

»Außerdem würden wir uns in null Komma nichts Blasen laufen mit unseren unabgehärteten Füßen«, ergänzte ich.

»Aber nein, nackt wanderst du doch nicht mit afrikanischen Freizeitschuhen.«

»Afrikanische Freizeitschuhe?«

»Barfuß. Das heißt barfuß. Kleiner Witz. Wichtig beim Nacktwandern sind warme Füße und ein Kopfschutz.«

Er zwinkerte mir vieldeutig zu.

»Aber zwischen Kopf und Fuß – anything goes.«

Vor meinem geistigen Auge materialisierte sich ein Bild Diethelms mit Tirolerhut und Haferlschuhen und einem rhythmisch schwingenden Bonsaipendel irgendwo in der unteren Körpermitte.

Ich hatte schon gehört von diesen Schweizer »Zipfelstürmern«, aber die Erzählungen eher in den Bereich blühender Phantasie verwiesen. Wort- und Anführer der Bewegung, so hatte ich gelesen, sei ein gewisser Puistola Grottenpösch. So aber konnte noch nicht einmal ein Schweizer heißen, dachte ich mir. Es musste sich um eine Romanfigur aus der Feder von Walter Moers handeln.

Doch nun trabte ein leibhaftiger Nacktwanderer neben mir her, auch wenn er momentan, gottlob, bekleidet war. Bestätigte dies nicht wieder meine Theorie von den Schweizern? Dass sie es hinter der Fassade von Biederkeit faustdick hinter den Ohren haben? Wenn man nur aufmerksam genug hinschaut, erkennt man es sogar an vermeintlichen Kleinigkeiten: Wo sonst etwa haben die Automaten, die auch noch im kleinsten Dorf auf dem Bahnsteig das Notwendigste für die Reise verkaufen, gleich neben den Kondomen Schwangerschaftstests geladen? In diesem Sinne gleichen die Schweizer ihren Bergseen: trügerisch still und abgründig tief. Und wehe, der Föhn peitscht sie auf.

Skeptisch sah ich Diethelm von der Seite an. Dann sagte ich das Erste, was mir bei seinem Anblick in den Sinn kam:

»Sag mal, wenn du nackt durch die Natur läufst, ist das nicht Erregung öffentlichen Ärgernisses?«

»Nein, solange du keine eindeutig-zweideutigen Absichten verfolgst, ist es okay. ›Schlichtes, nicht mit sexueller Absicht verbundenes Nacktsein ist nicht strafwürdig‹, heißt es in einem Bundesgesetz. Und solche Absichten verfolgen wir nicht, na ja, nicht immer. Wichtiger ist das Gefühl der Freiheit: Die Sonne streichelt dich mit ihren Strahlen, sanft prasselt der Regen auf die Haut, ein Windstoß umschmeichelt den Körper und zaubert je nach Temperatur einen leichten Schauer oder eine Hitzewallung hervor.«

»Regen?«, unterbrach ich Diethelms lyrische Ergüsse. »Soll das heißen, dass ihr auch bei schlechtem Wetter nichts anhabt?«

»Wir gehen auch im Winter raus, was denkst du? Hauptsache, es weht kein starker Wind. Du musst es so sehen: Du als Textilwanderer wanderst im Schatten deiner Thermounterhose, aber ich spüre die Wärme der Sonne auf der Haut.«

»Da macht die Outdoor-Branche aber kein Geschäft mit euch?«

»Wo denkst du hin. Die unterstützen uns. Es gibt sogar eine besondere Nacktwanderhose.«

»Ist das nicht ein Widerspruch in sich?«

»Nein, die hat extraweite Beine, damit du mit den Schuhen reinschlüpfen kannst, wenn du dich schnell verhüllen musst. In Appenzell zum Beispiel. Da haben die das Nacktwandern ja verboten. ›Das Tragen einer Hose kann einen Wanderer in seinen persönlichen Rechten nicht mehr einschränken als das Tragen von Wandersocken, Wanderschuhen und Hut‹, hieß es in der Urteilsbegründung. Aber was wissen die schon?«

Diethelm zog die Stirn kraus.

»Die Richter haben sich wahrscheinlich von Thomas Widmer beeinflussen lassen. Nichts gegen seine Wanderexpertise, aber was er zum Nacktwandern gesagt hat …«

Traurig schüttelte er den Kopf.

»›Schrumpfige männliche Geschlechtspendel mögen die wenigsten Leute sehen‹, hat er geschrieben. Da soll er mal nicht von sich auf andere schließen. Und angeblich ist der Mensch nicht geboren, kleiderlos ins Freie zu gehen – wegen Brennnesseln, Dornen, scharfen Felsbrocken. Schon Ötzi trug Hosen, sagt er. Dass ich nicht lache. Und was ist mit Buschmännern in der Savanne? Die kennst du doch, die mit den schlanken, sehnigen Körpern.«

Bevor Diethelm wieder schlüpfrig werden konnte, versickerte zum Glück das Gespräch, weil uns nun in immer kürzeren Abständen Wanderer entgegenkamen. Die Konvention aber erfordert es, jeden Mann und jede Frau zu begrüßen.

»Grüezi.«

»Grüezi.«

Zehn Schritte weiter.

»Grüezi.«

»Grüezi wohl.«

Das »wohl« ist optional. Ebenso die Grußregeln für Kinder und Hunde. Die kann man grüßen, muss man aber nicht.

Langjährige Kenner der Schweiz haben die Theorie aufgestellt, dass dieses sogenannte »Grüezi-Wandern« von den Schweizern nur deshalb so aufmerksam gepflegt wird, weil ihnen dies eine von wenigen Gelegenheiten im Leben bietet, sich mit anderen ebenso wortkargen Landsleuten verbal auszutauschen.

Jedes Grüezi muss selbstverständlich erwidert werden, was einen tief in jedem Schweizer schlummernden Professor Higgins weckt. So wie sich der Protagonist aus »My Fair Lady« damit brüstete, jeden englischen Akzent auf das Stadtviertel genau bestimmen zu können, so rühmen sich Schweizer der Fähigkeit, jeden Landsmann anhand eines einzigen dahingeworfenen Grüezis punktgenau zu verorten. Fast könnte es als verschärfte Variante des Autobahnspiels durchgehen, bei dem man auf langen Urlaubsreisen Autos aufgrund ihres Kennzeichens Regionen zuzuordnen versucht.

Trifft man zwei oder mehr Personen, so ist unbedingt ein »Grüezi mitenand« zu entrichten. Es dauerte ziemlich lange, bis ich mir die vorwurfsvollen Blicke von Passanten in unserem Dorf erklären konnte, wenn ich ein Ehepaar mit einem schlichten »Grüezi« abgefertigt hatte. Ganz offensichtlich fühlt sich einer der beiden absichtlich geschnitten und zutiefst beleidigt, wenn man ihn in den Gruß nicht einbezieht. Da keiner weiß, wer angesprochen ist, sind sicherheitshalber beide eingeschnappt.

»Wenn sie mehr als drei Meter auseinander gehen, dann grüßt du sie separat«, erklärte mir Lieni nun. »Und ab dreitausend Meter Höhe wird geduzt. Jeder, auch völlig Fremde. Denn da geht man übers ›Grüezi‹ hinaus. Da entspinnt sich ein Gespräch.«

Ein kurzer Zwischenspurt hatte mir einen Sicherheitsabstand zum keuchenden Diethelm verschafft und mich zu Lieni, dem Anführer unserer Gruppe, aufschließen lassen.

Er entpuppte sich als Grüezi-Virtuose von hohen Gnaden. Es gibt Menschen, die für Töne das absolute Gehör haben. Lieni hatte ein solches Gehör für regionale Akzente.

»Effretikon, Kindheit in Schaffhausen«, murmelte er beispielsweise. »Berner Oberland, eindeutig, aber da ist noch was anderes … genau, Olten – der berühmte Oltener Bahnhofsbuffet-Akzent. Wahrscheinlich ein Beamter, der täglich nach Bern pendelt.«

Ich hätte mich nicht gewundert, wenn Lieni an einem schlichten »Grüezi« auch gleich den Familienstand, die Steuerklasse oder die Religion erkannt hätte.

Wir hatten unterdessen zu Katja aufgeschlossen, die sich erstaunlich wacker schlug. Genau genommen schlug sie sich wackerer als ich. Keine Schweißperle glänzte auf ihrer Stirn, und ihr Atem ging ruhig und gleichmäßig wie beim Ziehen an ihrer Zigarette. Im Vergleich dazu ähnelte ich einem venezianischen Galeerensträfling am Abend nach der Schlacht von Lepanto. Ich führte es darauf zurück, dass an mir der Rucksack mit den mitgebrachten Viktualien hing.

Nun aber war Katja etwas aufgefallen, was ihr keine Ruhe ließ: die kleinen gelben Schilder, auf denen neben dem Zielort der Wanderung auch die Zeit angegeben war, die man bis dort brauchen würde.

»Nach Oberrüti waren es zwei Stunden«, wandte sie sich vorwurfsvoll an Lieni, als ob der für die Tafeln verantwortlich sei. »Das war vor drei Stunden, und wir sind immer noch nicht da. Ist das ein Trick? Werden da falsche Angaben gemacht, um die Leute zu Touren zu verleiten, die sie bei klaren Sinnen nie unternehmen würden?«

Offensichtlich hatte meine Frau ihren Finger unabsichtlich in eine schmerzhafte, ja schwärende Wunde gelegt, welche die Schweizer Wandergemeinde seit langem quälte. Lieni schien sich denn auch zu winden, bevor er antwortete.

»Das ist eine schwierige Angelegenheit«, brachte er schließlich hervor, nur um gleich wieder zu verstummen.

»Sag es ihnen doch, wie idiotisch das System ist«, mischte sich Diethelm ein, der mittlerweile aufgeschlossen hatte.

Was sich nun entspann, war ein Dialog über mathematische Formeln, medizinische Feinheiten betreffend Lungenvolumen, Muskelspannung und Gelenkstärke mit Abstechern in die Unwägbarkeiten des Raum-Zeit-Kontinuums im Allgemeinen und dessen spezifische Auswirkungen auf den Alpenraum im Besonderen.

Soweit ich es als blutiger Laie verstand, werden die Zeitangaben auf den insgesamt 100 000 gelben Täfelchen entlang Schweizer Wanderrouten offensichtlich nach einer sogenannten »Gehzeit-Berechnungsformel« ermittelt, deren Parameter die Fitness eines durchschnittlichen Schweizers, die Anzahl der zu bewältigenden Höhenmeter, die Wegbeschaffenheit und vermutlich auch der Reibungswiderstand einer handelsüblichen Wanderhose sind. Verantwortlich für das komplizierte Zahlenwerk ist, das gibt es tatsächlich, der »Dachverband Schweizer Wanderwege«. Früher wurden die Wegzeiten von Hand, wahrscheinlich mit Hilfe eines Rechenschiebers, ausgeklügelt. Heute übernimmt das eine Software.

Das Problem dabei ist einerseits, dass Computer in der Regel selbst nicht wandern und nicht wissen, wovon sie da reden, und andererseits, dass die Grundprämisse der Formel – die durchschnittliche Laufgeschwindigkeit – bereits 1945 festgelegt wurde. Damals aber waren sogar die nicht am Krieg beteiligten Schweizerinnen und Schweizer schlanker, fitter und damit schneller – konkret 4,5 Stundenkilometer schnell. Dieser Wert liegt noch immer den meisten Wegweisern zugrunde, obwohl er 1981 nachjustiert wurde. Damals hatte man festgestellt, dass die Wohlstandsschweizer durch die überschüssigen Pfunde, die sie mit sich herumschleppten, deutlich verlangsamt wurden.

Hinzu kam, dass die jeweiligen Kantone unterschiedliche Vorstellungen vom Leistungsvermögen ihrer Bürger hatten. Am wenigsten trauten Zürich und das ohnehin als langsam verschriene Bern ihren Wandersleuten zu – mit der Folge, dass so manche Wandergruppen aus anderen Landesteilen Stunden zu früh auf einem Gipfel anlangten und gelangweilt mit ihren Wanderstöcken Muster in den Boden ritzten, bevor sie sich auf den Rückweg machten. Andere Kantone allerdings legten die Latte ungebührlich hoch. Vor allem im Zusammenhang mit Graubünden fällt hier immer wieder das Stichwort »sadistisch«. Niemand schaffe die auf Bündner Tafeln vorgegebenen Zeiten. Es häuften sich die Klagen über verpasste Zugverbindungen oder kalte Nächte unter freiem Himmel, da die Schutzhütte wegen der hereinbrechenden Dunkelheit nicht mehr rechtzeitig erreicht werden konnte.

Erst 2006 einigten sich die chronisch eigenbrötlerischen Kantone auf eine schweizweit einheitliche Berechnungsgrundlage. Bis das Problem zufriedenstellend gelöst ist, dürften freilich noch viele Jahre vergehen. Denn die Schweiz wäre nicht die Schweiz, wenn sie nicht auch die Tafeln an den Wanderwegen qualitativ herausragend und so gut wie unzerstörbar produziert hätte. Mindestens vierzig Jahre lang halten sie. Sie vor Ablauf dieser Frist mit den neuen Zahlen zu versehen und zu ersetzen, verbietet schweizerische Sparsamkeit: Mit Montage kostet so ein Schildchen immerhin 300 Franken. Man könnte sie natürlich auch in China fertigen lassen. Aber das verbietet der Schweizer Nationalstolz.

»Und dann ist da natürlich noch der Mensch, der größte Unsicherheitsfaktor«, holte Lieni nun sein stichhaltigstes Argument hervor. »Marschiert er stramm durch? Oder verschlägt es ihm den Atem, angesichts der überwältigenden Schönheit unserer phantastischen Natur? Hält er verzückt inne? Wie oft? Wie lange? Hat er gar eine schwache Blase? Kein Computerprogramm der Welt kann all diese Faktoren berücksichtigen.«

»Wie wäre es dann«, wagte ich nun einzuwenden, »wenn man keine Zeiten angeben würde, sondern die Entfernungen in Kilometern?«

Jetzt sahen mich die beiden Schweizer fassungslos an.

»Damit kann doch niemand etwas anfangen«, entrüstete sich Lieni. »Das sagt doch überhaupt nichts aus. Meine Schwester zum Beispiel, die geht locker sieben Kilometer durch eine Shopping Mall. Aber bei den siebenhundert Metern zum Bahnhof streikt sie.«

Wie auch immer man die verbleibende Zeit bis zu unserer Postautobushaltestelle berechnen wollte, wir sollten schleunigst dort ankommen. Denn in den letzten Minuten war es immer kühler geworden. Das merkte ich daran, dass ich zum ersten Mal an diesem Tag nicht im Stillen über meine Steppjacke fluchte. Die Sonne verschwand hinter immer schwärzeren Wolken, und bald schon fielen erste dicke Tropfen.

Verstört blickten unsere Wandergenossen zum Himmel. »Sehr ungewöhnlich für diese Jahreszeit«, hörte ich den einen oder anderen murmeln.

Einige zerrten dünne Plastiküberzüge aus ihren Hüfttaschen und versuchten, notdürftig den Kopf zu bedecken. Aber der Wind verhöhnte ihre Bemühungen, zerrte an den leichten Umhängen und peitschte ihnen den Regen ins Gesicht.

Nur eine blieb ruhig im Angesicht des Klimasturzes. Stoisch kramte Katja einen wasserfesten Hut aus ihrem Rucksack, stülpte ihn auf den Kopf und befestigte ihn zusätzlich mit der Kapuze ihrer – natürlich – regendichten Jacke.

»In den Bergen muss man zu jeder Jahreszeit auf alles gefasst sein, nicht wahr?«, verkündete sie der versammelten Runde, als wir uns am Bahnhof von Stäfa trennten. »Aber selbst wenn es geschneit hätte …« Sie beendete den Satz nicht, sondern zog nur demonstrativ einen Handschuh aus der Jackentasche.

Der Regen hatte in dem Augenblick aufgehört, in dem wir uns triefnass in die Sitze des Postautobusses geworfen hatten. Beim Abschied sah die Gruppe aus, als ob man sie gerade aus dem Dschungelcamp herausgewählt hätte: mit nass an den Köpfen klebenden Haaren, tropfenden Klamotten und verschmierter Maskara.

»Das war doch mal ein voller Erfolg«, meinte Katja triumphierend, als wir den Hügel zu unserer Wohnung hinaufstapften. »Ich hätte nie gedacht, dass Wandern so viel Spaß macht. Aber nicht gleich wieder«, fügte sie hastig hinzu, als sie meinen hoffnungsvollen Blick bemerkte. »Da fällt mir ein: Dein Wandervogel Mäuer kommt doch schon bald?«

Das stimmte. Er hatte sich angekündigt, was ich beinahe erfolgreich verdrängt hatte.

»Richtig, aber diesmal haben wir nur Termine in Zürich. Zum Wandern kommt er nicht. Noch nicht.«

Neun

Schweizer hängen große Glocken an glückliche Kühe. Was sie nicht tun, ist, irgendetwas an die große Glocke zu hängen. Wenn es um Zurückhaltung, Diskretion, Unauffälligkeit und Bescheidenheit geht, dann können sogar die einschlägig berühmten Engländer von den Alpenbewohnern etwas lernen. Manche Ausländer, zumal die nördlichen Nachbarn, nennen dieses Verhalten Duckmäusertum, aber mit diesem Vorwurf können die Schweizer leben. Hauptsache, sie fallen nicht weiter auf.

Wilfried Mäuer ist kein Schweizer. Er ist noch nicht einmal Brite, auch wenn er dies dank seiner Schulzeit in einem feinen englischen Internat fest glaubt. Mäuer ist deutsch auf eine Art, die fast schon ausgestorben zu sein scheint: bellend, bräsig, besserwisserisch. Wenn er den Mund aufmacht, um etwas zu erklären, dann muss man nur die Augen schließen, um einen preußischen Junker mit Monokel und Pickelhaube vor sich zu wähnen. Unter dem Wort »Haltungsschaden« versteht er, wenn jemand im Gespräch mit ihm nicht die Schultern zurückwirft und den Bauch einzieht.

In schnarrendem Ton fragte er nun schon den dritten Passanten in ebenso vielen Minuten, wo er denn den Club am Rennweg finde. »Ich bin spät dran, es ist ein wichtiges Treffen, und in der Schweiz ist man doch pünktlich, oddr?«

Seitdem ich ihn eine Stunde zuvor in seinem Hotel abgeholt hatte, ging er mir mit diesem »oddr« zunehmend auf die Nerven. Ich hatte ihn sogar diskret darauf angesprochen, aber er hatte sich mit dem Hinweis gewehrt, er spreche damit typisch Schweizer Dialekt. »Man muss sich harmonisch einfügen in ein fremdes Land, mein Bester«, hatte er mich ermahnt. »Das sollten gerade Sie als Auslandskorrespondent wissen. Und ›oddr‹ ist nun mal so schweizerisch wie Raclette.«

Abgestiegen war er im Baur en Ville, wo die Bahnhofstraße sich nach Westen hin öffnet zum Paradeplatz mit den Zentralen der Großbanken UBS und Credit Suisse. Nur wegen der räumlichen Nähe zu den Banken habe er hier gebucht, hatte Mäuer versichert. Normalerweise, so ließ er durchblicken, bevorzuge er ja das schickere Schwesterhotel Baur en Lac unten am See, wenn er nicht gleich oben auf dem Zürichberg im ganz feinen Dolder Grand absteige. Mir konnte er freilich nichts vormachen. Ich wusste, dass die Krise in den Printmedien auch Chefredakteuren eine neue Bescheidenheit bei Auslandsreisen aufzwang. Das Baur am See oder das Dolder hätten schlicht die knapper bemessenen Spesensätze gesprengt.

Deshalb also die Ausrede mit der Nähe zum Bankenplatz. Denn ein Treffen mit Bankern war der Grund für Mäuers Reise. Vorgeblich ging es um eine Recherche über Steuerschlupflöcher und Devisenhandel. Aber Andeutungen, die er über Wochen hin am Telefon gemacht hatte, ließen eindeutig den Schluss zu, dass er Erkundigungen einziehen wollte, wie er sein eigenes Geld am besten bei einem der berüchtigten Zürcher Gnome parken könnte. Als wir nach einem – von mir beglichenen – Begrüßungsdrink an der Hotelbar vor die Tür traten, wedelte er hinüber zu den beiden Bankpalästen. »Praktisch. So nah. Da läuft man nicht Gefahr, dass man überfallen wird, wenn man mit einem Aktenkoffer voller Euros hinübergeht. Ich meine natürlich: *hinüberginge*«, hatte er hinzugefügt, als er meinen musternden Blick sah.

Nicht, dass uns ein Vorstand der UBS oder der Credit Suisse die Ehre gegeben hätte. So weit reichte der Einfluss eines Korrespondenten dann doch nicht, obschon meine Zeitung in der Schweiz ein Begriff war. Insofern unterschied sich die Situation wohltuend von der in Großbritannien, wo sich Gesprächspartner bei der Nennung des Zeitungsnamens meist panisch abwandten, in der falschen Annahme, ich wolle sie bespucken. Und immerhin war Reto Dobel, der Chef einer kleinen Zürcher Privatbank, so gnädig, uns zu empfangen. Vielleicht lag es daran, dass er nicht so viel zu verlieren hatte, wenn er in solche Niederungen hinabstieg, denn mit einer achtzigjährigen Firmengeschichte war sein Institut in den Augen der Zürcher Finanzoligarchie ein lausiger Emporkömmling.

Die Wahl des »Club am Rennweg« als Treffpunkt für das Abendessen unterstrich denn auch, dass es sich um ein junges Unternehmen handelte. Denn dieser Club ist noch jünger als Dobels Bankhaus und wurde von und für Jungunternehmer von unter sechzig Jahren gegründet. Die alte Banken- und Firmenaristokratie sucht man hier vergebens. Dies hatte ich Mäuer jedoch verheimlicht. Er sollte ruhig glauben, dass er in das Allerheiligste des Geldadels eingelassen würde.

Verhältnismäßig jung und jugendlich mochte der Club zwar sein, aber das hieß nicht, dass er Ähnlichkeit mit einem Nachtclub oder einer Disco gehabt hätte. Abstriche in Sachen Diskretion und Understatement wurden nicht gemacht, da unterschied man sich nicht von älter eingesessenen Etablissements. Wer die Adresse nicht kannte, wäre glatt an der schmucklosen Glastür mit dem kleinen Messingschild vorbeigelaufen. Das heißt, wenn er sich überhaupt in die Gasse verirrt hätte, in der die Räumlichkeiten lagen.

Ich kannte den Weg, schließlich hatte ich die Adresse schon vorher ausgekundschaftet. Deshalb waren Mäuers Fragen völlig überflüssig. Aber er war so aufgekratzt und voll Vorfreude wie ein Kind am Vormittag des Heiligen Abends, dass ich ihm den Spaß nicht verderben wollte. Nachdem er einer willkürlichen Auswahl von schätzungsweise einem halben Dutzend Zürchern mit seiner Fragerei seine eigene Bedeutung mitgeteilt hatte, waren wir glücklich an unserem Ziel angekommen und hatten die Mäntel an der Garderobe abgegeben.

Mäuer war noch immer extrem gut drauf, und vielleicht, dachte ich später, hätte ich ihm doch in den Arm fallen sollen. Denn je weiter der Abend voranschritt, umso aufgedrehter wirbelte er umher.

»Na, wie ein Gnom sehen Sie ja nicht gerade aus«, hatte er Dobel begrüßt. »Eher wie ein echter Wilhelm Tell.«

In der Tat überragte der Banker alle Umstehenden um mehr als eine Haupteslänge. Edler Brioni-Zwirn umschmeichelte breite Schwimmerschultern und Gym-gestählte Muskelpakete. Unter der Manschette funkelte eine Patek Philippe hervor (Rolex sind vielen Schweizern eine Spur zu prollig), und die Brille, durch die er Mäuer spöttisch-amüsiert betrachtete, stammte sicher auch nicht von Fielmann.

Dobel hatte seine Pressefrau und einen Kundenbetreuer mitgebracht. Klara Keller war eine blonde Deutsche mit Pagenkopf, die ihre Herkunft aus Duisburg nicht verleugnen konnte. Hansueli Koller sah eher aus wie eine jugendliche Version von Reinhold Messner denn wie ein Banker. Ständig nestelte er an seinem Schlips herum, der ihm die Luft abzuschnüren schien. Er kam aus Bern, dessen Bewohnern in der Schweiz der Ruf vorausgeht, sehr langsam und bedächtig zu sein.

Unglücklicherweise kannte Mäuer dieses Vorurteil. »Aha, aus Bern«, strahlte er Koller an, als er ihm die Hand reichte. »Sagen Sie mal, was ich schon immer wissen wollte: Denken Sie eigentlich auch so langsam, wie Sie sprechen?«

Schallend lachte er dem verdutzten Mann ins Gesicht.

»Nein, nein, Sie müssen mir nicht antworten«, prustete er. »So viel Zeit haben wir nicht heute Abend.«

Ich sah die Umstehenden um Verständnis heischend an und hoffte, dass das Essen meinem Chef den Mund stopfen würde. Dobel und seine Mitarbeiter schienen es jedenfalls mit Fassung zu nehmen.

»Sind Sie mit dem Tram gekommen?«, eröffnete Dobel das Gespräch, nachdem wir unsere Platzkarten studiert und uns hingesetzt hatten. Mäuer saß Dobel gegenüber und neben Klara Keller. Beides hätte ich nicht so arrangiert.

Dass der Banker unverfänglich mit der Straßenbahn begann, war ein klassischer Schweizer Eröffnungszug. In diesem Land fällt man nicht mit der Tür ins Haus, sondern man knetet sich die Atmosphäre zunächst umständlich mit unverfänglichem Smalltalk zurecht. Für Fremde wirkt dies oft, als ob Schweizer um den heißen Brei herumreden wollten. Tatsächlich kreisen sie das Thema und den Gesprächspartner zielstrebig ein.

»Sie meinen wohl: die Tram«, verbesserte Mäuer sein Gegenüber. Grinsend zwinkerte er mir zu. Diese Schweizer, schien er zu sagen, die Aussprache ist ja gewöhnungsbedürftig genug, aber dass sie auch mit der deutschen Grammatik auf Kriegsfuß stehen?

»Die Straßenbahn, aber das Tram«, erwiderte

Dobel unbeirrt. »Ich muss sagen, ich liebe das Tram. Autos erinnern mich an hin und her hetzende Hunde. Aber ein Tram geht unbeirrt seinen vorgezeichneten Weg. Sollen andere herumrennen und nach dem rechten Weg, nach dem Sinn des Lebens suchen. Das Tram hat beides schon gefunden – und bewegt sich auf stählernen Geleisen unaufhaltsam dorthin.«

Ehrlich gesagt war auch ich ein wenig irritiert, angesichts dieser philosophisch verbrämten Lobeshymne auf die Straßenbahn. So recht sah ich nicht, wohin Dobel mit seinen Worten steuerte.

»Also, ich finde die Trams in Zürich ja eher gemeingefährlich«, mischte sich zum Glück die blonde Duisburgerin ein. »Sie schleichen sich lautlos an dich heran, und wenn du es am wenigsten erwartest, klingeln sie dich an, dass du wie angestochen in die Höhe springst.«

An Mäuer war das Gespräch völlig vorbeigegangen. Seitdem er vor Jahren seinen ersten Dienstwagen erhalten hatte, betrachtete er Straßenbahnen nur noch als lästiges Verkehrshindernis für seinen 7er BMW – und nicht als Verkehrsmittel.

»Lassen Sie uns doch über Geld reden«, verkündete er nun fröhlich. »Dazu sind wir doch hier. Und schließlich hat es noch nie geschadet, ein paar Fränkli auf einem Schweizer Konto zu haben, odder?«

Mäuer blickte glückselig in die Runde. Er fühlte sich unter Gleichgesinnten: Menschen, die Dinge bewegen. Menschen, die – wenn auch nur im Kleinen – Geschichte machen. Auf seiner linken Wange glitzerte ein Tröpfchen Butter, das beim Verspeisen der Kartoffeln offensichtlich dort hängen geblieben war. Er bemerkte es nicht. Er bemerkte auch nicht, wie die Temperatur im Raum um mehrere Grad fiel und wie sich die gefühlte Distanz zwischen ihm und den Bankern schlagartig verbreiterte.

Ich beschäftigte mich angelegentlich damit, meiner Forelle das Rückgrat herauszuoperieren. Dies hatte den Vorteil, dass ich nicht hochzublicken und in die versteinerten Mienen der Tischgesellschaft zu sehen brauchte.

Mäuer hatte soeben einen mehr als nur mittelschweren Fauxpas begangen: Er war in die schweizerische Diminutiv-Falle getappt. Und dies ausgerechnet mit jenem Wort, das Schweizer trotz ihrer Vorliebe für Verkleinerungen aller Art nie, nie, nie in den Mund nehmen: Fränkli.

Das liegt vermutlich daran, dass den Eidgenossen der Franken womöglich noch heiliger ist als einst den Deutschen die D-Mark. Heiliger sogar, als jede metaphysische oder überirdische Macht es je sein könnte. Denn sowohl das Herrgöttli als auch das Gschpängschtli erhalten die liebevolle Verkleinerungsendung. (Ein Gschpängschtli ist natürlich nichts anderes als ein kleines Gespenst.)

Willkürlich aber verkleinern Schweizer nicht. Ihre majestätischen Berge etwa bleiben Gipfel. Ein Gipfeli ist jenes flaumige Gebäck, das bei uns Croissant heißt. Und für Banken gilt dasselbe wie für den Franken: Auch sie verharren ungebeugt im

Schriftdeutschen. Ein Bänkli sucht man allenfalls auf dem Weg zum Gipfel auf, um dort ein Gipfeli zu verzehren.

Aber Vorsicht: Nicht jedes Wort, das mit einem -li endet, beschreibt etwas Putziges. Der Rütlischwur auf der gleichnamigen Wiese mag der Dreh- und Angelpunkt Schweizer Selbstverständnisses und Schweizer Geschichte sein. Niedlich ist er definitiv nicht. Und über die Konfiserie Sprüngli würden höchstens deutsche Schoko-Neider Witze reißen, aber kein Schweizer, der weiß, was er an der Traditionsfirma hat.

Verkleinern tut der Schweizer Mann auch die Frauen in seinem Leben, wie jeder weiß, der Heidi gelesen hat. Denn eigentlich hieß das Kind ja Adelheid. Grauenvoll.

Nicht nur durch die Verkleinerung, sondern von vornherein wird jede Frau im Schweizerdeutschen zu einer Sache und damit – so die Vermutung von Hobbypsychologen – harmlos für die Männerwelt: das Manuela, das Gabi, das Claudia. Und in der Schweiz ist sogar der Inbegriff der Weiblichkeit ein Ding: Die Mutter ist »es Mami«, das Mami.

Doch so niedlich das auch klingen mag, ihr Geld nehmen die Schweizer bitterernst. Wenn die Lebensweisheit zahlreicher Millionäre stimmt, dass Geld nur zu dem kommt, der es liebt, dann weiß man auch, weshalb die Schweiz bei jeder neuen Erhebung immer wieder zu den drei reichsten Ländern des Globus gerechnet wird. »Wo kein Geld, da kein Schweizer«, hatte schon der französische Dramatiker Racine erkannt, und wahrscheinlich stimmt auch der Umkehrschluss: Die beiden ziehen einander an.

In jedem Volk gibt es Witze, die einen ersten, archetypischen Vertreter der Nation zum Protagonisten haben – im Zwiegespräch mit Gott. Dem Urschweizer stellte der Schöpfer ein paar Wünsche frei, die er ihm im Handumdrehen erfüllte: majestätische Berge mit satten Almen und Kühe mit prall gefüllten Eutern, aus denen sich der erste Schweizer gleich einen Becher Milch melkte. Auch Gott erhielt ein Glas, und als er sich den Bart gewischt und den Schweizer gefragt hatte, was er nun noch wolle, antwortete dieser, ohne nachzudenken: »Drei Franken fünfzig für die Milch.«

Schweizer halten diesen Witz nicht für komisch und weisen auf einen eklatanten Fehler hin, der klarmache, dass es sich nicht um einen Eidgenossen gehandelt habe: Kein Schweizer, sagen sie, hätte weniger als 4,95 Franken für die Milch verlangt.

Sicher ist, dass die Eidgenossen Geld lieben, ihr eigenes ebenso wie fremdes. Deshalb bieten sie Letzterem seit Jahrzehnten eine sichere Heimstatt vor gierigem Zugriff und Verfolgung. Dabei gibt es regionale Unterschiede. Die Basler, heißt es, sitzen auf dem Geld. Anders die Zürcher: Die stehen drauf.

Aber das tun sie eigentlich in allen Kantonen, zumindest in jenen, in denen deutsch geredet wird. Die Welschen im Westen und im Süden mögen mitunter ein eher entspanntes Verhältnis zu Geld haben, aber auch nur, wenn man sie nicht mit den

Franzosen oder Italienern vergleicht. Grundsätzlich gilt, dass man nicht darüber spricht. Niemals. Geld hat man, oder – auch das soll es geben in der Eidgenossenschaft – man hat es nicht. Aber keines von beidem taugt als Gesprächsstoff.

Dabei ist der Franken eine vergleichsweise junge Währung. Bis 1798 prägte jeder Kanton seine eigenen Taler, Kreuzer, Florins, Dublonen, Dukaten oder Batzen. Das erschwerte zwar den Warenverkehr, dürfte aber die Kopfrechenkünste der Schweizer nachhaltig verbessert haben. Gut denkbar, dass die Sitte des großzügigen Aufrundens ebenfalls in dieser Zeit in Umlauf kam.

Und gemeinsam mit dem Franken – dem man mit freundlicher Verbeugung gegenüber Frankreich den Vorzug vor dem österreichischen Gulden gab – trabte auch der Rappen heran. Mit einem Pferd hat er freilich nichts zu tun. Er geht vielmehr auf einen viele hundert Jahre alten Badener Pfennig zurück. Auf ihm prangte ein Adler, der im Volksmund als »Rabe« verspottet wurde – ein früher Urahn des als Pleitegeier verunglimpften deutschen Adlers. Praktisch, wie sie sind, haben die Schweizer die Ein-Rappen-Stücke schon vor Jahren als letztlich überflüssig abgeschafft. Discounter bieten dennoch weiterhin Deos zu 5,99 an. Abgerechnet werden sechs Franken – ein Nettogewinn, der sich im Verlauf eines Jahres summieren kann.

Sehr zum Verdruss internationaler Kreditkartenunternehmen zahlen Schweizer darüber hinaus so oft es geht bar. Für größere Anschaffungen sparen sie so lange, bis sie die nötigen Mittel zusammenhaben. Und wenn sie schon einmal auf Pump kaufen müssen, dann fühlen sie sich dabei dezidiert unwohl. So wird die Geschichte einer Frau kolportiert, die eine teure Massagematratze auf Raten erwarb. Der Tag der letzten Ratenzahlung war ein ganz besonderes Ereignis: Nun erst packte sie die Matratze aus und setzte sie in Betrieb. Wie sollte es auch anders sein – zuvor hatte sie ihr ja noch nicht gehört.

Diese Einstellung steckt auch hinter der Abneigung gegenüber Daueraufträgen. Der Gedanke, dass fremde Personen Monat für Monat Zugriff auf das eigene Konto haben, raubt dem Schweizer den Schlaf. Da stellt er sich lieber jeden Monat am Postschalter an und zahlt die Stromrechnung oder die Miete in bar ein – zuweilen auch mit Tausendern. Ich habe mit eigenen Augen in meiner Reinigung in Stäfa gesehen, wie eine eher durchschnittlich wirkende Frau eine Rechnung von zwanzig Franken mit einem Tausend-Franken-Schein beglich. Die Note wurde anstandslos entgegengenommen und gewechselt. Was für ein Unterschied zu England! Dort werden an vielen Kassen UV-Lampen und chemische Bäder bereitgehalten, mit denen Fünfzig-Pfund-Scheine auf ihre Echtheit überprüft werden können, falls jemand darauf besteht, mit dieser höchsten – notabene: höchsten – britischen Banknote zu bezahlen.

Anders als die speckigen und zerfetzten Sterlingscheine sind Schweizer Franken zudem stets picobello. Ich kenne niemanden, der jemals einen schmutzigen, zerrissenen, befleckten, beschmierten, ja auch nur zerknitterten Frankenschein gesehen hätte. Ich wäre nicht überrascht zu erfahren, dass Herr und Frau Schweizer allabendlich den Inhalt ihres Portemonnaies einer schonenden Handwäsche unterziehen und die Banknoten anschließend kurz aufbügeln. Möglich wäre es, schließlich werden die Geldscheine nicht aus schnödem Papier, sondern aus einem Nebenprodukt der Baumwollherstellung gewonnen. Und was wäre leichter, als eine Waschanleitung (nicht schleudern) in jene achtzehn Sicherheitsmerkmale einzubauen, mit denen die Schweizerische Nationalbank ihr Geld vor Fälschern schützt. Schließlich ist auf jedem Schein auch in Mikroschrift eine Biographie der Person versteckt, welche den Schein ziert – in allen vier Landessprachen.

Der gute Zustand der Scheine könnte auch daher rühren, dass sie fugenlos in jede Brieftasche passen. Britische Pfundnoten größerer Denomination etwa ragen immer mehr oder weniger über den Rand hinaus, weil sich die Bank of England mental nur schwer von jenen Zeiten verabschieden kann, als man mit einer Zehn-Pfund-Note ein kleines Auto kaufen konnte. Hatte man einen zweiten Geldschein übrig, so konnte man das Gefährt wie unter einer Plane darunter verstecken.

Frankenscheine hingegen sind alle gleich breit. Der Unterschied liegt in der Länge: Jeder nächsthöhere Schein ist exakt elf Millimeter länger als der vorhergehende. Beim Tausender wächst sich das zu stattlichen 18,1 Zentimetern aus. Ganz nebenbei wirkt dieses Arrangement als Inflationsbremse. Denn einen Schein zu einer Milliarde Franken müsste man schließlich schon aufrollen wie Klopapier.

Das Papiergeld ist grellbunt und postmodern. Im Gegenzug scheinen Schweizer Münzen aus einer alten Schatztruhe zu stammen, mit ihrem filigranen Lorbeerlaub und der Abbildung der gestrengen Helvetia mit Stab und Schild. Tatsächlich ist das Aussehen der Münzen seit 1874 unverändert. In diesem Jahr erhob sich die Nationalpatronin, die bis dahin sitzend dargestellt worden war. In Deutschland erinnerte man sich zu dieser Zeit noch an seine Taler, Kreuzer und Heller.

»Sie hatten mir ja geschrieben, dass Sie eine bestimmte Summe bei uns anlegen möchten«, nahm Dobel den Gesprächsfaden wieder auf. »Deshalb habe ich Herrn Koller gebeten, zu uns zu stoßen. Er kümmert sich um die kleineren Portfolios.«

Also daher wehte der Wind. Von wegen Recherche am Bankenplatz Zürich. Mäuer wollte tatsächlich seine Ersparnisse hier parken. Ich merkte, dass sein Blick auf mir ruhte, und legte mir mein unschuldigstes Lächeln zurecht, bevor ich vom Teller aufsah.

»Ja, gute Frage, äh, ja, jetzt haben Sie mich aber nasskalt erwischt«, stotterte er. »Sie kennen doch den alten Witz: Kommt ein Mann in Zürich auf die Bank, um ein Konto zu eröffnen.«

Ich vertiefte mich wieder in die Anatomie meines Fisches. Wie oft wollte er diesen alten Witz denn noch erzählen? Bei der Pointe lachte dann auch niemand. Koller machte sich eine Notiz auf einem Block, den er neben sich liegen hatte.

»Zwei Millionen, fein«, murmelte er. »Sie sind bei mir gut aufgehoben. Ich betreue Kleinanleger.«

Mäuer blieb das Lachen über seinen so gelungenen Witz im Halse stecken. Er klappte den Mund zu und sagte erst einmal gar nichts mehr. »Die zwei Millionen waren die Pointe von meinem Witz«, stotterte er endlich. »Ich dachte nicht an mich.«

Dobel ignorierte die Bemerkung. »Ich schärfe meinen Mitarbeitern immer ein: Um für einen Millionär da zu sein, muss man selber Millionär sein«, sagte er. »Denn dann legen sie sich ordentlich ins Zeug, damit am Ende vom Jahr der Bonus stimmt.«

Mit einem Räuspern meldete sich Mäuer zurück.

»Und Sie selbst könnten mich nicht betreuen?«, wandte er sich an Dobel. Der musterte ihn mitleidig wie einen aus dem Nest gefallenen Vogel, von dem man weiß, dass er die nächste Stunde nicht überleben wird: zwar traurig, aber nichts zu machen.

»Ich werde erst im zweistelligen Millionenbereich aktiv, wissen Sie. Am besten sind Kunden mit fünfzig Mio plus – und denen muss man schon ein bisschen mehr bieten, als den Hund Gassi zu führen. Die verlangen Rundumbetreuung.«

Daran hatte offenbar auch Mäuer für sich gedacht, doch nun sah er diese Aussicht schwinden.

»Ich weiß, dass Investmentbanking neuerdings

schlechtgeredet wird, und ich bin der Erste, der zugibt: Es war nicht alles astrein, was da gelaufen ist.«

Dezent tupfte sich der Bankchef mit der Leinenserviette unsichtbare Krümel aus den Mundwinkeln. Ein verklärter Zug stahl sich in seine Augen.

»Dabei ist Investmentbanking das beste Banking überhaupt. Nie ist man dem Kunden näher. Das hat beinahe eine erotische Komponente. Sie kennen den Kunden, Sie wissen alles über ihn, mehr als sein Lebenspartner, sicher auch mehr als das Finanzamt. Es ist eine wirklich intime Beziehung, denn Sie sind dabei, wenn er reich wird, wirklich reich. Und wenn er dann sein Geld gemacht hat, dann nehmen Sie ihn an der Hand und sagen ihm: Komm, wir gehen jetzt in meine Bank und legen dein Geld dort sicher an. Es wärmt einem das Herz, zu sehen, wie der Kunde dir dann von ganzem Herzen dankbar ist.«

Feierliches Schweigen senkte sich bei diesen Worten über den Tisch.

»Interessant, was Sie da erzählen«, hörte ich mich plötzlich sagen. »Ich habe irgendwo gelesen: Wer schnell viel Geld verdienen will, der muss viel Scheiße fressen.«

»Das haben Sie richtig gelesen.« Dobel sah mich an, als ob er mit seinem Maßschuh in etwas Unappetitliches getreten sei. »Aber glauben Sie mir: Es ist jeden Bissen wert.«

Vor weiteren Peinlichkeiten bewahrten uns die Kellner, die hereinkamen und die Teller abräumten. Inzwischen besann sich Klara Keller, dass es ihre Aufgabe war, für ein entspanntes Verhältnis zur Presse zu sorgen.

»Auf eines können Sie zählen: Vertraulichkeit«, versicherte sie uns. »Das Bankgeheimnis mag zwar letzthin verstärkt unter Beschuss geraten sein, aber Ihre Daten sind bei uns in sicheren Händen.«

Schemenhafte Bilder tanzten durch meinen Kopf: von CDs voller Kundendaten, die an die meistbietende Steuerbehörde verhökert wurden, von Bankern, die mit der Schamlosigkeit von Exhibitionisten im Park Kundendetails preisgaben, um ihren eigenen Kopf aus der Schlinge amerikanischer Staatsanwälte zu ziehen, und von Kundenberatern, die mit dem Handy Kontoauszüge vom Bildschirm abfotografierten. Und Mäuer dachte wahrscheinlich daran, dass sein Korrespondent nun Zeuge seiner geplanten schweizerischen Geldgeschäfte geworden war.

»Genau«, pflichtete nun Hansueli Koller der Kollegin Keller bei. »Das macht den Sexappeal der Schweizer Banken aus: dass wir nicht alles enthüllen. Das ist wie beim Striptease. Nichts ist unerotischer als ein total blutter Körper.«

»Nackt, blutt heißt nackt«, übersetzte ich für Mäuer. Irgendwann muss sich der teure Schwyzerdütsch-Kurs schließlich einmal auszahlen.

Der Rest des Abends verlief nicht so spritzig. Die Schweizer Gastgeber sahen immer wieder verstohlen auf ihre teuren Uhren. Das ist einer der Gründe, weshalb mir dieses Land gefällt:

Schweizer gehen früh zu Bett, aus dem einleuchtenden Grund, dass sie früh aufstehen. Beim Begriff »Nachtschwärmer« denken sie in erster Linie an Schwärmereien, und die überlassen sie anderen, romantischer veranlagten Nationen. Auch ich hänge der These an, dass der frühe Vogel den Wurm fängt. (Was logisch zu Ende gedacht freilich bedeutet, dass lange schlafende Würmer länger leben.)

Erst ganz am Ende, als die Kaffeetassen schon weggeräumt waren, kam noch einmal ein bisschen Leben in die Diskussion. Ob es denn nicht unlauterer Wettbewerb sei, wollte Mäuer wissen, wenn Schweizer Kantone mit lächerlich niedrigen Steuersätzen Unternehmen aus anderen Ländern anlockten.

Mit Steuern, belehrte uns Dobel, habe das gar nichts zu tun, sondern mit Zeitzonen. »Sehen Sie, vom Kanton Zug aus ist es gleich weit nach Asien und nach Amerika«, rühmte er den einzigartigen Standortvorteil. »Jeweils sechs Stunden, da können Sie rund um die Uhr global Geschäfte abwickeln. Morgens dealen Sie mit Asien, nachmittags mit Amerika«, führte er aus.

Mäuer und ich grinsten uns verstohlen an. Da hatten die Schweizer offenbar unbemerkt vom Rest der Welt ihre eigene Zeitzone geschaffen. Swatch Time.

»Jetzt wollen Sie uns wahrscheinlich auch weismachen, dass die Banker keine Schuld an der Finanzkrise haben.«

Ich erschrak. So frech hatte ich meinen Chef noch nie erlebt.

»Was heißt hier weismachen«, grollte Dobel. »Der Fehler liegt bei den Politikern. Die hätten sich nicht einmischen, sondern uns ruhig mal weitermachen lassen sollen. Wir wissen schließlich am besten, was gut ist und was richtig ist.«

»Und wer hat die ganzen Schulden angehäuft?«, wollte Mäuer wissen.

»Ach, lassen Sie mich doch mit den Schulden in Ruhe.« Dobel machte eine wegwerfende Handbewegung. »Alle paar Jahre schlägt wie ein Blitz die Erkenntnis ein, dass Schulden Schulden sind und kein anderer sie zurückzahlen kann als man selbst.«

Ich nickte. Wo er recht hatte, hatte er recht.

»Es stimmt schon, Schulden müssen zurückgezahlt werden, das bestreitet niemand«, fuhr Dobel fort. »Aber wer sagt denn, dass sie unbedingt jetzt gleich beglichen werden müssen, oddr?«

Ja, dachte ich mir. Diese Kleinigkeit können wir getrost Julia und ihrer Generation überlassen. Oder vielleicht gleich deren Kindern.

Als wir draußen auf der dunklen Straße standen, schüttelte Mäuer den Kopf. »Ich weiß ja, dass wir die Banken brauchen«, sagte er. »Aber manchmal machen sie es einem schon schwer.«

»Auf alle Fälle haben Sie morgen einen Termin mit Koller«, erinnerte ich ihn mit maliziösem Unterton.

»Ach, das. Ich bin mir gar nicht mehr sicher, ob ich da hingehen soll. Was planen Sie denn für morgen?«

»Eigentlich wollte ich mit meiner Wandergruppe in die Berge«, sagte ich zögernd. »Aber wenn Sie wollen, dass ich Sie begleite …«

»Nein, nein. Am liebsten würde ich Sie begleiten. Wo wandern Sie denn hin? Sie wissen ja wahrscheinlich, wie gerne ich mich in Gottes freier Natur aufhalte.«

»Och, das weiß man nie vorher. Das ist eine Wanderung ins Blaue.«

Würde mir gerade noch fehlen, dass Mäuer da aufkreuzte und mitmarschierte!

»Dieses Mal wird es wohl nichts, ich habe meine Ausrüstung gar nicht dabei.«

Mir fiel ein Stein vom Herzen.

»Aber Sie müssen mir versprechen, dass wir eine gemeinsame Wanderung unternehmen. Bringen Sie Ihre Frau mit, die habe ich schon lange nicht mehr gesehen.«

Schwer legte sich ein Stein auf meinen Magen.

»Lassen Sie uns doch gleich Nägel mit Köpfen machen.«

Schwungvoll zog Mäuer seinen BlackBerry aus der Sakkotasche und begann, darauf herumzutippen. Zufrieden hielt er mir den Bildschirm unter die Nase.

»Hier, notieren Sie sich gleich diesen Termin. Sich drücken gilt nicht.«

»Dann überlege ich mir am besten eine gute Route.« Wenn er darauf bestand, Katja mitzunehmen, sollte der Wanderweg nach Möglichkeit eben verlaufen und von ausreichend Ausflugsgaststätten gesäumt sein.

»Ach was, bemühen Sie sich nicht. Wissen Sie,

wo ich schon immer mal hinwollte, als alter Fan von Sherlock Holmes? Zu den Reichenbachfällen. Dorthin, wo der große Detektiv sein Ende fand. So oft hat man ja keine Gelegenheit, literarisch zu wandern.«

Zehn

»Was ist das mit diesem Land und seinen Tunnels?« Entnervt warf Julia die Arme in die Höhe und blickte mich streng an, als ob ich es gewesen sei, der Löcher in Bergwände gebohrt und die Familie darin versenkt hätte.

»Sei froh, dass die Schweizer so gute Ingenieure haben, die sich durch die Berge hindurchgraben können«, gab ich kühl zurück. »Sonst müsstest du jetzt oben über den Berg. Oder bist du etwa plötzlich klaustrophobisch geworden?«

»Nee, Röhren kann ich ab, aber jedes Mal, wenn wir in einen Tunnel fahren, verschwindet der einzige einigermaßen coole Sender, den es in diesem Land gibt. Oh my God, warum mussten wir hierherkommen?«

Ich konnte mich natürlich täuschen, aber ich hatte den Eindruck, dass sich Julia noch immer nicht mit unserem Umzug in die Schweiz abgefunden hatte. Zu ihrer großen Erleichterung verbrachte sie die meiste Zeit des Schuljahres an ihrer alten Schule in England.

Doch da gab es noch die Ferien. Julia versuchte zwar, sich bei allen möglichen Freundinnen einladen zu lassen, die praktischerweise in der ganzen Welt verstreut zu Hause waren. Zu ihrem Erstaunen, ja Entsetzen hatte sie jedoch feststellen müssen, dass ihre Freundinnen wesentlich lieber von ihr in die Schweiz eingeladen werden wollten. »Die halten die Schweiz echt für cool«, hatte sie beim ersten Mal gestammelt und sich dabei an die Stirn getippt. Insgeheim hatte wohl einiges von dieser Faszination auf Julia abgefärbt, aber sie hätte sich natürlich lieber die Zunge abgebissen, als dies zuzugeben.

Wir hatten uns also zu viert ins Auto gezwängt auf dieser Fahrt zu der von mir angekündigten, aber nicht preisgegebenen Überraschung. Streng genommen waren wir zu fünft, denn Chico thronte ebenfalls mit auf dem Rücksitz – zwischen Julia und ihrer Freundin Mitsuko. Die beiden Mädchen waren schon seit Jahren BFF, was nicht – wie ich anfangs in meiner Unkenntnis vermutet hatte – für »Barbie Friends Federation« stand, sondern für »Best Friends Forever«. Weil der Weg ins heimische Japan für kurze Ferien oft zu weit war, war uns Mitsuko wie eine zusätzliche Tochter zugewachsen.

»Wartet nur ab, ihr werdet euch noch freuen über meine Überraschung. Das ist mal was ganz, ganz Besonderes.«

»Ja, langsam wird es Zeit, dass du uns mitteilst, wohin wir eigentlich fahren«, mischte sich nun Katja, die bislang versonnen aus dem Fenster geblickt hatte, vom Beifahrersitz aus ein.

Von hinten hörte ich ein halblaut gemurmeltes

»whatever«. Julia hat ein Alter erreicht, in dem sie Einfälle ihres Vaters langweilig, peinlich, abstoßend oder alles drei zugleich findet. Aus diesem Grund habe ich meine Belehrungsversuche schon lange aufgegeben. Ich weiß nicht, wann sie zum letzten Mal andächtig an meinen Lippen hing. Wahrscheinlich war sie fünf, und ich sagte ihr, dass wir nach Disneyland fahren würden. Nun aber überzieht ein glasiger Film ihre Augen, wenn ihr Vater in den Dozenten-Modus wechselt, was ihr das unschöne Aussehen eines ausgestopften Rehs verleiht.

Auch jetzt hätte ich ihr von Herzen gern etwas über die Schweizer Tunnelbaukunst, um nicht zu sagen: Tunnelbaumanie erzählt. Von den vielen Hunderten von unterirdischen Kilometern, von den ingenieurtechnischen Spitzenleistungen. Gleichsam als Fingerübung baut dieses Volk ja schon im Flachland Tunnels. An den Grenzen werden Ausländer begrüßt, indem man sie ohne viel Federlesens ins Erdreich leitet. Wer von Konstanz einreist, verschwindet gleich hinter Kreuzlingen in einer langen Röhre, und ich könnte schwören, dass wir auch bei der Einreise in Basel durch einen Tunnel gefahren sind, der in lichter Höhe über den Rhein führte.

Wie gesagt, all dies musste ich mir verkneifen. Stattdessen kam ich erneut auf den Grund unserer Reise zurück. »Es wird euch bestimmt gefallen«, machte ich mir selber Mut. »Es ist spannend, lustig, abwechslungsreich und in der Natur.«

»Natur?«, tönte es gleichzeitig von Beifahrersitz

und Rückbank. Nur Chico und Mitsuko blieben stumm.

Es gibt bestimmte Reizwörter, auf die meine beiden Frauen blitzartig reagieren. Seit der missglückten Wanderung mit der Seniorengruppe war Katja in höchstem Maße sensibilisiert, wenn die Rede auch nur entfernt auf Natur kam.

»Also, so einen Gewaltmarsch in die Berge mache ich nicht noch einmal mit«, verkündete sie nun mit einer Stimme, die keinen Widerspruch zuließ.

»Nun ja, ein ganz klein wenig werden wir schon laufen müssen. Da, wo wir hinmüssen, fährt kein Auto hinauf.«

Zu spät. Ich hatte das zweite Reizwort ausgesprochen.

»Hinauf? In die Berge? Ohne Seilbahn? Zu Fuß?«

»Verkehrsmittel würden die Kühe stören und ihre Milch sauer werden lassen. Und die Appenzeller nehmen ihre Kühe sehr ernst.«

»Immerhin wissen wir jetzt, wohin es geht: nach Appenzell. Kannst du uns noch verraten, ob nach Innerrhoden oder nach Außerrhoden? Nach Innerrhoden gehe ich nämlich nicht. Dort werden Frauen unterdrückt.«

»Nicht mehr als anderswo«, wandte ich ein. »Und wenn du das Frauenstimmrecht meinst, das gibt es dort inzwischen auch schon lange. Außerdem fahren wir nach Außerrhoden, und es geht nicht um Frauen, sondern um Kühe. Ich habe uns unsere eigene Kuh gemietet, so, jetzt wisst ihr es. Sie heißt Wanda, ist acht Jahre alt, gutmütig und ruhig. Und sie mag es, wenn man sie am Hals krault.«

Die Detonation einer Blendgranate hätte keinen nachhaltigeren Eindruck hinterlassen können als meine Worte. In das Schweigen brach nur die Stimme des Ansagers im Autoradio, der etwas von »e bitzeli Ragn un Nabbl« und vereinzelten »Quöugwüuch-Gewittre« erzählte. Nicht zum ersten Mal wunderte ich mich, dass der Schweizer Rundfunk Nachrichten auf Hochdeutsch verlas, Wetter- und Verkehrsdurchsagen aber im Dialekt. Einen Bergwanderer aus Recklinghausen, einen Autofahrer aus Regensburg berührt eine Regierungskrise in Dänemark nicht unmittelbar. Aber er würde schon gerne wissen, ob sich eine Sturmfront auf ihn zubewegt oder er auf einen Stau zurast.

»Mein Dad hat eine Kuh gekauft«, erklärte Julia ihrer Freundin den Grund für das Schweigen. »Er hat was mit Kühen, ich verstehe es nicht. Vor zwei Jahren hat er meiner Mutter eine Kuh zu Weihnachten gekauft. Die musste aber in Bangladesch bleiben. Wir hatten nichts davon.«

»Erstens habe ich in Appenzell nur eine Kuh gemietet«, stellte ich richtig. »Und die Kuh für Mama war eine Spende an eine Familie in Bangladesch. Eine gute Tat sozusagen. Also ein echt kuhles Geschenk, mit anderen Worten.«

Julia verdrehte die Augen und stöpselte sich Kopfhörer in die Ohren. Mitsuko aber beugte sich nach vorne.

»Das ist ja super. Können wir die Kuh mit nach Hause nehmen? Ich finde, Kühe haben ungeheuer ausdrucksstarke Augen, unergründlich tief wie die Koikarpfenteiche im Schatten von Mount Fuji.«

Schon öfter hatte ich mich gefragt, wer bei der Erziehung seiner Tochter etwas falsch gemacht hatte: wir oder die Eltern von Mitsuko.

Der Rest der Fahrt verlief weitgehend schweigend. Die beiden Mädchen hörten Musik auf ihren iPhones, Chico hechelte vor sich hin und Katja genoss die immer dramatischere Bergwelt, in die wir vorgedrungen waren.

Ich war mir mittlerweile nicht mehr so sicher, ob die Sache mit der Mietkuh wirklich eine zündende Idee gewesen war. Unbewusst war ich wahrscheinlich wieder einmal vom Korrespondenten-Impuls getrieben worden, sich dem Gastland so innig wie möglich anzunähern. Und was könnte schweizerischer sein als Kühe, die in den Alpen für friedlichen Glockenklang sorgten sowie für Käse und Milchschokolade. Fast zwei Millionen Kühe grasen auf Schweizer Wiesen, hatte ich irgendwo gelesen, und so perfekt, wie sie sich im Allgemeinen in die Landschaft einfügten, war ich sicher, dass jede einzelne ihren festen Platz vom Schweizer Fremdenverkehrsverband zugewiesen bekommen hatte. Bei Spaziergängen ertappte ich mich zuweilen dabei, nach Kreuzen auf dem Boden Ausschau zu halten, mit denen die Standorte der jeweiligen Kühe markiert waren.

Warum also nicht eine dieser Milchspenderinnen zeitweise adoptieren? Die Website hatte verlockend geklungen. »Wollten Sie auch schon mal eine Kuh besitzen?«, stand da. »Haben Sie sich auch schon mal gefragt, wie aus saftigem Alpengras Käse wird?« Und schließlich: »Haben Sie schon mal eine Kuh gemolken?«

Ehrlicherweise musste ich alle drei Fragen verneinen. Kühe standen in der Rangliste materieller Güter bei mir nie weit oben. Käse kam letztlich aus dem Kühlregal im Supermarkt, und was das Melken betraf – nun, manche Leute mögen auf ausgefallene Praktiken stehen, aber ich gehöre nicht dazu, nein danke.

Zum Glück hatte ich im letzten Moment nur die Monatskuh für 190 Franken gebucht und nicht die Saison-Offerte. Zweifel waren mir gekommen, als ich gelesen hatte, dass ich bis zu zehn Laib Käse à fünf Kilogramm für siebzehn Franken das Kilo abnehmen müsste. Einen Käseberg Brüsseler Ausmaßes aber wollte ich nicht zu Hause anhäufen. Bei der Monatskuh hielt sich die Zahl der Käselaibe in überschaubarem Rahmen, und wir würden nicht nur ein Erinnerungsfoto von Wanda mitnehmen, sondern sie auch täglich von daheim über eine Webcam im Stall beobachten können.

Irgendwie hatte ich geflissentlich über einen Passus hinweggelesen, in dem gestanden hatte, dass die Alm, auf der Wanda und ihre Kolleginnen uns erwarteten, »nur 50 Minuten Fußmarsch« vom Parkplatz entfernt liege. Wie dubios Zeitangaben auf Schweizer Wanderwegweisern waren, hatten wir ja schon bemerkt.

Endlich angekommen, erwarteten uns die Bauersleute Dominic und Franziska schon vor der Haustür. Wir bemerkten sehr rasch, dass die beiden nicht aus überschäumender Willkommensfreude ins Freie getreten waren, sondern um uns den Zutritt zu ihrem Haus zu verwehren. Zahlende Gäste – »Sie sind im weitesten Sinn jetzt auch Bergbauern«, hatten sie uns in ihrer Bestätigungsmail geschmeichelt – gehörten zu ihren Kühen auf die Alm, und dorthin expedierten sie uns nun ohne Umschweife.

Der Aufstieg verlief im Großen und Ganzen ereignislos, wenn man davon absieht, dass Mitsukos Rollenkoffer bei der ersten Steigung ein Rad verlor. Doch Rucksäcke sind bei Japanern einfach nicht in.

Erwähnenswert ist vielleicht noch, dass Julia mir bittere Vorwürfe machte, weil ich ihr die hochhackigen Schuhe nicht streng genug ausgeredet hatte, Katja mit dem Gesichtsausdruck einer duldenden Maria Magdalena bergan stieg und Chico sich wollüstig im ersten Kuhfladen wälzte.

»Auf der Alm gibt es einen See«, tröstete ich mich und die anderen. »Die Perle des Alpsteins. Dort können wir ihn waschen.«

Die Sonne neigte sich schon zum Horizont, als wir nach gefühlten fünf und gemessenen zwei Stunden Wanderung das Klingen der Kuhglocken hörten. Mitsuko wollte wissen, wie wir Wanda erkennen würden und ob man ihr ein Namensschild ins Ohr getackert habe. Julia maulte, weil der Handyempfang von den Felsriesen rings um uns herum verschluckt worden war, und Katja erkundigte sich, wie viele Sterne das Hotel hätte, in dem wir übernachten würden.

Dies war der zweite Passus auf der Website, den ich zwar gelesen, aber rasch wieder verdrängt hatte.

»Es gibt ein original Appenzeller Bauernfrühstück«, versuchte ich Katja abzulenken. Mit einem deftigen Frühstück, das wusste ich, ließ sie sich gemeinhin ködern. »Mit Appenzeller Käse. Aber den Teller musst du nicht mitessen.«

Katja sah mich verständnislos an. Manchmal vergesse ich, dass sie in Russland aufgewachsen ist und daher in ihrer Kindheit auf Perlen westdeutscher Unterhaltungsmusik verzichten musste.

»Das ist ja schön«, sagte sie spitz und stützte sich schwer atmend auf ihre Oberschenkel. »Aber vor das Frühstück hat der Herr die Übernachtung gesetzt. Also wo, mein Guter, werden wir unsere müden Häupter heute Nacht betten? Ganz zu schweigen von unseren scheintoten Gliedern.«

Nur die Aussicht auf einen zweistündigen Rückmarsch ins Dorf verhinderte, dass Katja in den sofortigen Streik trat. Sie ließ aber keinen Zweifel daran, dass sie einer Nacht im Heu überhaupt nichts Romantisches abgewinnen konnte und ich diesen Rückfall in vorzivilisatorische Zeiten mit einem Wochenende in einem Hotel der gehobenen Luxusklasse, Spa, Wellness und Beauty inklusive, würde wettmachen müssen.

Die Stimmung besserte sich erst, als wir den Senn erblickten, der uns in den kommenden vierundzwanzig Stunden mit unserer Wanda zur Hand gehen sollte. Er sah aus wie ein Bilderbuchschweizer, mit seinem bestickten blauen Hemd, dem Muskelbau eines mittelalterlichen Söldners und verschmitzten Augen unter einer wuscheligen blonden Tolle.

»Holy Cow«, hörte ich, wie es der eher stillen Mitsuko entfuhr. »Für den ist immer Platz auf meinem Melkschemel.«

»Das kannst du zweimal sagen«, wisperte Julia zurück.

Sogar Katjas Muskelschmerzen schienen wie weggeblasen zu sein, so leichtfüßig tänzelte sie auf den jungen Mann zu.

»Grützi miteinand, ich bin der Jens.«

Er streckte uns eine Hand entgegen, in der glatt ein ganzes Euter hätte verschwinden können.

»Seid's ihr jetzt zum eerste Mool in den Bergen?«

Irgendetwas machte mich stutzig. Das war kein Schweizerdeutsch, wie ich es bei Urs gelernt hatte. Und es erinnerte schon gar nicht an den sprachlichen Steinschlag, mit dem uns der Bauer unten im Tal begrüßt hatte. Und außerdem: Welcher Schweizer heißt schon Jens?

»Ganz fremd ist es uns nicht.« Mit einer souveränen Handbewegung wischte ich im Halbkreis über die Dreitausender, die uns umstanden. »Allerdings waren wir eher in Österreich als in der Schweiz. Und Sie, wo kommen Sie her? Wie ein Appenzeller klingen Sie nicht.«

»Wir sind ja unter uns.« Verstohlen blickte er sich um. »Und die Kühe hier verstehen ja kein Hochdeutsch. Ich bin aus Stade, Sie wissen schon, nahe bei Hamburg, hinterm Elbdeich.«

Er sprach Stade mit lupenreinem S und T aus, und der Deich klang bei ihm mehr wie ein Daaich.

»Es ist schon mein zweiter Sommer als Senner. Im Herbst studiere ich wieder unten in Sankt Gallen Betriebswirtschaft.«

»Ich wusste ja, dass man Deutsche überall in der Schweiz findet«, sagte ich. »Aber als Senner? Stört das denn keinen?«

»Nö, die meisten Gäste sind sowieso Deutsche, und die sind froh, dass sie auf der Alm jemanden finden, der ihre Sprache spricht. Und den Kühen ist es egal. Und mir ist es auch schnuppe, wenn die Kühe nicht schwarz-weiß gefleckt sind, sondern braun. Kommen Sie, ich zeige Ihnen Ihre Wanda. Sie muss sowieso schon bald gemolken werden.«

Die Website des Bauernhofes hatte alle Kühe namentlich und mit einem Ganzkörperfoto vorgestellt und ein paar Worte über ihren Charakter hinzugefügt. Valerie etwa war nicht in Frage gekommen. Sie wurde als leicht misstrauisch beschrieben, eine Kuh, die nicht gerne auffiel. Ein verstocktes Mauerblümchen, nein, das musste nicht sein. Cindy und Bernadette wiederum galten als eigensinnig. Das konnten wir beim Melken ebenso wenig gebrauchen wie eine »sensible Kuh, die keine lauten Töne mag und schnell die Flucht ergreift«. Das wäre Paula gewesen.

Wanda schien nach der Papierform am besten für uns geschaffen. Aber bedauerlicherweise hatte ihr niemand eine Kurzcharakteristik von uns mitgeteilt. Konkret ausgedrückt: Wie würde sie auf kalte, klamme Städterhände reagieren, die zittrig an ihrem Euter herumzupften? Bald schon wussten wir es: nicht gut.

Wir standen eine Zeitlang unschlüssig um unsere Kuh herum und musterten sie. Julia und ihre Freundin verzogen sich naserümpfend ziemlich schnell, und Chico hatte den Stall erst gar nicht betreten. Irgendetwas in der Luft hatte offensichtlich Hirtenhundgene geweckt, die all die Jahre tief in ihm geschlummert hatten. Er trollte sich auf der Suche nach Schafen, Ziegen oder anderen handlicheren Tieren, die er schikanieren konnte.

Wanda blickte von Jens zu Katja zu mir. An unergründliche japanische Karpfenteiche, wie Mitsuko sie heraufbeschworen hatte, erinnerten mich ihre Augen nicht. So blöde glotzte sie uns an, dass ich schon überlegte, ob wir nicht eine andere, klügere Kuh hätten mieten sollen. War es Oscar Wilde gewesen, der sich über die mangelnde äußerliche Schönheit der Schweizer lustig gemacht hatte? »Sie sind wie Höhlenmenschen«, hatte er in einem seiner periodischen schweizfeindlichen Ausfälle geschrieben. »Selbst ihr Vieh hat mehr Ausstrahlung.« Das war ein bisschen ungerecht. Aber Wilde kannte die Kuh Wanda ja auch nicht.

Mit gemischten Gefühlen nahm ich zudem zur Kenntnis, dass Wanda noch einen vollen Satz Hörner auf dem Kopf trug. Einerseits war das – wie ich mir in einer einschlägigen schweizerischen Fachpublikation vor unserem Ausflug angelesen hatte – gut für die Kuh. Das Absägen der Hörner werde mittlerweile als Tierquälerei betrachtet, denn die Tiere verwendeten die Hörner zur Kommunikation untereinander, hatte da gestanden. Wie man sich das genau vorstellen musste, ob die Natur ihnen einen Sender rechts und einen Empfänger links eingebaut hatte, darüber schwieg sich der Artikel aus.

So weit die gute Nachricht für Wanda. Die schlechte Nachricht für mich war, nun ja – Hörner bleiben eben Hörner.

»Hab keine Angst, du wirst dich am anderen Ende der Kuh aufhalten«, ermutigte mich Katja, die offenbar meine Gedanken erraten hatte. Und mit einem schmachtenden Blick auf Jens fügte sie hinzu: »Die ist doch zahm, nicht wahr?«

Damit war entschieden: Die Aufgabe, die Milch für unseren Käse aus der Kuh herauszulassen, würde wieder einmal an mir hängenbleiben.

Der hanseatische Senn versicherte Katja, dass Wanda keine Kampfkuh sei, und rückte mir einen Melkschemel zurecht. Dann erklärte er mir, wie ich die Hände an die Zitzen zu legen hatte und wie stark ich Druck ausüben sollte. Ganz wichtig war es offensichtlich, die Zitzen zart durch Streicheln und sanftes Zupfen zu stimulieren. »Keine Sorge«, beruhigte mich Jens, »das ist ein natürlicher Vorgang, der jedem Menschen irgendwie vertraut und natürlich vorkommt, auch wenn er noch nie eine Kuh gemolken hat.«

Ich bemühte mich, nicht allzu offensichtlich zu erröten, und zog es vor, das Unternehmen mit einem Computerspiel zu vergleichen, bei dem es zu gleichen Teilen auf feinmotorische Fähigkeiten und auf ein hohes Reaktionsvermögen ankommt.

Was ich zu diesem Zeitpunkt noch nicht wusste: Ich würde auf Level zehn einsteigen müssen, und ich hatte nicht fünf Leben, die ich bedenkenlos verlieren konnte.

Wandas Zitzen fühlten sich an wie belebte, durchblutete Gummizipfel. Recht warm erschienen sie mir, wenn man bedachte, dass sie außerhalb der Kuh an der frischen Luft baumelten und dass es im Stall ziemlich kalt war. Ich hätte gut ein paar Handschuhe an den Fingern vertragen.

Jedenfalls kam ich gar nicht dazu, vorschriftsmäßig zu pressen und zu ziehen. Kaum dass sie meine frostigen Finger an ihrem Euter spürte, zuckte Wanda reflexhaft zurück. Dabei machte sie eine angedeutete Pirouette, was zur Folge hatte, dass mich ihr Hinterteil frontal erwischte und vom Hocker fegte. Benommen lag ich auf dem Rücken im feuchten Stroh und betrachtete ihr Euter von unten. Doch meine eiskalten Hände schienen bei Wanda einen weiteren Reflex ausgelöst zu haben, und der Strahl traf mich mit voller Wucht.

Die Rückfahrt nach Hause am nächsten Tag verlief überwiegend in frostigem Schweigen. Kalt war es auch im Auto, da alle drei Damen auf offenen Fenstern bestanden hatten. Nur so, behaupteten sie, sei der bestialische Gestank zu ertragen, der drei Quellen entströmte: dem Käse, der uns teurer zu stehen gekommen war, als wenn wir ihn im Einzelhandel gekauft hätten, Chico, der sich ausnahmslos in allem gesuhlt hatte, was die Alm einem Hund bieten konnte, und mir selbst.

Denn die Möglichkeiten zur Ganzkörperhygiene waren, wie sich herausgestellt hatte, auf einer Almhütte beschränkt. Vor der Tür stand einer jener Wassertröge, die aus einem ausgehöhlten Baumstamm gefertigt sind und die man aus alten Heimatfilmen mit Gustav Knuth und Liselotte Pulver kennt. Alternativ hätte ich mich in den eine halbe Stunde Fußmarsch entfernten See stürzen können. Doch nach einer weitgehend durchwachten Nacht war ich dazu nicht aufgelegt.

Zwar hatten die Bauersleute in dem Heuschober, der unser Obdach für eine Nacht war, Matratzen ausgelegt. Aber entweder pikte ihre Füllung durch den Bezug, oder die Strohballen um uns herum sonderten besonders spitze Halme ab, die von besonders empfindlichen Teilen unserer geschundenen Körper angezogen wurden. Darüber hinaus unterhielt mich Katja mit halblaut dahingemurmelten Verwünschungen, in denen sich Erinnerungen an frühere Verfehlungen meinerseits, Zorn über die gegenwärtige Lage und prophylaktische Drohungen für den Fall künftiger Fehltritte vermengten.

Spätestens am nächsten Tag wollten alle mitreisenden Frauen nur zwei Dinge: eine heiße, lange Dusche und eine Mahlzeit, möglichst ohne Molkereiprodukte. Denn auch das Bauernfrühstück war hinter den Erwartungen zurückgeblieben. Offensichtlich begannen Appenzeller Senner den Tag frugal mit einer Schüssel Müesli und einem Glas Milch. Wie hatte schon Friedrich Engels so richtig über die Schweizer geschrieben: »Sie beschäftigen sich in aller Gottseligkeit und Ehrbarkeit mit Kühemelken, Käsemachen, Keuschheit und Jodeln.« Das nächste Mal, so überlegte ich mir, sollte ich vielleicht lieber eine Kuh als Aktie erwerben: hohe Rendite, geringes Risiko, hatte die Website versprochen, und zehn Jahre garantierte Dividende in Form von Butter, Joghurt und Käse.

Da es Frau, Tochter, Tochterfreundin und sogar der Hund vorzogen zu schmollen, betrachtete ich umso angelegentlicher und aufmerksamer die Landschaft, durch die wir fuhren. Mir fiel auf, dass sich die von Hausdächern, Bergfirsten und Stangen wehenden Schweizer Fahnen gleichsam durch Zellteilung in den letzten 24 Stunden verdoppelt zu haben schienen. Beinahe fühlte ich mich an die Türkei erinnert, ebenfalls eine Nation mit einer ausgeprägten Flaggen-Obsession. Und sogar die Primärfarben Rot und Weiß waren in beiden Fällen identisch. Parallel dazu wehten überall die lokalen Farben im Wind: die Flaggen der Kantone und der Gemeinden. Sie pendeln zwischen faden Weiß-Blau-Kombinationen wie in Zürich, Zug und Luzern und knalligen Tierdarstellungen wie in Bern, Uri und Schaffhausen.

Die Schweizer sind stolz auf ihre Fahne, und wann immer es geht, hissen sie sie irgendwo. Das ist leicht nachzuvollziehen in einem Land, das stets darauf angewiesen war, Fremden zu überhöhten Preisen Dinge zu verkaufen, die diese eigentlich nicht brauchten: Uhren mit Mondphasen, Messer mit Lupen, Käse mit Löchern. Das weiße Kreuz auf rotem Grund ist denn auch mehr als nur ein staatliches Symbol. Es ist ein eingetragenes

Warenzeichen, so wie der Coca-Cola-Schriftzug (ebenfalls weiß-rot) oder die schlichten Lettern von Google. (Es handelt sich dabei, das nur nebenbei bemerkt, um die Helvetica-Schrift, einen Schrifttyp, der genauso wirkt wie das Land, nach dem er benannt ist: schlicht, aber klar erkennbar, solide rechteckig, ohne Rüschen und Bordüren.) Konsumenten in der ganzen Welt haben es gelernt: Wo Schweizer Farben drauf sind, steckt Schweizer Qualität drin. Da kann man getrost zulangen, auch wenn's ein wenig teurer ist.

Dass jetzt noch mehr Fahnen aus dem Boden wuchsen als üblich, lag am bevorstehenden Nationalfeiertag. Den Schilderungen nach musste es ein besonderer Tag sein – ganz unmartialisch, ohne Vorbeimärsche innerer oder äußerer Natur, ohne bombastische Appelle oder zerknirschtes Gedenken. Stattdessen, so hatte man uns gesagt, feierte die Nation ähnlich entspannt und familiär wie die Amerikaner an ihrem vierten Juli: mit Feuerwerk und Grill im Garten. Letzteres nennen die Schweizer »Grillieren«, aber da sie auch ein Auto »parkieren« statt es zu parken, herrscht wenigstens eine gewisse Konsistenz.

Allerdings war in den letzten Tagen ein unerhörter Skandal ruchbar geworden. Es hatte sich herausgestellt, dass gefälschte Armeekekse in Umlauf gebracht worden waren. Die Ungeheuerlichkeit dieser Guetzli-Imitate rief sogar das Verteidigungsministerium auf den Plan, das gelobte, die Verantwortlichen zu finden und zur Rechenschaft zu ziehen. Die Aufregung war irgendwie verständlich. Armeekekse gibt es nur einmal im Jahr, da möchte man schon am Original knabbern. Zum Glück erwiesen sich wenigstens die in rot-weißes Stanniol eingeschlagenen Riegel mit Armeeschokolade als Bona-fide-Produkte.

Die Schweiz gehört zu jenen glücklichen Nationen, deren staatlicher Geburtstag in die warme Jahreszeit fällt – ebenso wie die USA, Frankreich oder die Mongolei. Die Eidgenossenschaft gedenkt alljährlich am 1. August des Bundesbriefes, in dem die Urkantone Schwyz, Uri und Unterwalden im Jahre 1291 einander den wechselseitigen Beistand im Verteidigungsfall zugesichert hatten.

Am Gründungsmythos mit dem Schwur auf der Rütliwiese hoch über dem Vierwaldstätter See wird ja schon seit langem gekratzt. Im Gegensatz zu Wilhelm Tell freilich sollen die Vertreter der drei Kantone immerhin tatsächliche historische Gestalten gewesen sein, auch wenn sie höchstwahrscheinlich nicht Werner Stauffacher, Walter Fürst und Arnold von Melchtal hießen, wie es die Legende jahrhundertelang behauptet hatte.

Die Tellsage hingegen, die jedes Schweizer Kind aufsagen kann, entpuppt sich bei näherem Hinsehen als genau dieses: eine fromme Sage ohne jeglichen Bezug zur Realität. Wilhelm Tell wurde in der Eidgenossenschaft erst knapp 450 Jahre nach dem historischen Datum durch das Werk des schweizerischen Geschichtsschreibers Aegidius Tschudi bekannt. Dieser importierte den späteren Nationalhelden ausgerechnet aus Dänemark, einem Land, dessen höchster »Berg« nur unwesentlich höher in den Himmel ragt als der Kölner Dom. Als Goethe 1797 bei einer Schweizreise über die Geschichte stolperte, war sie kaum jemandem wirklich geläufig. Großzügig trat er das Thema an den Kollegen Schiller ab, der einen bis heute unverbrauchten Kassenschlager schrieb.

Ein deutscher Dichter und ein dänisches Sujet bescherten den Schweizern mithin ihren langlebigsten und wirkmächtigsten Mythos. Sie haben sich damit arrangiert. Heute beherrscht ein überlebensgroßes Denkmal des vermeintlichen Urschweizers das Parlamentsgebäude in Bern und den Marktplatz von Altdorf.

Als wir uns Stäfa näherten, schienen uns die Bewohner mit Böllerschüssen begrüßen zu wollen. Von allen Seiten krachte, zischte, pfiff und rumpelte es. Chico wurde unruhig. Wenn er etwas nicht abkann, dann sind es plötzliche laute Geräusche. Er scheint jedes Mal zu glauben, dass ein Krieg ausgebrochen ist, und verkriecht sich zitternd und hyperventilierend in fensterlosen Kammern oder Schränken. Grundsätzlich hat uns das noch nie gestört, schließlich wollten wir keinen schussfesten Jagdhund. Als wir noch in England lebten, wo am 5. November zu Ehren der Aufdeckung des Schießpulverkomplottes von 1605 geballert wird, hatte sich unsere Tochter des Problems angenommen und eine Website mit beruhigender Hundemusik aufgetan. Wie groß ihre Liebe zu unserem Hund ist, die sie ansonsten nicht zeigt, lässt sich an der Tatsache ablesen, dass sie ihren Laptop direkt neben den triefenden Lefzen Chicos deponierte.

Da der 1. August in der Schweiz nicht nur ein Feier-, sondern auch ein freier Tag ist, haben die Einheimischen die Gelegenheit, mindestens 24 Stunden lang für das Galafeuerwerk am Abend zu üben. Diese Gelegenheit lässt sich der Schweizer nicht nehmen. Im Alltag auf fast schon mönchisches Schweigen bedacht – in manchen hellhörigen Wohnblocks ist die Benutzung der Wasserspülung nach zehn Uhr abends ausdrücklich verboten –, lassen sie es buchstäblich krachen, wenn sie einen gewissermaßen amtlich genehmigten Vorwand dafür haben – das gilt für Hämmern, Rasenmähen, Weinfassrollen, Laubblasen und Kuhglockenläuten. Oder eben Feuerwerkskörper abbrennen.

»Die Vorliebe der Schweizer für Schießpulver zu besonderen Anlässen ist eines der lustigsten Dinge«, hatte schon Charles Dickens bemerkt. Uns war sie einige Wochen zuvor aufgefallen, als wir an einem friedlichen Samstagmorgen von peitschenden Schüssen aus den Betten gejagt wurden. Sie gellten vom Mühlehölzi, einem Waldstück hoch über uns, über das Dorf und den See. Was wir zunächst für ein Echo hielten, stellte sich rasch als eine Reihe von Gewehrsalven heraus, die auf der anderen Seeseite abgefeuert wurden.

Einen Augenblick lang befürchtete ich, dass die Deutschen die Drohung ihres ehemaligen Finanzministers Peer Steinbrück wahr gemacht hatten und mit mehr als der Kavallerie in der Eidgenossenschaft einmarschiert waren. Ein Blick ins Internet bestätigte mir allerdings, dass an der

Grenze zwischen Schaffhausen und Lindau immer noch Frieden herrschte.

Dennoch traf es mich wie ein Stromschlag, als mir am Briefkasten unser Hausverwalter Baudrillat über den Weg lief. Es waren weniger die Tarnuniform, in die er seinen rundlichen Körper abgefüllt hatte, und die Springerstiefel an seinen Füßen. Was mich erschreckte, war das Sturmgewehr, das er über der Schulter trug. Für meinen Laienblick sah es nicht so aus, als ob es sich um eine Attrappe handelte.

»Grüezi wohl!«, schmetterte er mir entgegen.

»Grüezi«, erwiderte ich zögerlich. Mit dem Kopf deutete ich auf seinen Schießprügel. »Ernstfall, was?«

»Nein, nur die Probe für den Ernstfall. Heute und morgen ist Schießübung für die Stäfner Reserve. Fünf Schuss Einzelfeuer Scheibe A5, einmal zwei Schüsse Kurzfeuer Scheibe B4 in zwanzig Sekunden, einmal fünf Schüsse Schnellfeuer in vierzig Sekunden. Sturmgewehr und Pistole. So was gibt's bei Ihnen in Deutschland ja nicht, oder?«

Die Verachtung für die Schwächlinge drüben im Großen Kanton war deutlich aus seinen Worten herauszuhören. Ich traute mich nicht, ihm zu sagen, dass die einzige Waffe, die ich je in Händen gehalten hatte, ein Luftgewehr in einer Schießbude auf einer Kirmes gewesen war.

»Sie sind wohl bei der Infanterie?«, fragte ich stattdessen. Infanterie war einer der wenigen militärischen Begriffe, die mir als ungedientem Pazifisten geläufig waren. Ich hatte zwar undeutlich im Hinterkopf die Information gespeichert, dass es in der Schweiz eine Art von Kavallerie mit Mauleseln sowie eine von Freund und Feind respektierte Fahrradtruppe gab. Ganz sicher war ich mir aber nicht, und auf keinen Fall wollte ich Baudrillat düpieren. Schon gar nicht, wenn er eine scharf geladene Waffe mit sich führte.

»Nein, nein«, gab er fröhlich zurück. »Ich bin bei der Genie-Truppe.«

»Das hätte ich ja nicht erwartet«, entfuhr es mir. »Ich meine, ich hätte nicht gedacht, dass es in der Schweiz so viele kluge Soldaten gibt«, korrigierte ich mich schnell. »Wie muss man sich das vorstellen? Hat jedes Regiment ein paar Genies, oder sind all die genialen Offiziere in einer Division zusammengefasst?«

Die Wörter »Regiment« und »Division« gehören ebenfalls zu meinem bescheidenen militärischen Grundwortschatz.

»O nein, so viele Gscheiterli haben nicht einmal wir in der Schweiz«, erwiderte er sichtlich geschmeichelt. »Ich bin bei der Ingenieurstruppe. Sie wissen schon, die Straßen bauen und Brücken schlagen.«

»In den Schweizer Bergen erfordert das wirklich ein gerüttelt Maß an Genialität«, räumte ich ein. »Aber ich weiß auch, wie bescheiden Schweizer sind. Nicht einmal Amerikanern würde es einfallen, eine Sondereinheit als ›Genies‹ zu titulieren.«

Baudrillat lachte schallend. »Hacken Sie dem Ingenieur einfach die beiden ersten und letzten

Buchstaben ab. Dann sehen Sie, dass ein Genie in ihm steckt.«

Er blickte auf die Uhr.

»Ich rede und rede und die Zeit rennt weg. Also dann, ich muss los.«

Zackig drehte er sich weg. Fast hätte ich ihm salutiert. Ich hatte ganz vergessen, dass die Schweizer Armee ihr Waffenarsenal in den Kleiderschränken der Nation versteckt. Unwillkürlich hatte ich mir wohl vorgestellt, dass es sich dabei um altväterliche Vorderlader und ein paar rostige Säbel handeln müsse und nicht um modernste Präzisionswaffen, wie sie Bundeswehrsoldaten in Afghanistan einsetzen. Seit mir mein Irrtum klargeworden ist, frage ich mich ständig, was sich sonst noch in Schweizer Haushalten verbirgt. Schützenpanzer in der Garage? Panzerfäuste auf der Tenne? Unbemannte Drohnen im Bootshaus am See?

Leider holen viele Schweizer ihre Knarren aber nicht nur zu den alljährlichen Schießübungen heraus. Jedes Jahr werden 300 Menschen mit Armeewaffen erschossen. Meist töten sie sich selbst mit ihnen, aber manchmal versuchen sie eben auch, mit dem Sturmgewehr Ehekonflikte und Nachbarschaftsstreitigkeiten zu lösen. Seit einigen Jahren gibt es die Möglichkeit, das Privatarsenal im örtlichen Zeughaus zu hinterlegen. Nach letztem Stand hatten 452 Schweizer von dem Angebot Gebrauch gemacht. Eine eher bescheidene Zahl, gemessen an den beinahe zweieinhalb Millionen Waffen, die sich in Privathand befinden.

Aus dem friedlichen Biedermann Baudrillat war in seiner martialischen Verkleidung unversehens einer jener archaischen Schweizer geworden, die jahrhundertelang das Abendland mindestens ebenso in Angst und Schrecken versetzt hatten wie die Türken. Denn Schweizer Söldner kämpften für jeden Feldherrn, in jedem Krieg, und sie kämpften einzig und allein für das, was ihnen wichtig war: Bargeld. Vielleicht hatte Friedrich Engels ja doch recht, überlegte ich mir, als ich Baudrillat in seiner gescheckten Jacke nachsah. Die Schweizer, so hatte er behauptet, seien von den Gebräuchen ihrer Vorfahren nie eine Handbreit abgewichen. »Jeder Versuch der Zivilisation ist an den granitenen Wänden ihrer Felsen abgeprallt.«

Diesen Ruf hatten die Eidgenossen lange Zeit. »Dieses Volk ist abstoßend, hässlich, barbarisch, wild«, lautete seinerzeit das schonungslose Urteil des englischen Kirchenmannes und Philosophen Thomas Morus. »Es ist jeder Lebensgenüsse unkundig und kleidet sich sehr primitiv.« Zumindest der zweite Teil dieses Urteils wird von meiner Tochter geteilt.

Der deutsche Kaiser Maximilian I. sprach von »bösen, groben, schnöden Bauern«, denen »Tugend, Adel und Mäßigung« fehlten. Dabei hatte er vor allem die Unbotmäßigkeit jenes ungewaschenen Pöbels im Sinn, der sich seiner gottgegebenen Obrigkeit in Gestalt von Kaiser, König und Edelmann entledigt hatte. Und noch in den Komödien des französischen Dramatikers Molière wurden Schweizer unausweichlich als lüsterne Dummköpfe dargestellt, die eigentlich nie nüchtern sind. Die Trunksucht hing ihnen lange an. Dostojewski, ausgerechnet der Russe Dostojewski jammerte, »wie besoffen das Ganze« sei. So viele »zügellose und großmäulige Trinker« gäbe es nicht einmal in London.

Mehr als 500 Jahre lang waren die Schweizer eigentlich nur zu einer Sache gut: zum Totschlagen, Plündern, Sengen, Brennen und Vergewaltigen. Einen derart grauenvollen Ruf hatten sich ihre Kämpfer in ganz Europa erworben, dass sich die gekrönten Häupter des Kontinents darum rissen, schweizerische Söldner für ihre Armeen anzuheuern. Mit diesen Schlagetots war der Sieg so gut wie sicher. Dummerweise rekrutierten auch die Gegner im Zweifel Schweizer Kämpfer. Blutige Unentschieden waren oft die Folge.

Fern hallte dieser kämpferische Ruf noch bis in die Neuzeit nach. »Potztausend, das können die Belgier nicht«, tönte schwer beeindruckt Deutschlands letzter Kaiser Wilhelm II., nachdem er ein Manöver der Schweizer Armee beobachtet hatte. Und Herr Baudrillat und seine Eltern und Großeltern sind unerschütterlich davon überzeugt, dass es allein der abschreckenden Wirkung ihrer Kampfbereitschaft zu verdanken war, dass ihr Land in den beiden Weltkriegen nicht von deutschen Truppen besetzt worden war.

In fremde Dienste waren die stämmigen Urner, Glarner, Berner oder Appenzeller Bauernburschen aus den engen Bergtälern allerdings nicht ganz freiwillig getreten. Ihre Väter hatten sie in die Fremde geschickt, weil daheim Not herrschte und sie den Sold brauchten, den ihre Söhne verdienten. In abgewandelter Form hat sich diese unrühmliche Tradition mit den sogenannten Verdingkindern bis weit in die Mitte des 20. Jahrhunderts erhalten. Eltern verdingten ihre minderjährigen Kinder bei Bauern, wo sie wie Sklaven gehalten und ausgenutzt wurden.

Den mittelalterlichen Söldnern war es egal, für wen und für welche Sache sie kämpften – Hauptsache, das Geld stimmte und es gab Action. Von ihren Gräueltaten erzählte man sich nur hinter vorgehaltener Hand: Ihren Gefangenen hackten sie die Füße ab; sie rissen ihnen die Herzen heraus und verspeisten sie. Das vegetarische Käsefondue, so scheint es, hatte sich noch nicht herumgesprochen. Und ihre Stiefel schmierten die Schweizer Söldner mit dem Bauchfett der getöteten Gegner ein. Aber dies hatte wenigstens einen praktischen Nutzen: Als Berg- und Wandervolk kennen sie bis heute die enorme Bedeutung wasserdichten, geschmeidig am Fuß anliegenden Schuhwerks.

Eine lange Entwicklung war also nötig, bevor diese brutalen Raufbolde zu jenen überwiegend netten Schweizern mutiert waren, wie wir sie heute kennen. Männer wie Bruno Ganz, Josef Ackermann oder Emil Steinberger wären sogar für die päpstliche Schweizergarde zu zivil. Heute gelten Schweizer als Musterbeispiele gesitteten Bürgersinns: penibel, ordentlich, ausgeglichen, dazu tüchtig und fleißig und nur gelegentlich geldgierig und profitsüchtig.

Diese 180-Grad-Wende vom ruppigen Berg-Yeti zum sanften Alpen-Yoda haben sie dem französischen Philosophen Jean-Jacques Rousseau zu verdanken. In seinem Roman »Julie oder Die neue Héloïse« erfand er praktisch eigenhändig die Schweiz als Paradies unberührter Bergnatur. Bewohnt wurde es von einem tapferen, freien Volk von Hirten und Bauern, die keine Obrigkeit über sich duldeten. Edle Wilde eben, ganz so wie die von Rousseau zum moralischen Vorbild stilisierten Indianer. Nur eben mit Kühen statt mit Bisons.

Die Frage bleibt nur, ob sie diese Wandlung wirklich hundertprozentig vollzogen haben. Wurden die Aggro-Gene tatsächlich erfolgreich weggemendelt? Fließt in Schweizer Adern nunmehr wässrige Himbeerbrause statt heiß dampfenden Blutes? Sind sie so harmlos, wie sie den Anschein zu erwecken versuchen?

Ich habe Zweifel, und zwar nicht erst, seitdem ich Bilder vom sogenannten Unspunnenfest gesehen habe. Alle sechs Jahre findet diese Art von Älpler-Olympiade statt. Hier treten Männer an, die vor Kraft kaum laufen können. Sie werfen mit einem Trumm von Steinbrocken und ringen einander in einem mit Sägespänen gefüllten Kreis nieder. Dazu tragen sie eine Art XXL-Windel mit praktischen Haltegriffen. Sage keiner, dass die Briten Exklusivrechte auf bizarre Sitten und Gebräuche gepachtet hätten. Und dann gar erst die grauenerregenden Masken, hinter denen sich die Basler oder Luzerner zur Fasnacht verstecken.

Die könnten glatt Freddy Krueger oder Hannibal Lecter um die Nachtruhe bringen.

Den Unspunnen-Matadoren sieht man noch an, dass sie die Nachfahren der schweizerischen Söldner-Soldateska sind. Aber ich bin überzeugt davon, dass noch im wachsgesichtigsten, dünnbrüstigsten Verwaltungsbeamten einer kantonalen Steuerbehörde der ungezähmte alte Bär steckt, der Europa einst in Angst und Schrecken versetzte. So wie kein einziger Vulkan auf der Erde wirklich völlig erloschen ist, so brodelt auch unter der Oberfläche jedes Schweizers glühende Lava.

Für Schweizerinnen gilt das sowieso. Das Sexualverhalten der Eidgenossen ist zwar noch nie hinreichend genau untersucht worden, aber Indizien sprechen dafür, dass in den Schlafzimmern des Landes häufig – übertragen gesprochen – sehr tüchtig ins Alphorn gestoßen und nach Leibeslust gejodelt wird. Man muss nur einen Blick in die Kontaktanzeigen seriöser Tageszeitungen werfen, die wenig der Phantasie überlassen.

Der Schweizer Pornofilmer Michael Ryan (Motto: »Hier fickt der Chef noch persönlich«) enthüllte einmal, dass er seine Streifen am liebsten in der S-Bahn abdrehe, selbstverständlich in der ersten Klasse, die weniger belegt sei, und am Nachmittag, nicht während der – pardon – Stoßzeit. Am besten finde er die Strecke Zürich–Winterthur, sagte er. Diese Mitteilung durchzuckte mich wie ein elektrischer Schlag: Das ist meine Linie, die S 7. Leider steige ich schon vor dem entscheidenden Abschnitt aus.

Sogar das vermeintlich so hausbackene Schweizer Staatsfernsehen möchte da nicht abseitsstehen. Kaum sind in der Silvesternacht die letzten Glockenklänge verhallt, die das neue Jahr eingeläutet haben, schaltet der Sender auf Soft-Porn um. Oder wie soll man es nennen, wenn splitterfasernackte Damen sich bei Rotlicht zu schwülstiger Musik lasziv bewegen? Ja sicher, der Sender nennt das »ästhetische Erotik«. Aber den Spruch kennt man ja.

Alles in allem scheinen sich die Eidgenossen auch in diesem nicht unwesentlichen Bereich auf sich selbst zu verlassen. Es ist mir jedenfalls nichts davon bekannt, dass die ansonsten allgegenwärtigen deutschen Gastarbeiter auch fürs erotische Geschäft herangezogen würden.

Daher dürfte es sich wohl bei jener älteren Zürcherin um eine Ausnahme gehandelt haben, die sich ganz verzückt über einen Kinderwagen beugte. »Was für ein herziges Mädchen Sie da haben«, gurrte sie. Und mit gesenkter Stimme fügte sie hinzu: »Sagen Sie mir doch, wo lassen Sie vögele?«

Elf

Fast jeder, der für einige Zeit in den Vereinigten Staaten lebt, entwickelt nach kurzer Zeit das dringende Bedürfnis, alle fünfzig Bundesstaaten wenigstens einmal gesehen zu haben: von Alabama bis Wyoming, von Florida bis Alaska. Bei mir paarte sich dies mit einer Sammelwut, die wohl am besten mit einer Jagd auf Trophäen gleichzusetzen war: Julia brachte ich aus jedem besuchten Staat ein T-Shirt mit, Katja eine jener Schneekugeln, die beim Schütteln Kunstflocken über den im Glas verschlossenen Sehenswürdigkeiten ausschütten.

Die Realitäten der amerikanischen Topographie und die dem Menschen auf Erden beschiedene Lebenszeit lassen diesen Wunsch nach Vollständigkeit allerdings rasch auf ein überschaubares Maß zusammenschrumpfen. Bei den meisten Ausländern reicht es am Ende für New York, ein bisschen Neuengland und die markanten Eckpunkte Florida, Texas und Kalifornien. Auslandskorrespondenten, in deren Zeit eine Präsidentschaftswahl fällt, kommen darüber hinaus in den zweifelhaften Genuss von Iowa und New Hampshire, wo jeweils die ersten entscheidenden Vorwahlen stattfinden. Immerhin ist das Kapitol von Des Moines sehenswert. Es erinnert stark ans Bundeshaus in Bern. Doch davon später mehr.

Ich weiß nicht, ob Ausländer auch in der Schweiz eine ähnliche Vollständigkeitsmanie entwickeln. Die eidgenössische Konföderation setzt sich aus 23 Kantonen zusammen, wovon sich drei in jeweils zwei Halbkantone aufspalten. Das ergibt in toto 26 mehr oder weniger selbständige Körperschaften, mithin ganz knapp mehr als die Hälfte amerikanischer Bundesstaaten. Dazu kommt, dass die Schweiz von der Fläche her deutlich überschaubarer ist als die USA. Wenn man mit dem Fahrrad unterwegs ist und einem schlingernden LKW ausweicht, kann es leicht passieren, dass man eine Kantonsgrenze quert.

Wenn wir beispielsweise unserem Hund eine Freude machen wollen und in den Zoo-Discounter nach Pfäffikon fahren – eine Strecke von nicht mehr als zwanzig Autominuten –, bewegen wir uns in drei Kantonen: Abfahrt in Zürich, Durchfahrt durch Sankt Gallen, Ankunft in Schwyz. In den USA hingegen gibt es Ranches, bei denen man zwanzig Minuten unterwegs ist, um vom Tor zum Haupthaus zu gelangen.

Wollen wir Julia eine Freude machen – was in der Schweiz je nach Standpunkt entweder sehr schwierig oder wegen eines Mangels an Optionen sehr einfach ist –, dann fahren wir nach Luzern. Dabei durchqueren wir die Kantone Sankt Gallen, Schwyz, Zug und ein Zipfelchen Aargau. Auch dies unterscheidet die Schweizer Kantone von den amerikanischen Bundesstaaten: Ihre Grenzen wurden nicht mit dem Lineal gezogen und sehen daher aus wie missglückte Rorschachtests.

Die Attraktivität Luzerns liegt für Julia übrigens nicht im Vierwaldstätter See, dem Rigi oder in der verwinkelten Altstadt begründet. Vielmehr hat sie bei unserem ersten Besuch eine Secondhand-Boutique entdeckt, die sie – wenn sie beide Augen zusammenkneift und sich in eine Art Trance versetzt – undeutlich an die Läden im Londoner Szeneviertel Camden Town erinnert. Ihre Mutter hat allerdings bis heute nicht verstanden, weshalb ihre Tochter lieber in, wie sie es nennt, muffigen alten Klamotten herumwühlt, anstatt sich in einer modernen Boutique vernünftig einzukleiden.

Jedes Mal, wenn sich zwischen beiden Frauen wieder eine bissige Debatte zwischen »retro« (Julia) auf der einen und »Altkleidersammlung« (Katja) auf der anderen Seite entspinnt, frage ich mich, woher es wohl kommt, dass Frauen, die ja eigentlich als feinfühliger gelten als Männer, diese positive Eigenschaft im Umgang mit ihren eigenen halbwüchsigen Töchtern über Bord werfen wie ein Fischer einen mageren Hering. Würden Männer derart rüde miteinander umgehen, wäre ein Blutvergießen unvermeidbar. Nicht dass meine Tochter mehr Rücksicht auf die Gefühle ihres Vaters nehmen würde. Als ich einmal bemerkte, dass ich aufgrund meines Alters doch sehr gut in die moderne Retroszene passen würde, blickte sie mich sekundenlang mitleidig an: »Es gibt retro, Papa, und es gibt alt. Und du bist … prä-retro.«

Die Boutique in Luzern indes ist für sie eine veritable Schatzkammer, und dass wir auf der Reise dorthin ein halbes Dutzend Kantone besser kennenlernen, hilft immerhin unseren Geographiekenntnissen auf die Sprünge.

Die Schweizer Kantone präsentieren sich übrigens in dramatisch unterschiedlichen Größen. Sie reichen von den relativen Riesen Bern und Wallis hinsichtlich der Ausdehnung und Zürich von der Bevölkerungszahl her bis zu Zwergen wie den beiden Appenzells oder Ob- und Nidwalden. Bei ihnen handelt es sich um Halbkantone, ebenso wie bei der Großstadt Basel, die in die Halbkantone Stadt und Landschaft zerfällt. Irritierend für den Fremden mutet dabei an, dass Bürger von außerhalb der Basler Stadtmauern – der Tennisstar Roger Federer beispielsweise – nicht als »Basselländer«, sondern als »Baselbieter« bezeichnet werden – nach dem Gebiet. Kein Wunder, dass ich anfangs an ein Auktionshaus dachte.

Am schönsten fände ich ja das kaum noch gebrauchte und daher eigentlich zur Verfügung stehende Wort »Basilisk«, um einen Bewohner von Basel zu bezeichnen. Auf alle Fälle würden die Zürcher diesen Vorschlag vorbehaltlos unterstützen, denn sie sind den Baslern spinnefeind.

Konflikte waren denn auch verantwortlich dafür, dass Kantone aufgespalten wurden, in der Regel handelte es sich dabei um religiöse Auseinandersetzungen zwischen Protestanten und Katholiken. Ich war bass erstaunt, als ich erfuhr, dass die Eidgenossen ihren letzten Religionskrieg noch 1847 ausfochten haben.

Heute verlaufen die Frontlinien entlang von Steuersätzen: Einige Kantone unterbieten einander fast schon schamlos, um wohlhabende Bürger oder Großunternehmen anzuziehen. In den Kantonen mit hohen Steuern schwingt man sich zum Ausgleich aufs hohe moralische Ross.

An dem soeben Gesagten erkennt man bereits, dass im Umgang der Eidgenossen miteinander nicht immer eitel Sonnenschein herrschte. Das gilt eigentlich bis zum heutigen Tag, nur mit dem Unterschied, dass sie einander nicht mehr erschlagen, sondern im Wesentlichen nur aufziehen und frotzeln. Gut, ein wenig Gewalt gibt es bei Fußball- und Eishockeyspielen, aber das soll ja auch in Deutschland gelegentlich vorkommen, wenn Schalke gegen Bayern spielt.

In Deutschland käme niemand auf die Idee, Rheinländer und Sachsen, Hanseaten und Niederbayern miteinander zu verwechseln. Landsmannschaftliche Unterschiede bestehen weiter, und sie werden stolz gepflegt. Bevor ich in die Schweiz kam, saß ich jedoch dem Trugschluss auf, dass alle Schweizer letztlich irgendwo gleich seien – mit Ausnahme der französisch und italienisch sprechenden Eidgenossen im Westen und im Süden des Landes. Aber sehr bald stellte sich heraus, dass es offensichtlich mehr Trennendes als Verbindendes zwischen einem Urner und einem Bündner gibt.

Das fängt schon beim Dialekt an. Der klingt in meinen Ohren zwar überall gleich, aber Schweizer versichern mir, dass sie die Herkunft eines Landsmannes allein an seinem Räuspern erkennen können.

Hinzu kam, dass meine geographischen Kenntnisse der Schweiz sehr rudimentär waren. Die beiden Appenzells etwa – das katholische Innerrhoden und das reformierte Außerrhoden – hätte ich eher ganz tief in den Alpen platziert und nicht in Sichtweite der deutschen Grenze. Dazu trug sicher bei, dass Appenzell der Kanton war, der seinen Frauen bis in die 1980er Jahre das Stimmrecht verweigerte. So etwas fällt doch nur Hinterwäldlern ein, und die leben in unzugänglichen Alpentälern.

Außer in dem ebenfalls ziemlich exotischen Kanton Glarus kommen nur noch in Appenzell alle Wahlberechtigten einmal im Jahr in persona auf einem Platz zusammen und debattieren politische Entscheidungen. Abgestimmt wurde bis vor gar nicht so langer Zeit mit einem Degen oder einem Bajonett: Ausweise des freien Mannes. Allein die Tatsache, dass Frauen nicht bewaffnet waren – so lautete seinerzeit ein Argument gegen ihr Stimmrecht –, verhinderte die Teilnahme des weiblichen Geschlechts am politischen Prozess.

In einer 1798 erschienenen »Schilderung der Gebirgsvölker der Schweiz« wurden die Appenzeller als »ein Stolz der Schweizer« beschrieben: »Überall spricht man mit eigenem Wohlgefallen vom Witz und Verstand dieses kraftvollen Bergvolkes und rühmt es dem reisenden Fremden als eines der interessantesten Völker der ganzen Eidgenossenschaft.«

Heute ist diese Wertschätzung mildem Spott über die Kleinwüchsigkeit der Appenzeller gewichen. »Ich bin nicht klein, ich bin kurz«, pflegen die Einheimischen auf üble Witze zu entgegnen. Die Appenzeller genießen in dieser Hinsicht übrigens meine uneingeschränkte Sympathie, schließlich bin auch ich etwas kurz geraten.

Bis ins 20. Jahrhundert führte man den kleinen Wuchs auf eine angebliche Abstammung der wilden Bergler von einem versprengten Stamm der Hunnen zurück, den es in die abgelegene Gegend verschlagen hatte. Tatsächlich glaubt man Ähnlichkeiten mit dem zentralasiatischen Reitervolk zu entdecken, wenn man einen der kleinen, zähen Bauern mit einem Gesicht wie gegerbtes Leder und O-Beinen vor sich sieht. Böse Zungen behaupten übrigens, dass kleine Appenzeller das Resultat über Generationen sorgsam gepflegter Inzucht sind. Die wenigen hochgewachsenen Exemplare hingegen seien auf den »Fremdenverkehr« zurückzuführen.

Die beiden Appenzells werden komplett vom Kanton Sankt Gallen umschlossen, weshalb Galler von den »zwei Kuhfladen« auf ihrem Territorium sprechen. Die Appenzeller wiederum sehen sich als die beiden Goldstücke im Galler Kuhfladen.

Sankt Gallen, wie überhaupt die ganze Ostschweiz, scheint im Rest der Eidgenossenschaft einen ähnlichen Ruf zu haben wie Sachsen-Anhalt oder Mecklenburg-Vorpommern bei Württembergern oder Niedersachsen: der Osten eben, unzivilisiert, ja barbarisch. Ein solches West-Ost- respektive Nord-Süd-Gefälle findet man wahrscheinlich in jedem Land der Welt: Man vergleiche nur den schlechten Ruf des Elsass bei den Franzosen mit der klingenden Reputation, die das deutsche Baden auf der gegenüberliegenden Rheinseite in Deutschland genießt.

Als das Schweizer Bundesverwaltungsgericht von Bern nach St. Gallen verlegt wurde, spielten sich Szenen ab wie seinerzeit beim Umzug der deutschen Hauptstadt von Bonn nach Berlin. »Bünzlig« sei Sankt Gallen, urteilte die restliche Schweiz, was so viel bedeutet wie kleinkariert und spießig. Der einzige Rekord, mit dem die Stadt punkten könne, sei die engste und steilste Eisenbahnkurve Europas, höhnte man.

Für die Schweizer als Bahnfans hätte dies eigentlich ein im Wortsinn zugkräftiges Argument sein sollen, aber es verfing nicht. Eine Buschprämie in Höhe von 5000 Franken pro Beamter, die den Umzug versüßen sollte, wurde nach Sankt Galler Protesten wieder gestrichen. Sie bekämen ja auch kein Geld, wenn sie nach Bern versetzt würden, tobten die Ostschweizer. Der Rest des Landes solle nicht so tun, als sei der Osten ein sibirisches Straflager, stänkerte das »St. Galler Tagblatt«.

Nur wenige Kantone sind so klein wie Appenzell, aber auch die anderen Teilgebiete sind recht überschaubar. Umso deutlicher heben sich die drei Schwergewichte ab: Bern, Basel und Zürich dominieren – jedes auf seine Weise – den deutschen Teil der Eidgenossenschaft. Und weil die deutschsprachige Schweiz eigentlich zu klein ist für drei Städte, die vor Selbstbewusstsein nur so strotzen, befinden sie sich in der Lage dreier Wildwest-Revolverhelden in Dodge City, die einander versichern: »This town ain't big enough for the three of us.«

Doch da sich die Berner, Basler und Zürcher ja schlecht einem anderen Land anschließen können, bleibt ihnen nichts anderes übrig, als sich miteinander zu arrangieren. Dies ist ihnen, mehr recht als schlecht, gelungen, auch wenn Zürich es nie ganz verwunden hat, dass Bern vor 150 Jahren zur Hauptstadt der Konföderation bestimmt wurde. Inzwischen sind die drei Städte durch die hemmungslose Zersiedelung des Landes ohnehin zu einem einzigen formlosen Stadtbrei zusammengewachsen, der nur ab und zu durch ein paar Grünflächen und Wälder aufgelockert wird.

Die Hauptstadtwürde hätte man Bern allerdings kaum streitig machen können. Dazu war die alte Bären-Republik, wie man die Stadt im Mittelalter wegen ihres Wappentieres nannte, zu groß und zu mächtig gewesen. Die Berner Patriziergeschlechter hatten ihre Handelsrouten immer schon gerne durch territoriale Eroberungen abgesichert, und so war Bern in alle Himmelsrichtungen gewachsen. Und obwohl es ein Mitglied der vorgeblich ach so demokratischen Eidgenossenschaft war, galten Rechte und Freiheiten nicht für die von Bern unterjochten Gebiete. Die wurden nicht viel besser als irgendwelche afrikanischen Kolonien behandelt und ausgebeutet.

Die Berner Republik entwickelte sich zu einem ernstzunehmenden Machtfaktor im Europa des Mittelalters, einer Art von venezianischer Republik, nur ohne Gondeln, Galeeren und Dogen. Selbst größere europäische Mächte überlegten sich genau, ob sie sich wirklich mit den Bernern anlegen sollten.

Bern als Hauptstadt war auch ein Zugeständnis an die welschen Schweizer. Denn schon zehn bis fünfzehn Autominuten westlich von Bern beginnt der französische Sprachraum. Von Zürich hingegen braucht man eine Stunde länger nach Genf, und in einem kleinen Land bedeutet das schon einen gewaltigen Unterschied. Überhaupt bemerke ich, dass sich Zürich weitgehend selbst genügt und darin Kapitalen wie London oder Paris nicht unähnlich ist. Wer nur Zürcher Medien verfolgt, erfährt herzlich wenig über Solothurn oder den Thurgau und so gut wie gar nichts aus dem Wallis oder dem Tessin.

Die Altstadt von Bern erstreckt sich auf einem Bergrücken hoch über der Aare, und die Altstadt wird wiederum dominiert vom Bundeshaus, dem Parlamentsgebäude. Als sich die Eidgenossen 1848 ihre Verfassung gaben, da kupferten sie vieles schamlos von den damals noch recht jungen, coolen Vereinigten Staaten ab. Und weil sie schon beim Kopieren waren, nahmen sie auch architektonische Anleihen beim Gebäude des US-Kongresses: überdimensional und mit einer Kuppel, die aussieht wie der Salzstreuer, der bei King Kong und Godzilla daheim auf dem Tisch steht.

Noch frappanter ist die Ähnlichkeit mit dem Kapitol in Des Moines, der Hauptstadt von Iowa. In beiden Fällen erscheint das Gebäude außerdem mehrere Nummern zu groß für das Land. In einem Punkt freilich kann Iowa sicherlich nicht konkurrieren: Die Schweizer Abgeordneten haben vermutlich von allen Parlamentariern den schönsten Ausblick der Welt. Bei schönem Wetter sehen sie am Horizont die Skyline von Eiger, Mönch und Jungfrau im Berner Oberland.

Wohl um dem Verdacht der Gigantomanie entgegenzuwirken, zeichnet sich das politische Bern durch einige sympathische Besonderheiten aus. So dürfte das Bundeshaus das einzig existierende Parlamentsgebäude mit direktem Hotelanschluss sein: Das Hotel Bellevue bildet den Ostflügel. Einst konnte man auch im Westteil nächtigen, doch heute ist im damaligen Bernerhof das eidgenössische Finanzdepartement untergebracht. In einem Land, das die moderne Hotellerie erfunden hat und an seinen Hotelfachschulen den globalen Nachwuchs ausbildet, überrascht die Symbiose zwischen Politik und Gastgewerbe letzten Endes freilich nicht.

Wirklich bemerkenswert ist allerdings, wie volksoffen dieses Parlament ist. Sperrzonen und Bannmeilen, spanische Reiter oder Schützenpanzer sucht man auf dem Bundesplatz vergebens. Sie würden auch nur den Wochenmarkt stören, der hier regelmäßig abgehalten wird.

Und auch die klassische Schweizer Art, Prioritäten zu setzen, lässt sich am Bundesplatz studieren. Das Parlament hat nur die Hausnummer drei. Am Bundesplatz Nummer eins liegt – selbstverständlich – die Nationalbank.

Das Bundeshaus indes kann auch im Gebäudeinneren mit einem schönen Blick aufwarten. Keine Adler oder andere heraldische Fauna schmücken die Stirnwand des Nationalratsaals, sondern ein leicht kitschig-heidihaftes Gemälde einer Schweizer Bilderbuchlandschaft mit See und Bergen. Es zeigt die Rütliwiese oberhalb des Vierwaldstätter Sees und erinnert die Damen und Herren Volksvertreter daran, dass der Mythos ihres Landes nicht auf einem von Blut dampfenden Schlachtfeld begründet wurde, sondern auf einem grünen Anger, auf dem die Kühe weiden.

Die Berner bilden sich freilich nichts darauf ein, dass die Eidgenossenschaft von ihrer Stadt aus regiert wird. Vielleicht haben sie diesen Umstand noch gar nicht kapiert. Es ist ja erst gut 160 Jahre her, und die Berner stehen nicht von ungefähr in dem Ruf, ein wenig langsam zu sein. Zahllose Witze machen sich darüber lustig: »Gestatten, Ueli Hürlimann, Zürich, Verkehrsunfall vor fünfzehn Minuten«, stellt sich eine Seele einer anderen vor, die sie auf dem Weg in den Himmel überholt. »Angenehm«, erwidert der Angesprochene, »Urs Stauffacher, Bern, Schlacht von Morgarten, 15. November 1315.«

Derart gemütlich geht es in Basel, dem zweiten eidgenössischen Schwergewicht, nicht zu. Nicht wenige Schweizer bezweifeln, dass die Basler im engeren Sinne überhaupt zur Schweiz gehören: Sie sind zu fix und zu schlagfertig, sie haben eine zu spitze Zunge und einen mitunter verletzenden Humor. Mit einem Wort: Sie ähneln mehr ihren deutschen und französischen Nachbarn als einem Eidgenossen von rechtem Schrot und Korn.

Genau betrachtet spielt Basel für die Schweiz dieselbe Rolle wie Hamburg für Deutschland: Es ist das Tor zur großen, weiten Welt. Über den Rhein ist die Stadt mit Rotterdam verbunden, und so fließt über den Basler Hafen, was die Schweiz aus dem Ausland braucht. Verständlich also, dass sich auch hier wie in der Hansestadt Händlerdynastien wohlhabender Pfeffersäcke generationenlang die Macht teilten. Ähnliches war zwar auch in anderen schweizerischen Städten der Fall, doch die Basler mit ihrem internationalen Ausblick stellten schon immer eine Ausnahme dar.

Das fängt damit an, dass Basler sich zuerst als Basler identifizieren und erst später irgendwann als Schweizer. Einen ähnlichen Lokalpatriotismus findet man zwar auch in allen anderen Kantonen, ja sogar in den einzelnen Gemeinden des Landes, aber nirgendwo ist er stärker ausgeprägt als hier. Der folgende Dialog zwischen einem Kunden und einem Apotheker ist zwar erfunden, doch alte Basler bezeugen, dass er sich so oder recht ähnlich täglich abspielen könnte.

Kunde: »Sind Sie Apotheker?«

Apotheker: »Ja, sicher.«

Kunde: »Sind Sie schon lange Apotheker?«

Apotheker: »Ja, schon mehr als dreißig Jahre.«

Kunde: »Wo haben Sie studiert?«

Apotheker: »In Basel natürlich.«

Kunde: »Und promoviert?«

Apotheker: »Selbstverständlich. Auch in Basel.«

Kunde, zufrieden: »Gut, dann geben Sie mir bitte eine kleine Packung Heftpflaster.«

Womöglich erklärt sich ein solches Verhalten auch daher, dass Basler sich – so jedenfalls der Vorwurf ihrer eidgenössischen Landsleute – für etwas Besseres halten. Kurz gesagt: Man hält sie für unverbesserliche Snobs. Das gilt vor allem für die Angehörigen alter Händler- und Industriellenfamilien.

Merian, Sarasin und Burckhardt (mit ck und dt) sind die Namen solch alteingesessener Geschlechter, die Gegenstand einschlägiger Witze sind. »Ihre Ahnen sind wohl schon in der Arche Noah mitgefahren?«, wird Herr Burckhardt spöttisch gefragt. »Ganz sicher nicht«, antwortet er bierernst. »Die hatten bestimmt ihr eigenes Boot.« Und Herr Sarasin bedauert zutiefst: »Ich würde Ihnen ja gerne die Hand geben, aber ich habe sie leider gerade im Hosensack.«

Zum Snobismus gesellt sich der Geiz. Sicher, Schweizer gelten generell als sparsam. In einem Land mit kargen natürlichen Ressourcen musste man haushalten mit dem, was man besaß. Den Baslern sagt man sogar nach, dass die Brieftasche ihr empfindlichster Körperteil sei. Und Frau Merian aus dem altehrwürdigen Ratsherrengeschlecht verlangt auf der Basler Hauptpost eine Briefmarke zu einem Franken. »Aber radieren Sie den Preis weg«, insistiert sie. »Es soll ein Geschenk sein.«

Gegen die Basler spricht, dass sie über solche Witze selbst nicht lachen können. Dünnhäutig und leicht eingeschnappt seien sie, kolportiert man im Rest des Landes. Daran ändert auch die Tatsache nichts, dass die Stadt die Faschingshochburg der Schweiz ist (neben Luzern). Es stimmt zwar, dass einmal im Jahr bei dieser Fasnacht wohlerzogene Schweizerinnen und Schweizer alle Hemmungen abstreifen wie eine dicke Daunenjacke im ersten Frühlingssonnenschein und sich in wahre Bacchanalien stürzen, als stünde schon morgen das Ende der Welt ins Haus. Karneval in Rio mag es nicht sein, aber für Schweizer Verhältnisse ganz schön starker Tobak.

Für die Basler wiederum spricht, dass ihr sprichwörtlicher Geiz eine positive Gegenseite besitzt: Wenn es um die eigene Stadt und ihren guten Ruf geht, ist den Bürgern nichts zu teuer. Als die Stadt vor einigen Jahren ein neues Opernhaus brauchte, die öffentlichen Kassen aber leer waren, wurde eines Tages im Rathaus ein Scheck über einen zweistelligen Millionenbetrag zugestellt. Es war eine – anonyme – Spende einer Gruppe wohlhabender Baslerinnen. Sie sahen es als Grundstock für eine noch durchzuführende allgemeine Kollekte. Erstaunlich schnell waren die nötigen Mittel denn auch aufgebracht.

Dieses moderne Mäzenatentum steht auch hinter dem Ruf der Stadt als eine der führenden europäischen Kulturmetropolen: Musik, Theater,

Museen und Galerien haben mitunter Weltniveau. Finanziert wurden und werden sie, ähnlich wie in Amerika, von privaten Wohltätern. »Wenn man in der Schweiz schon von Kultur reden kann«, beschied mich einmal ein Kollege aus unserer Feuilletonredaktion mit fast schon baslerischer Herablassung, »dann sicher nicht in Zürich, sondern höchstens in Basel.«

In Zürich hätte er diese Einschätzung lieber für sich behalten, denn die Zürcher halten sich – nicht ganz zu Unrecht – für das absolute Zentrum der Schweiz in jeder Hinsicht: wirtschaftlich, kulturell, finanziell, international. Nicht politisch, da lassen sie den Bernern gerne den Vortritt. Aber die Schweizer Innenpolitik lässt außerhalb der Landesgrenzen ja ohnehin kaum einen Puls schneller schlagen.

Zürich schielt aufs Ausland und holt sich seine Vergleiche dort. Eine Großstadt sei sie ja nicht, hat der österreichische Schriftsteller Friedrich Torberg schon vor vielen Jahren scharfsinnig beobachtet, aber eine Weltstadt. Und sie zieht tatsächlich die ganze Welt an: die Banker und die Fondsmanager genauso wie die russischen Oligarchen und ihre reichen Gattinnen, die mit kleinen Hündchen und großen Tüten in den Händen von Prada zu Bally und von Tiffany zu Louis Vuitton wandern.

Aber auch für Künstler und Verfolgte war Zürich immer ein Magnet, und oft waren es verfolgte Künstler: Georg Büchner und Thomas Mann, Bert Brecht und Elias Canetti. Lenin heckte zwischen

Nutten und Bohemiens im Niederdorf die russische Revolution aus, Richard Wagner ließ sich zu seinen Wesendonck-Liedern inspirieren, Gottfried Semper baute die Eidgenössische Technische Hochschule (ETH), damit Albert Einstein später einen Hörsaal zum Unterrichten hatte.

Nein, an Selbstzweifeln kranken die Zürcher nicht. Sie sind unbestritten die Alphatiere der Schweiz, und das waren sie schon bei ihrem Eintritt in die Eidgenossenschaft. Die kleinen bäuerlichen Urkantone wussten ganz genau, wen sie sich da hereinholten: einen muskulösen, hungrigen Tiger mit scharfen Zähnen und Krallen. Es war beruhigend, ihn auf ihrer Seite zu wissen, damit er im Ausland lauernde Feinde abschrecken konnte. Aber er war eben auch kein kuscheliges Kätzchen, mit dem man entspannt zusammenleben konnte.

Fast alle Bürgerkriege, die sich die Eidgenossen in ihrer Geschichte lieferten, hatten in der einen oder anderen Form mit Zürich und seinem nicht zu bremsenden Vormachtstreben zu tun. Eine »unersättliche Stadt« nannte sie die deutsche Dichterin Ricarda Huch, »neuer Dinge begierig, aufmerksam hinauswitternd nach allen Himmelsrichtungen, um auszukundschaften, was ihr etwa gefiele«. Und gefallen tat den Zürchern viel. Unaufhaltsam wuchs die Stadt – zog immer mehr Menschen an, wurde reicher und größer.

Ist Basel so etwas wie das Hamburg der Schweiz, so sind die Zürcher den Berlinern am ähnlichsten – jedenfalls in den Augen ihrer Mit-Eidgenossen:

großkotzig, kodderschnäuzig, besserwisserisch und mit einem durch nichts zu rechtfertigenden Selbstbewusstsein gesegnet. Und vor allem reden sie viel zu schnell, fast schon wie Deutsche.

In einem Land wie der Schweiz, das so viel Wert auf Balance, Gleichgewicht und ein gesundes Mittelmaß legt, eckt ein schriller Neureicher wie Zürich umso schmerzhafter an. Denn in Zürich zeigt man – wie grässlich – seinen Reichtum, den man anderswo säuberlich versteckt. Der Ausnahmeunternehmer und Migros-Gründer Gottlieb Duttweiler wurde oft gefragt, warum er seine nicht unerhebliche Körperfülle trotz seiner Millionen weiter in einen klitzekleinen Fiat zwänge. »Ich brauche keinen Cadillac«, sagte er, und klang dabei noch typisch schweizerisch bescheiden. Doch im Nachsatz verriet sich der Zürcher: »Denn ich bin selber einer.«

Und verbürgt ist die Konversation zweier Freunde. »Diesen Perser habe ich in Persien gekauft«, rühmt ein Zürcher seinen edlen Teppich. »Aber den hättest du doch auch in Zürich gekriegt«, hält sein Berner Freund dagegen. »Den Teppich schon«, erwidert der Zürcher, »aber keinen Parkplatz vor dem Geschäft.«

Auf der einen Seite sehr unschweizerisch, ist Zürich andererseits wiederum jene Schweizer Stadt, die sich vorbehaltlos mit der Eidgenossenschaft identifiziert. Glarus und das Wallis, die Romandie und das Tessin, Graubünden oder Basel – sie alle hegen und pflegen lokale Partikularinteressen. Zürichs Partikularinteresse ist das ganze Land –

unter anderem auch deshalb, weil es die Nation als Instrument eigener Politik und eigenen Machtstrebens betrachtet.

Unter diesen Umständen überrascht es nicht, dass die Stadt immer wieder Persönlichkeiten hervorgebracht hat, die turmhoch über das von den Schweizern sorgsam gepflegte Mittelmaß hinausragten. Cäsarische Figuren waren es, überlebensgroß und der Schweizer Sehnsucht nach Konsens abhold. Der mittelalterliche Reformer, Brandprediger und Feldherr Ulrich Zwingli war einer von ihnen, der Unternehmer Alfred Escher ein anderer. Er prägte die Schweiz im 19. Jahrhundert, indem er praktisch im Alleingang die moderne Eidgenossenschaft erfand: die Eisenbahn nebst Gotthardtunnel, die ETH, die Großbank Credit Suisse und das Versicherungswesen.

Kein Wunder, dass diese beiden Herren zu den wenigen Persönlichkeiten gehören, welche die Schweizer mit einem Denkmal geehrt haben. Zwingli steht nicht weit vom Großmünster, seiner Kirche, Escher vor dem Zürcher Hauptbahnhof, den man wohl mit Fug und Recht als seine Kathedrale bezeichnen kann.

Das Recht auf einen Sockel hat in der Schweiz ansonsten höchstens Wilhelm Tell, abgesehen von ein paar prominenten Ausländern wie Charlie Chaplin und Freddie Mercury, die in Vevey und Montreux am Ufer des Genfer Sees zu dieser Ehre kamen. Ansonsten sind dem Schweizer, wenn es um die plastische Darstellung des menschlichen Körpers aus Edelmetall geht, noch immer die Figuren Alberto Giacomettis am liebsten: gesichtslose, dürre Wanderer auf dem Weg ins Nirgendwo.

So absonderlich manche deutschschweizerische Kantone auf Fremde wirken mögen, was die Schweiz wirklich zum Exoten unter den europäischen Nationen macht, sind ihre nicht deutsch sprechenden Landesteile. Ich will mich nicht lange bei den Rätoromanen aufhalten, die angeblich so reden wie römische Legionäre, die zu lange von der Zivilisation abgeschnitten in Graubündner Gebirgstälern lebten. Offenkundig können sich die Bündner selbst nicht darauf einigen, welche Dialektvariante ihrer Sprache – Sursilvan, Sutsilvan, Surmiran, Putér oder Vallader – allgemein verbindlich sein soll. Ein am Reißbrett entworfenes Kunst-Rätoromanisch namens Rumantsch Grischun – gleichsam eine Art von Bergler-Esperanto – hat nur insofern Einigkeit geschaffen, als es von allen Sprechern gleichermaßen abgelehnt wird.

Dieser Sprachenzwist führte unter anderem dazu, dass die fürs Rätoromanische reservierten Teile schweizerischer Banknoten lange nicht beschriftet werden konnten. Denn die Verantwortlichen in der Bündner Hauptstadt Chur konnten sich nicht einigen, ob es beispielsweise auf der 50-Franken-Note nun tschunconta, tschuncànta, tschinquanta oder tschunquanta heißen sollte. Weil die Nationalbank nicht länger warten wollte, druckte sie die Wertangabe vorübergehend neben Deutsch und Französisch ersatzweise zweimal auf Italienisch auf die Scheine – in der berechtigten

Annahme, dass cinquanta dem Rätoromanischen immerhin am nächsten kommt.

Hübsch an Rumantsch ist, dass es als einzige romanische Sprache Umlaute kennt, also Pünktchen über Vokale setzt. Das hört sich dann mitunter so an wie ein Schweizer, der mit seinem schwyzerdütschen Akzent Italienisch spricht. Recht romanisch verspielt wie ein sprudelnder Gebirgsbach plätschert die Sprache dahin, bis sie sich an einem zackigen teutonischen Findling im Flussbett bricht. Echte Italiener akzeptieren Rätoromanisch gar nicht als eigene Sprache, sondern stufen es als einen der zahllosen italienischen Regionaldialekte ein.

Richtiges Italienisch wird angeblich im Tessin gesprochen, dort, wo hinter dem Gotthard die Zitronen blühen. Von der »Sonnenstube« und dem »Südbalkon« der Schweiz schwärmt der Berner, Basler oder Zürcher, wenn er an den südlichsten Landesteil denkt. Ein wenig sieht der Rest des Landes die Italo-Schweizer wie die Franzosen ihre sonnenverwöhnten Überseedepartements Guadeloupe oder Martinique: fremd und vertraut zugleich.

Zum Glück traf mich die Andersartigkeit der welschen Schweiz nicht völlig unvorbereitet, was ich dem Schwyzerdütsch-Kurs zu verdanken habe. Wie jeder gute Lehrer, so sprengt auch Urs hin und wieder bewusst die engen Grenzen rein sprachlicher Wissensvermittlung und führt uns hinaus in die Wunder der Schweizer Welt. Denn wir sollen uns in seiner Heimat ja irgendwann einmal nicht nur sprachlich so trittsicher bewegen wie Steinböcke in den Bündner Bergen.

Diese Landeskundelektionen können die Gestalt eines Volksliedes annehmen, das er uns singen lässt. Oder es sind Großmutters Rezepte aus dem Engadin, die er uns in Mundart gedruckt aushändigt und als Hausaufgabe daheim nachkochen lässt.

Einmal kam Urs aus nicht mehr rekonstruierbaren Gründen auf den Umgang mit Wäsche zu sprechen, präziser gesagt: mit frisch gewaschener, tropfnasser Wäsche. Warum dies der Erwähnung wert war, erschloss sich uns nicht sofort. Wir schätzten, dass auch die Schweizer sie irgendwie trockneten, bevor sie sie wieder anzogen. Doch Urs wies auf ein paar Besonderheiten beziehungsweise Einschränkungen hin.

»Am Sunntig tüend mer dös nöd«, verordnete uns Urs und schaffte es sogar, streng dreinzublicken. »Da wird nöd trocknet. Nümmer.«

Irgendwie schienen wir in der Klasse das dennoch für einen Scherz zu halten, denn wir konnten uns ein Feixen nicht verkneifen. Dass man sonntags in den meisten Schweizer Mietshäusern keine Wäsche waschen durfte, nun, das war sogar uns renitenten Ausländerhirnen irgendwann eingegangen. Schließlich erzeugen Waschmaschinen Lärm, zumal im Schleudergang. Und gelärmt wird in der Schweiz nur zu festgelegten Zeiten und Anlässen. Aber Wäsche aufhängen? Sollte schon das Schnappen einer Wäscheklammer als Lärmbelästigung gelten?

»Dös siiht aifach nöd guet aus«, erklärte Urs, als er unsere grinsenden Gesichter sah. Ach so, eine optische Belästigung, keine akustische. Wir grinsten weiter. Urs machte sicherlich nur Witze.

Hilfesuchend wandte er sich an die einzige Mit-Schweizerin in der Gruppe.

»Etz sag aimol, Regula, bei euch im Tessin tuet mer doch auch kai Wäsch uffhänge am Sunntig«, fragte er sie fast inständig.

Erwartungsvoll wandten wir uns alle der schüchternen Regula zu, die sonst kaum je einen Ton herausbrachte, ohne rot zu werden. Im Alltag saß sie hinter einem Bankschalter, und weil sie so grazil, so scheu und verletzlich wirkte, dachte ich mir manchmal, dass sie es leicht als Auftakt zu einem Überfall missverstehen könnte, wenn ein Kunde sich etwas lauter als üblich nach seinem Kontostand erkundigte.

Nun aber richtete sie sich in ihrem Plastikstuhl zu voller Größe auf und entsprach plötzlich genau der Beschreibung Hermann Hesses für das Tessin als einem »Land von Unschuld und Reife«.

Höchstwahrscheinlich kannte sie das Zitat nicht, aber das machte nichts. Fest blickte sie Urs, dem Zürcher, in die Augen. Hier lehnte sich nicht nur die Bankangestellte Regula Blümli auf, hier erhob sich das ganze Tessin. Stellvertretend für ihre Landsleute zwischen Gotthard und Chiasso würde es Regula den Deutschschweizern heimzahlen, die ihre Heimat jahrhundertelang unterdrückt und misshandelt hatten.

»Wir im Tessin«, sagte sie mit klarer, heller Stimme und nur einer ganz leichten schweizerischen Färbung, »wir im Tessin hängen unsere Wäsche am Sonntag nicht nur auf. Wir waschen sie sogar.«

Was die zweite Behauptung betrifft, so kenne ich den italienischen Teil der Schweiz leider nicht gut genug, um sie bestätigen zu können. Aber ich kann bezeugen, dass gleich hinter Airolo am Südausgang des Gotthardtunnels bunte Wäsche an Balkonen flattert – auch an Sonn- und Feiertagen.

Das sieht aus wie in Bella Italia, aber abgesehen von der Wäsche legen die Tessiner Wert darauf, sich in der Öffentlichkeit nicht so zu verhalten, wie man es gemeinhin Italienern nachsagt. Den Deutschschweizern fällt das zwar nicht unbedingt auf, sie glauben, sich schon mitten in Italien zu befinden, wenn sie aus der Gotthard-Röhre geschlüpft sind. Aber Tessiner betonen ganz bewusst die Unterschiede zu den Verwandten jenseits der Grenze. Dort beäugt man die schweizerischen Neffen und Nichten ohnehin ein wenig scheel – mit einer Mischung aus Spott und Hochachtung darüber, wie sehr Italiener verschweizern können.

Und als Schweizer fühlen sich die Tessiner – und das, obwohl sie viele Jahrhunderte lang als Untertanen von ihren bäurischen Herren aus Uri, Schwyz, Nidwalden und anderswo keine besonders gute Behandlung erfuhren. Doch als ihnen Napoleon 1798 die Wahl bot, sich entweder der von ihm geschaffenen Cisalpinischen Republik in Norditalien oder der Helvetischen Republik auf dem Territorium der alten Eidgenossenschaft anzuschließen, optierten sie bedenkenlos für die schweizerische Variante – unter dem Schlachtruf »Liberi e Svizzeri«, frei sein und Schweizer sein.

Diese Zugehörigkeit haben sie seitdem nie in Frage gestellt, auch wenn sie bis heute innerhalb des Staatsverbandes manchmal zu kurz kommen. Aber sie stellen nun einmal nur fünf Prozent der Gesamtbevölkerung. Statt mit Politikern und Financiers bereichern sie ihre helvetische Heimat denn auch eher mit Künstlern, Sängern und Schauspielern.

Komplizierter sind die welschen Schweizer, wie man die Menschen im französischen Landesteil nennt. Schweizer haben übrigens kein Problem mit dem Adjektiv »welsch«, das in anderen Ländern deutscher Zunge ja negativ besetzt ist. »Rotwelsch« war die Sprache der Gauner, und »Kauderwelsch« umschreibt nicht speziell die Äußerungen eines CDU-Spitzenpolitikers, sondern ganz generell unverständliches Gebrabbel.

In der Schweiz indes nimmt niemand an dem Wort Anstoß, weder die Deutschen noch die Franzosen. Allerdings nennen sich die Bewohner der sechs französischsprachigen Kantone selbst leger »Romands« und ihr Gebiet die »Romandie«. Damit unterstreichen sie, wo sie ihre kulturelle Identität verorten: bei anderen romanischen Nationen nämlich, und ganz besonders bei der »Grande Nation«.

Der Romand teilt mit jedem anderen frankophonen Erdenbürger zwischen Quebec und Côte d'Ivoire die Überzeugung, dass Paris der Nabel des Universums und der Urquell von Kultur und

Zivilisation ist. Deutschsprachige, schon in Bayern oder Bremen, hätten Mühe, Berlin in dieser Rolle zu sehen, ganz zu schweigen von Deutschschweizern oder Österreichern. Der welsche Schweizer hingegen ist zwar gerne Schweizer, aber er kennt keine Berührungsängste gegenüber den Franzosen.

Sie pflegen ja noch nicht einmal eine radikal andere Art der Sprache, wie dies ihre Landsleute auf der nördlichen Seite des Rösti-Grabens tun. (Diese Grenze, benannt nach den leckeren Bratkartoffeln, markiert die Scheidelinie zwischen deutscher und französischer Schweiz.) Spezielle Sprachkurse für français à la Lausanne oder Genf erübrigen sich. Wer Französisch in Marseille gelernt hat, versteht es auch in Montreux. In Paris freilich rümpfen sie die Nase über das Französisch der Suisses. Aber dieses Schicksal teilen die Schweizer mit den Belgiern, den Korsen und generell jedem, der Französisch nicht so spricht wie ein Mitglied der Académie française.

Für die Romands gilt im Übrigen dasselbe wie für die Tessiner: Ihr Image ist radikal unterschiedlich, je nachdem, von welcher Warte aus man sie betrachtet. Die Germano-Schwyzer würden sicherlich das Urteil des englischen Diplomaten Abraham Stanyan unterschreiben, der den Welschen schon 1712 bescheinigt hatte, »mehr Lebhaftigkeit als der Rest der Schwyzer zu besitzen und nicht gänzlich frei von Eitelkeit zu sein«. Im französischen Mutterland hingegen würde man bei einer solchen Einschätzung die Augenbrauen heben. Esprit und Élégance? In der Schweiz? Mon Dieu!

Ein kluger Beobachter hat einmal konstatiert, dass die welsche Schweiz ein wenig wirkt, wie ein Frankreich aussehen würde, das die Hugenotten nicht vertrieben hat: mehr von protestantischem Ethos und stillem Fleiß durchdrungen als von katholischem Prunk und patriotisch-großmannssüchtiger Gloire.

Gleichwohl sind Parallelen zum großen Nachbarn unübersehbar. Der Kellner im Restaurant in Vevey, wo ich mit Julia ein Mittagessen zu bestellen versuchte, strahlte denselben muffigen Charme aus wie seine Pariser Kollegen. Die Züge sind nicht ganz so pünktlich, die Fenster nicht ganz so blitzblank geputzt, und es würde mich nicht überraschen, wenn auch hier sonntags die Wäsche hinausgehängt würde.

Anders als die grundsätzlich individualistischen und auf sich selbst vertrauenden Deutschschweizer haben die Romands den Glauben an den Staat noch nicht verloren. Genauer gesagt: an die finanziellen Segnungen, die ein Staat über seine Bürger ausschütten kann. In der Deutsch-Schweiz vertrauen die Menschen eher auf sich selbst. Ach ja, und welsche Schweizer haben – anders als ihre deutschsprachigen Landsleute – keine Angst vor der Europäischen Union. Vielleicht, weil man in Brüssel auch eine Art von Französisch spricht.

Die Weltsprache Französisch und die Durchdringung von französischer Kultur erlauben den Romands ohnehin ein weltmännisches Auftreten. Genf hält sich viel auf sein internationales Flair zugute. Als der calvinistische US-Präsident Woodrow Wilson nach dem ersten Weltkrieg den neugegründeten Völkerbund in Genf ansiedelte, wollte er damit den Genfer Puritaner-Propheten Calvin ehren. Die Stadt hatte nur darauf gewartet, eine solche Rolle auf der Weltbühne zu spielen. Heute beherbergt Genf die UNO ebenso wie zahlreiche andere internationale Organisationen – vom Roten Kreuz über die Weltgesundheitsorganisation bis hin zum Weltpfadfinderbund. Für Lausanne fiel immerhin noch das Internationale Olympische Komitee ab. Und was hat Bern? Den Weltpostverein.

Das Erbe des frömmelnden Eiferers Calvin aber lebt dennoch fort in Genf. Das macht sie zu einer subtil verkniffenen, miesepetrigen Metropole – ein bisschen wie die protestantischen Teile von Belfast, nur nicht so heiter. Das liegt nicht zuletzt an einem gewaltigen Missverhältnis: eine Stadt mit dem Ego eines osmanischen Sultans auf einem Territorium von den Ausmaßen einer Heidi-Alm. So muss sich Napoleon auf Elba gefühlt haben.

So eng, wie sich die Grenzen um den Minikanton Genf legen, so eng ist auch häufig noch das religiöse Korsett. Fasnacht wie in Basel, Savoir-vivre wie in Paris – in Genf sind solche Extravaganzen schwer vorstellbar. Nur Uhren kann man kaufen, an jeder Straßenecke. Hier gibt es so viele teure Uhrenläden wie in Deutschland Apotheken. Auch dies ist übrigens ein Erbe Calvins: Weil er den Juwelieren die Herstellung von Schmuck als eitel Teufelswerk verboten hatte, verlegten sie sich auf die Herstellung von Zeitmessern.

Mich tröstet dabei ein Gedanke: Ich würde gerne das Gesicht des spaßfeindlichen Reformators sehen, wenn er wüsste, wie viele Männer und Frauen heute seinen Namen auf Unterhosen und Reizwäsche tragen – Calvin Klein.

Zwölf

»Du bist ein Rabenvater, absolut herzlos. Aber was wundere ich mich. Typisch Mann eben. Ohne jegliches Feingefühl.«

Was hatte ich denn jetzt schon wieder angestellt? Meistens ahnt man als Ehemann ja zumindest, was als Ursache für eine Gardinenpredigt der Gattin in Frage kommt, auch wenn man selbst keine folgenschwere Übertretung erkennen kann. Aber diesmal war ich tatsächlich ratlos.

»Worum geht es denn?«, fragte ich bewusst beiläufig.

»Du hast ihr gesagt, dass du ihren Freund nicht leiden kannst – und das, ohne ihn überhaupt je gesehen zu haben.«

»Was heißt hier ›nie gesehen‹? Ich höre gerade zum ersten Mal, dass sie überhaupt einen Freund hat.«

»Rede dich nicht raus. Oder hast du ihr etwa nicht gesagt, dass du Dermot nicht magst, nur weil er Ire ist? Rassistisch bist du obendrein.«

Jetzt dämmerte mir, woher der Wind wehte. Vor einiger Zeit hatte mich Julia aus heiterem Himmel und ohne jeglichen Anlass gefragt, welche Landsleute mir sympathischer seien: Schotten oder Iren. Sie kam sogleich in den Genuss einer knappen, gleichwohl umfassenden ethnologischen, soziologischen und historischen Studie der relativen Vorzüge beider keltischen Völker. Dies ist meine pädagogische Ader, die sich leider immer wieder Bahn bricht. Auch Julia reagierte auf ihre übliche Art, indem sich nach schätzungsweise zwanzig Sekunden eine Art Schutzfilm über ihre Augen legte und sie einen der medizinischen Wissenschaft bislang unbekannten Muskel im Ohrinneren betätigte, der ihre Ohren gegenüber Außengeräuschen hermetisch verschloss. Dennoch musste in den ersten Sekunden irgendeine Bemerkung an ihr Großhirn vorgedrungen sein, die ihr anti-irisch vorgekommen war.

Es versteht sich von selbst, dass meine Versuche, Katja diesen Sachverhalt zu erklären, von vornherein zum Scheitern verurteilt waren.

»Am besten ist es, du entschuldigst dich bei ihr und sagst ihr, was für ein netter Typ ihr Dermot ist«, kommandierte sie. »Komm, ruf an, es ist sowieso schon Zeit.«

Der Freitagabend ist für die regelmäßige Kontaktaufnahme mit unserer Tochter reserviert. Würden wir solche Kontakte dem Zufall überlassen, wüssten wir kaum, was sie in ihrem englischen Internat so treibt. Denn im Gegensatz zu den weltfremden Vermutungen ihrer Eltern leidet sie offensichtlich nur dann unter mittelschweren Heimwehgefühlen, wenn das Taschengeld knapp wird oder wenn sie eine Genehmigung braucht, um die Schule abends für eine Vergnügungsveranstaltung zu verlassen.

Ich bezweifle, dass sie den Freitagabenden mit gesteigerter Vorfreude entgegenblickt. Schließlich kann ich mich dunkel an jene Zeiten in meiner eigenen Vergangenheit erinnern, als meine Eltern mit der Pünktlichkeit eines Schweizer Fahrplans Lebenszeichen ihres Sohnes erwarteten. Der einzige Unterschied besteht darin, dass mein Telefontermin der Sonntagmorgen war.

Und natürlich sahen meine Eltern und ich uns nicht, wenn wir miteinander sprachen. Wir waren nur akustisch miteinander verbunden. Bildtelefone gehörten dezidiert in den Bereich der Science-Fiction, nur eine Stufe vom Beamen entfernt.

Julia aber besteht auf Skype. Weniger aus Kostengründen – ihre Telefonrechnungen begleicht ohnehin ihr Vater – als vielmehr deshalb, weil sie reine Audiotelefonie für ähnlich zeitgemäß hält wie Stummfilme. Übrigens hat neuerdings auch Mäuer allen Mitarbeitern Skype für den Dienstgebrauch dringend ans Herz gelegt – in seinem Fall freilich ausschließlich, um die Rechnungen zu senken. Nicht dass mir dieser Ukas das Skypen sympathischer gemacht hätte.

Für das wöchentliche Bildtelefonat mit Julia kauern Katja und ich uns auf den Boden vor dem Couchtisch, denn dort ist der WLAN-Empfang am besten. Unsere Tochter hingegen thront auf ihrem Bett, das sich von unserer Warte aus gesehen auftürmt wie das Nachtlager der Prinzessin auf der Erbse. Julia verbringt, nebenbei bemerkt, den größten Teil ihrer Freizeit im Bett – etwa zu gleichen Teilen schlafend und facebookend.

Der Gegensatz zwischen den am niedrigen Couchtisch hockenden Eltern und dem hohen Matratzenlager ihres Nachwuchses verstärkt unwillkürlich den Eindruck einer russischen Bojarin, die sich herablässt, ein paar leibeigene Muschiks zu empfangen. Dies löst, nebenbei bemerkt, durchaus widersprüchliche Empfindungen aus: Einerseits geht mir das Herz auf, wenn ich sehe, was für eine selbstbewusste junge Frau aus dem kleinen Mädchen geworden ist. Zugleich versetzt es mir einen schmerzhaften Stich, zu sehen, wie wenig sich diese junge Frau um die Meinungen ihrer betagten Eltern schert. Und vermutlich ist es eine gleichsam philosophische Erkenntnis, dass man das eine nicht ohne das andere haben kann.

»Zieh dich warm an«, ermahnte Katja ihre Tochter nun schon zum dritten Mal. Sie verfolgt mit nahezu religiöser Inbrunst die Wettervorhersagen für alle Orte in der Welt, wo wir entweder selbst einmal gelebt haben oder wo Freunde und Bekannte von uns wohnen.

»Es wird sehr kalt in London, also lauf nicht ständig mit deinen kurzen Röcken rum.«

Julia schaffte das Kunststück, zur gleichen Zeit zu nicken und die Augen zur Decke zu verdrehen.

»Und für die Ferien, wenn du nach Hause kommst, kaufe ich dir eine schöne warme Jacke.«

Diese Drohung blieb nicht ohne Reaktion.

»Wenn du das tust, rede ich nie wieder ein Wort mit dir«, zischte Julia. »Schlimm genug, wie du mich angezogen hast, als ich klein war und mich nicht wehren konnte.«

Ich beschloss, das Gespräch in Richtung wichtigerer Themen zu lenken.

»Wie kommst du mit deinem Essay über den Kalten Krieg voran?«, fragte ich. Julia hatte mich vor einiger Zeit tatsächlich zu diesem Thema um Rat gefragt, ein voreiliger Schritt, den sie seitdem sicherlich schon tausendmal bereut hatte. Überrascht hatte sie feststellen müssen, dass sie eine gewissermaßen historische Figur zum Vater hatte, die in jenen Zeiten der Geschichte schon gelebt hatte. Ich war nicht minder erstaunt gewesen zu erfahren, dass man heutzutage im Geschichtsunterricht relativ aktuelle Tagesereignisse durchnimmt.

»Es geht schon.« Julia rollte erneut die Augen. »Ich muss jetzt los. Volleyballtraining.«

Mit einiger Überwindung hob sie die Hand und winkte uns zu. Katja und ich winkten zurück. Da fiel mein Blick auf das Fenster links unten auf dem Bildschirm, wo unsere beiden Gesichter eingeblendet waren. Auf einmal sah ich uns so, wie unsere Tochter uns sah. Es war, um es zurückhaltend auszudrücken, kein angenehmer Anblick. Der Weichzeichner vor den Pupillen, durch den wir uns jeden Tag im Spiegel betrachten, war plötzlich weg.

Katja und ich sahen in die Kamera, aber aus dem Schirm blickte jemand anderes zurück: meine eigenen Eltern, wie ich sie einst schonungslos gesehen hatte. Zwei ältere Herrschaften, ein wenig anrührend – schließlich war man ja verwandt –, aber eigentlich überwiegend peinlich. Vor allem deshalb, weil man mit ihnen verwandt war.

Meine Knochen und Muskeln schienen mir nach diesem Schock noch weniger zu gehorchen als sonst. Mühsam versuchte ich, mich vom Boden zu erheben. Aber was war das? Ein aufdringliches elektronisches Zirpen hielt mich an Ort und Stelle. Noch ein Gespräch, um diese Zeit? Sollte Julia etwas vergessen haben?

Als Erstes erkannte ich die Bücherwand, die den ganzen Bildschirm ausfüllte. Sie steht in Mäuers Büro hinter seinem Schreibtisch, so dass sie den gewünschten Hintergrund zu seiner Person abgibt: die Studierstube eines Intellektuellen, so sieht er sich selbst am liebsten. Bislang hat freilich noch nie jemand gesehen, dass er tatsächlich ein Buch aus diesem Regal heraus- und in die Hand genommen hätte. Böse Zungen behaupten, dass es sich ohnehin nicht um echte Bücher, sondern um Attrappen handele. Das aber ist eine üble Nachrede. Es sind richtige gebundene Bücher. Schließlich weiß ich, dass Mäuer die ganze Wand von seinem Vorgänger übernommen hat. Der aber hatte sie Stück für Stück aufgefüllt, nachdem er jedes Buch – er war ein kultivierter Chefredakteur – persönlich von seiner Plastikverpackung befreit hatte.

Allmählich kam auch Mäuer in den Fokus. Er saß hoch aufgerichtet in seinem ergonomischen Bürosessel, die Unterarme parallel auf dem Schreibtisch liegend. Ich bin nicht der Einzige in der Redaktion, der den Verdacht hegt, dass er die Videotelefonie weniger aus Sparzwängen eingeführt hat als vielmehr aus dem Grund, dass sie ihm die Möglichkeit gibt, jedes seiner eigenen Telefongespräche zu zelebrieren, als sei es die Neujahrsansprache des Bundespräsidenten. Auch diesmal hatte er wieder eine staatstragende Miene aufgesetzt.

»Sie sind's«, stammelte ich, nachdem ich mich von meiner Überraschung erholt hatte. Mäuers Gesicht auf dem Bildschirm zu sehen ist ein noch zugkräftigeres Argument gegen Videotelefonie als das eigene Bild links unten. »Es ist doch schon Freitagabend, was machen Sie denn noch im Büro?«

Eiskalt lief es mir plötzlich den Rücken hinunter. Sollte sich in meinem Berichterstattungsgebiet eine Katastrophe ereignet haben, während ich mit meiner Tochter telefoniert hatte? Als Korrespondent hat man sein Gastland ja idealerweise 24/7 argwöhnisch im Auge. Verpasst man einen Nachrichtenknüller, hängt einem das ein Berufsleben lang nach. Ich kannte einen Kollegen, dem war das Attentat auf den ägyptischen Präsidenten Anwar Sadat entgangen. Nicht schlimm, mag man sagen, wenn dieser Kollege nicht Ägypten-Korrespondent gewesen wäre.

»Es ist doch nichts passiert?«, hauchte ich atemlos.

»Nein, natürlich nicht«, schmunzelte Mäuer jovial. »Was soll denn schon passieren in der Schweiz? Eine Uhr ist stehengeblieben? Eine Kuh ist umgefallen? Eine Bank plaudert Kundendaten aus?«

»Derlei soll schon vorgekommen sein …«

Mäuer machte eine unwirsche Handbewegung.

»Alles nicht wichtig. Wichtig ist, dass Sie unsere Verabredung nicht vergessen haben. Wir treffen uns übermorgen zu unserer Wanderung auf den Spuren von Sherlock Holmes, nicht wahr, Moriarty.«

Vergessen hatte ich es nicht, nur verdrängt. Immerhin war nun die Rollenverteilung klar, die er sich vorstellte – mit ihm als Detektiv und mir als Bösewicht.

Seit Tagen schon verfolgte mich diese Wanderung in meinen Träumen. Manchmal zog ich in einem duschwarmen Dauerregen mit einem diabolisch grinsenden Mäuer durch unwirtliche Hochmoore. Geweckt wurde ich meistens vom Heulen eines Höllenhundes. Wenn ich die Augen aufschlug, entpuppte der sich als Chico, der mich anblaffte, um mich zum Aufstehen zu animieren. In einem anderen Traum rangen Mäuer und ich miteinander, und nach einiger Zeit bemerkte ich, dass wir beide Schwingerhosen trugen – jene windelartigen Shorts, die über die Jeans gezogen werden und an denen sich die Schweizer Abart der Sumoringer (vulgo: Schwinger) hochlüpfen, bevor sie einander in einen Haufen Sägemehl befördern.

»Es bleibt, wie wir es vereinbart haben«, versicherte ich Mäuer. »Wir sehen uns um acht Uhr morgens am Bahnhof von Meiringen. Gestiefelt und gespornt für den Aufstieg zu den Reichenbachfällen.«

»Wundervoll. Und weiter nach Rosenlaui zum Gletscher.«

Das waren sieben Kilometer mehr.

»Aber so weit sind Holmes und Moriarty gar nicht gekommen«, wendete ich ein. »Wo bleibt da die literarische Genauigkeit?«

»Wir sind besser als diese beiden, meinen Sie nicht? Und außerdem werden wir zu dritt sein. Ihre Frau kommt doch mit, nicht wahr?«

Mäuers Bild verschwand vom Schirm, bevor ich antworten konnte. Katja hatte nicht die geringste Absicht, schon wieder zu einem – wie sie es sah – Gewaltmarsch durch die Natur aufzubrechen. Die Erfahrung mit den Stäfner Senioren hatte ihr gereicht bis zur eigenen Pensionierung. »Und sicher hast du mit deinem Chef viel zu besprechen, wobei ich nur stören würde«, hatte sie noch hinzugefügt.

Um wirklich vor allen Nachstellungen sicher zu sein, hatte sie darauf bestanden, dass wir Chico mitnahmen. Wie jedes mäßig intelligente Lebewesen hat auch er seine Eigenheiten, die mit jedem Lebensjahr stärker ausgeprägt werden. Dazu gehört, dass er seine eigenen Vorstellungen davon hat, wo er spazieren gehen will. Hat er sich einmal auf einen Kurs festgelegt, dann hält er ihn so unbeirrbar ein wie eine Schweizer Bergbahn. Wer ihn auf Abwege zwingen will, tut dies zu seinem eigenen Verderben. Um es mal so zu formulieren: Jeder Maulesel ist konzilianter als Chico.

Als wir uns am Sonntagmorgen trafen, nahm Mäuer Katjas Entschuldigung nach einem tiefen Blick in ihre und in Chicos blaue Augen bedauernd zur Kenntnis. Wir ließen die beiden in einem italienischen Café gleich gegenüber dem spitztürmigen Bahnhofsgebäude von Meiringen zurück.

»Du musst nicht auf uns warten«, rief ich ihr zum Abschied zu. »Wir werden wahrscheinlich nicht vor heute Abend zurück sein.«

»Sie werden doch wohl nicht glauben, was auf den Wandertafeln steht«, unterbrach mich Mäuer. »Drei Stunden in jede Richtung? Lachhaft. Das packen wir doch in der halben Zeit, oder?«

Krachend schlug er mir auf die Schulter. Zum Glück war der Rucksack leicht, denn ich hatte ihn klammheimlich von all jenem Ballast befreit, den mir Katja hineingepackt hatte.

Anfangs ging es zügig voran, vorbei am Sherlock-Holmes-Denkmal vor der englischen Kirche und über die Aare-Brücke Richtung Reichenbach. Das Gelände begann anzusteigen, zunächst unmerklich, dann immer stärker. Ich schien das freilich mehr zu bemerken als Mäuer, der sein recht flottes Tempo um keinen Deut verlangsamte.

Dasselbe galt für seinen Redefluss. So mitteilsam hatte ich ihn noch nie erlebt.

»Es gibt doch nichts Besseres als ein Gespräch von Mann zu Mann. Und noch besser ist es, wenn man dabei nicht irgendwo eingesperrt zwischen vier Wänden sitzt. Hier draußen ist man noch auf sich gestellt und meistert die Herausforderungen der Natur mit dem Partner, der neben einem einhergeht«, hatte er leicht pathetisch getönt. Aus seinem Mund klang es wie ein Survival-Abenteuer im Zentralkongo oder in arktischer Eiswüste. Tatsächlich hatten wir gerade erst einen Migros-Supermarkt, eine Tankstelle und ein Schuhgeschäft passiert. Wie sollte das erst werden, wenn wir die letzten Vorposten der Zivilisation hinter uns gelassen hatten und in den majestätisch schweigenden Bergwald vorgedrungen waren?

»Geht Ihnen dieses ganze hektische Leben nicht auch manchmal auf die Nerven?«, fragte er mich unvermittelt. Ich war gerade abgelenkt, denn ich sah sehnsüchtig zur Talstation der Standseilbahn hinüber. Soeben war ein feuerroter Zug aus dem Gebäude geglitten und die Hangschräge in Richtung der Wasserfälle hinaufgefahren. Mäuer bemerkte meinen Blick.

»Schlagen Sie sich das aus dem Kopf. Wir gehen zu Fuß. Außerdem ist Holmes auch nicht mit der Seilbahn gefahren, denn die gab's zu seiner Zeit noch gar nicht. Und wir wollten es doch genau nehmen mit der literarischen Treue.«

Wenn ich gehofft hatte, dass er sich von seinen tiefschürfenden Betrachtungen der Welt im Allgemeinen und unserer Journalistenwelt im Besonderen würde abbringen lassen, wurde ich bald enttäuscht. Je höher wir stiegen, desto philosophischer wurde Mäuer.

»Was ich sagen will, ist doch nur das: Jeden Tag passiert was auf dieser Welt, auf das ich reagieren muss, mit einem Kommentar, mit einem Leitartikel, mit einer klugen Bemerkung in einer dieser dämlichen Fernsehrunden. Gerade diese Fernsehrunden. Grauenvoll, die Eitelkeit der Kollegen, finden Sie nicht? Aber ich weiß doch selber keine

Antwort, und selbst wenn ich sie wüsste, wer würde denn schon wirklich auf mich hören?«

»Nun stellen Sie mal Ihr Licht nicht unter den Scheffel«, hörte ich mich zu meiner Verwunderung sagen. »Sie gelten schließlich sogar in Berlin als Meinungsmacher.«

Ich hätte mir nie träumen lassen, dass ich ausgerechnet Mäuer einmal psychologisch aufrichten müsste. Und was die Eitelkeit der Kollegen betraf, nun, in der Disziplin war er selbst kaum zu übertreffen.

Um meinen Worten Nachdruck zu verleihen, blieb ich stehen. Genau genommen blieb ich stehen, weil ich Atem schöpfen und mir den Schweiß von der Stirn wischen wollte. Krampfhaft suchte ich in der Hosentasche nach einem Tuch.

»Seien wir doch ehrlich«, fuhr er fort, nachdem wir uns wieder in Bewegung gesetzt hatten. »Sie kommen doch jetzt auch in dieses Alter: Wie sehen Sie denn Ihre Zukunft?«

Midlife-Crisis. Mäuer hatte sich eine dicke Dosis Midlife-Crisis eingefangen wie einen bösartigen, hartnäckigen Virus. Ich wollte ihm nicht auf die Nase binden, dass ich diese Phase schon hinter mir hatte.

»Die Zukunft?« Ich stellte mich arglos. »An die versuche ich so wenig wie möglich zu denken. Ich will am liebsten leben wie die alten Griechen. Oder wie mein Hund, was aufs selbe rauskommt. Leben im Hier und Jetzt, also heute. Was vorbei ist, ist vorbei, und was kommt, kann man sowieso nicht ändern. Für meinen Hund heißt das: Mich krault mein Frauchen jetzt hinterm Ohr und steckt mir einen Keks zu. Für den Griechen hieß das: Jetzt krault mich die Hetäre – nicht unbedingt hinterm Ohr –, und jetzt trinke ich meinen Becher Roten. Einfach aufs Morgen pfeifen.«

In Wirklichkeit dachte ich im Moment sehr wohl ans Morgen, vor allem an den Muskelkater, der mich plagen würde. Was mir das Gespräch mit Mäuer noch ungemütlicher werden ließ, war die Tatsache, dass wir praktisch seit Beginn unserer Wanderung niemandem begegnet waren. Dabei hätte ich meinen Chef nur zu gern mit meinen fortgeschrittenen Grüezi-Kenntnissen beeindrucken wollen. Ganz zu schweigen davon, dass ich ihn mit Hilfe anderer Wanderer vielleicht auf andere, weniger schwermütige Gedanken hätte bringen können.

Als wir an der Bergstation der Reichenbachfall-Bahn vorbeigekommen waren, hatten wir zwar mehrere Menschen in Kniebundhosen und mit Rucksäcken aus dem Waggon steigen gesehen. Sie hatten jedoch zielstrebig das Ausflugsrestaurant und nicht den ausgeschilderten Weg zu den Wasserfällen angesteuert, die wir jetzt schon von fern dröhnen hörten. Nach einigen Minuten kamen sie in ihrer ganzen schrecklichen Schönheit in Sicht.

Es war tatsächlich ein furchterregender Ort. Der Bach, der durch den geschmolzenen Schnee angeschwollen war, stürzte in einen ungeheuren Abgrund, aus dem das Wasser hervorsprühte wie Rauch aus einem brennenden Haus. Die Schlucht, in der das Wasser tosend verschwand, war eine gewaltige Spalte, eingefasst von glänzenden, kohleschwarzen Felsen. Unten verjüngte sie sich zu einem schäumenden, kochenden Schlund von unmessbarer Tiefe, der überquoll und den Strom über seine gekerbte Lippe wieder hinausstieß. Die für alle Zeiten in die Tiefe donnernden Wassermassen und der flimmernde dicke Vorhang des in die Höhe zischenden Sprühnebels konnten einen Mann mit ihrem ständigen Wirbeln und Tosen schwindlig werden lassen. Wir standen ganz nahe am Rand und blickten vorsichtig hinunter, wie das Wasser tief unter uns glänzend auf die schwarzen Felsen prallte, und vernahmen seinen halb menschlichen Schrei.

Der Pfad führte im Halbkreis um den Wasserfall herum, damit man einen kompletten Blick auf das Naturschauspiel erhielt. Aber er endete abrupt, so dass der Wanderer denselben Weg zurückgehen musste, den er gekommen war.

Ich blieb stehen und tastete meine Taschen ab. Wo war mein Handy? Wie oft hatte ich mich schon dafür verflucht, dass ich auf möglichst kleinen Modellen beharrte. Auf so kleinen Varianten, dass sie sich in den Falten einer Hosentasche verkriechen konnten. Julia hatte mich deswegen oft genug gehänselt. Sie war vor kurzem gemeinsam mit ihren Freundinnen auf das viel klobigere iPhone umgestiegen. Zuvor hatten die Mädchen mit noch unförmigeren BlackBerrys hantiert – womit sie auf Flughäfen verwunderte und mitunter verunsicherte Blicke von Geschäftsleuten auf sich gezogen hatten.

»Oje, mein Handy muss mir weiter unten aus der Tasche gefallen sein. Als ich das Taschentuch herausgeholt habe«, vermutete ich. »Ich glaube, ich gehe lieber zurück und suche es. Warten Sie doch hier.«

Mäuer rollte mit den Augen, aber er nickte. Mit schlecht verhohlener Aggressivität rammte er seine beiden Nordic Walking Sticks in das weiche Erdreich.

»Beeilen Sie sich«, knurrte er. »Wir haben noch einen weiten Weg, schließlich wollen wir noch bis Rosenlaui in die Gletscherschlucht. Und Sie wissen ja: Es gilt, die Entfernungsangabe auf der Wandertafel Lügen zu strafen.«

»Es wird nicht lange dauern«, rief ich ihm zu und trabte schon den Weg hinab. Noch einmal drehte ich mich kurz um und sah Mäuer, wie er – mit dem Rücken an einem Felsen lehnend und die Arme gekreuzt – in das brodelnde Wasser hinabblickte.

Es war doch ein wenig weiter gewesen, als ich gedacht hatte. Offensichtlich zwang mir Mäuer wirklich ein tüchtiges Wandertempo auf. Ich hastete vorbei an der Bergstation der Seilbahn, auf dem Geröll einer steilen Böschung geriet ich beinahe ins Rutschen.

Ein wenig machte ich mir schon Sorgen um Mäuer. Schließlich war auch er nur ein Mensch. Und diese Schwermut, die er an den Tag gelegt hatte, war ungewöhnlich. Lag etwas in der Schweizer Luft, was Melancholie auslöste? Ähnlich wie man früher annahm, dass dicke Flachland-Atmosphäre Schweizer Gebirgler mit der Heimwehkrankheit infizierte? Er wäre nicht der Erste gewesen, von dem im Angesicht erhabener Viertausender und unergründlicher Bergseen dunkle Gedanken Besitz ergriffen hätten. Je schneller ich wieder bei ihm war, desto besser.

Von weitem sah ich etwas im Sonnenlicht aufblitzen. Es war das Handy. Rasch hob ich es auf und machte mich auf den Rückweg. Ich schaute auf die Uhr. Ich hatte länger gebraucht, als ich gedacht hatte. Besser sputen, nicht dass mein Chef die Geduld verlor.

Es war der Anblick des Nordic Walking Sticks, der mir das Blut in den Adern gefrieren und mich krank fühlen ließ. Mäuer hatte offensichtlich nicht gewartet. Er war nicht auf dem schmalen, einen Meter breiten Pfad geblieben, mit dem senkrecht aufragenden Felsen auf der einen und dem tiefen Abgrund auf der anderen Seite. Aber was war geschehen? Wer konnte mir sagen, was vorgefallen war?

Eine Minute lang stand ich nur still und versuchte einen Gedanken zu fassen, denn der schiere Schrecken betäubte mich geradezu. Dann begann ich, mich an die Methoden von Sherlock Holmes zu erinnern – zu dessen Ehren wir ja schließlich losgewandert waren –, und versuchte, sie in der Praxis anzuwenden.

Dies war leider ein allzu leichtes Unterfangen. Während unseres Gesprächs waren wir dem Pfad nicht bis zum Ende gefolgt, und der Wanderstock markierte den Platz, wo wir stehen geblieben waren. Er befand sich in Sichtweite jenes weißen Kreuzes, mit dem die Mitglieder der britischen Sherlock-Holmes-Gesellschaft jenen Punkt markiert hatten, an dem ihr Held in die Tiefe gestürzt war.

Das schwärzliche Erdreich war hier vom unablässigen Sprühregen des Wassers so sehr aufgeweicht, dass ein Vogel einen Abdruck hinterlassen hätte. Die Fußabdrücke zeichneten sich deshalb deutlich bis zum Ende des Pfades ab. Sie führten von mir weg, aber es kehrten keine zurück. Ein paar Meter vor dem Ende war die Erde zu einer Schlammpfütze umgepflügt, und das Gestrüpp und der Farn, die den Abgrund säumten, waren zerrissen und hingen herab. Ich legte mich auf den Bauch und blickte über die Kante, und das Wasser besprühte mich von oben bis unten. Dunkle Wolken waren aufgezogen, seitdem ich zurückgegangen war. Ich konnte nur hier und da das Glitzern der Feuchtigkeit auf den schwarzen Wänden erkennen und ganz weit unten auf dem Grund der Schlucht das Schimmern des sich brechenden Wassers. Ich rief Mäuers Namen, aber nur derselbe halb menschliche Schrei des Wasserfalls wurde zurückgetragen an meine Ohren.

Bis auf das Rauschen des Wassers war nichts zu hören. Wo war Mäuer? Alles deutete auf einen grauenvollen Unfall hin. Oder auf etwas noch Grauenvolleres, wenn man die Stimmung berücksichtigte, in der er sich auf dem ganzen Weg befunden hatte. Wie würde das in der Redaktion aufgenommen werden? Der Schweiz-Korrespondent geht mit dem Chef in die Berge – und verliert ihn dort. Das wäre im besten Fall Nachlässigkeit, im schlimmsten Fall üble Absicht.

Mit den Wolken, die sich nun in immer dichteren Lagen vor die Sonne schoben, war es inzwischen auch empfindlich kalt geworden. Mehrmals rief ich Mäuers Namen – ohne Erfolg. Mein Handy fiel mir ein. Anrufen. Ich würde ihn anrufen. Oder die Bergrettung. Nein, nicht übertreiben. Ruhig bleiben, keine Panik. Erst ihn anrufen.

Fieberhaft nestelte ich den Apparat aus der Tasche. Verdammt noch mal, das nächste Handy würde wirklich eine Nummer größer sein. Dann würde ich vielleicht auch das Display lesen können, ohne vorher hektisch nach meiner Lesebrille suchen zu müssen.

Endlich war ich so weit. Scheiße. Kein Netz. Ich rannte los, immer bergab. So schnell war ich noch nie gelaufen. Die Talstation flog an mir vorbei, schon war ich auf der Aarebrücke. Von weitem konnte ich das Hotel erkennen, von dem aus wir gestartet waren, und die Sonnenschirme des Cafés auf der Terrasse. Ich war schweißgebadet und atmete in kurzen, heftigen Stößen. Aber ich behielt mein Tempo bei.

Menschen saßen auf der Terrasse: Unschuldig, unbeschwert genossen sie einen Cappuccino, ein Bier, einen Schoppen Wein. Ich wischte mir den Schweiß aus dem Gesicht und kniff die Augen zusammen. Da saß Katja. Zu ihren Füßen lag Chico. Sie hatte sich gerade eine Zigarette angesteckt und redete angeregt mit einem Mann, der ihr gegenüber Platz genommen hatte. Ich kniff meine Augen noch einmal zusammen. Kein Zweifel: Es war Mäuer.

Mit letztem Atem nahm ich die drei Stufen hinauf zur Kaffeeterrasse, stolpernd und wankend, kaum imstande, Chicos stürmische Begrüßungsrituale abzuwehren. Ausgepumpt klappte ich auf einem Stuhl zusammen. Vorerst mangelte es mir an Luft, um zu reden.

»Beruhigen Sie sich, atmen Sie erst einmal durch. Fräulein, einen Cognac für den Herrn. Einen doppelten.«

Mäuer wirkte ehrlich besorgt. Katja weniger. Sie hatte ihr typisches Lächeln aufgesetzt, das irgendwo zwischen dem der Mona Lisa und jenem der Cheshire-Katze angesiedelt war.

»Tut mir leid, wenn ich Sie erschreckt haben sollte.«

Verlegen zupfte Mäuer nicht vorhandene Fussel von der Tischdecke.

»Erschreckt ist gar kein Ausdruck«, erwiderte ich endlich. »Sie mit Ihren Depressionen und Ihrer Sherlock-Holmes-Manie. Ich habe mich schon vor einem Berner Gericht stehen sehen, angeklagt des Mordes an Sherlock Holmes. Pardon: Wilfried Mäuer.«

»Mir hätte es einfach zu lange gedauert, bis Sie mit Ihrem Handy wieder angedackelt wären.« Er zuckte mit den Achseln. »Und dann schien auch noch das Wetter umzuschlagen. Keine guten Voraussetzungen, um die Wanderung fortzusetzen. Da habe ich eine Abkürzung genommen, die Direttissima gewissermaßen, direkt von den Wasserfällen zurück ins Dorf.«

Er pochte mit der Hand auf die Brusttasche seines Anoraks, in der sich ein Rechteck von der Größe eines Buches abzeichnete.

»Thomas Widmer hat sie beschrieben. Guter Mann, wenn man in der Schweiz wandern will. Unverzichtbar eigentlich. Sollten Sie sich mal anschauen.«

Umständlich knöpfte Mäuer nun die zweite Brusttasche auf, entnahm ihr ein gelbes Tütchen und hielt es mir hin.

»Jetzt nehmen Sie erst einmal ein Bonbon, bis Ihr Cognac kommt. Sie würden sich wundern, wenn Sie wüssten, welchen therapeutischen Effekt so ein unscheinbares Bonbon haben kann. Manchmal denke ich, dass es leicht regressive Züge hat, wenn man auf ihnen herumlutscht wie an der Mutterbrust.«

Skeptisch beäugte ich die Packung.

»Nanu, keine Fisherman's Friends?«, wunderte ich mich. »Hätten Sie doch was gesagt. Ich weiß, die sind hier nicht überall erhältlich, aber ich hätte sie Ihnen schon besorgen können.«

»Nein, nicht nötig. Diese Rucola sind gar nicht so übel. Eigentlich besser als die Friends. Sanfter zu den Geschmackszellen.«

»Freut mich ja, dass Sie Geschmack daran gefunden haben. Aber die Dinger heißen Ricola. Rucola ist eine Salatsorte.«

Nachdenklich betrachtete er die Packung.

»Ist das so? Da gibt's doch diesen Werbespruch?«

Vorsichtshalber lehnte ich mich in meinem Stuhl ein wenig zurück. Es war nicht abzuschätzen, ob Mäuer nicht gleich zur Untermauerung seiner neuen Liebe »Riiiicola« singen würde. Oder »Ruuuucola«.

Stattdessen sagte er trocken: »Diese Bonbons sind eigentlich genau wie die Schweiz.«

»Wie meinen Sie das? Sie sind klein? Kalt? Gebirgig? Mit Schokoladengeschmack? Pünktlich? Teuer?«

Mäuer ignorierte mich.

»Als ich da oben am Wasserfall stand und auf Sie wartete, ist mir plötzlich etwas klargeworden, so klar, wie mir nie etwas gewesen ist. Vielleicht war es das Geräusch des hinabstürzenden Wassers oder die Tatsache, dass es sonst völlig ruhig war, kein Mensch zu sehen. Da habe ich mir gedacht: Wozu das alles? Wozu das Leben im Laufrad?«

Fast schon zärtlich sah er nun zu Katja hinüber.

»Und als ich herunterkam, fand ich Ihre Frau vor. Sie ist genau derselben Meinung. Das ist kein Leben. Außer demnächst natürlich das Ihre. Leider. Aber Sie sind ja noch jung, verhältnismäßig.«

»Ich habe keine Ahnung, wovon Sie eigentlich reden.«

Meine Stimme wurde lauter, aber zugleich spürte ich, wie sich in meinem Magen ein Knoten zu schürzen begann.

»Na, der Stress. Ich habe genug davon, mich ständig herumzuärgern mit Redakteuren und Geschäftsführern, mit Verlegern, mit Lesern und nicht zuletzt mit Korrespondenten. Und daher steht mein Entschluss fest: Ich werde selber Korrespondent, und zwar hier in der Schweiz.«

Ich musste wohl ein besonders dummes Gesicht gemacht haben, denn Mäuer legte beschwichtigend seine Hand auf meinen Arm.

»Natürlich in der Schweiz. Das brauche ich Ihnen doch nicht zu sagen. Wie hat doch Dürrenmatt schon gesagt: Die Welt wird entweder untergehen, oder sie wird verschweizern. Mich kümmert die Welt nicht, ich kümmere mich um mich. Gute Luft, gutes Essen, eine rundum entspannte Atmosphäre, und wer weiß, vielleicht bekomme ich eines schönen Tages das Bürgerrecht einer Schweizer Gemeinde und werde Bürgermeister. Und mein Geld ist schließlich schon hier, da ist es nur logisch, dass ich nachkomme. Was mir klarwurde dort oben an dem Wasserfall, ist: Warum sollen Sie hier leben dürfen und ich nicht?«

»Glückwunsch«, würgte ich hervor. »Und mir bleibt wahrscheinlich Liechtenstein?«

»O nein, Liechtenstein übernehme ich auch. Ein bisschen Monarchie soll schon sein. Sie kennen ja meine Drähte nach Großbritannien.«

Aufmunternd drückte er meinen Arm.

»Sie müssen sich um Ihre Zukunft keine Sorgen machen. Für Sie ist gesorgt. Wir tauschen. Denken Sie mal: die Verantwortung, die Sie bald übernehmen werden.«

»So einfach ist es nicht, in der Schweiz zu leben«, wehrte ich mich. Es war ein letztes Aufbäumen. »Da gibt es ein paar Besonderheiten, die sind gewöhnungsbedürftig.«

»Ich weiß, ich weiß.« Mäuer blickte mich so verklärt an, wie es sonst wahrscheinlich nur der Alm-Öhi konnte. Unwillkürlich dachte ich mir, dass ihm ein weißer Vollbart stehen würde.

»Und man kann ja zur Abwechslung aus den Fehlern anderer lernen, aus Ihren zum Beispiel.«

Er beugte sich unter den Tisch und tätschelte Chico.

»Einen Hund werde ich ganz bestimmt nicht mitnehmen. Man soll es sich doch nicht gleich vom ersten Tag an mit den Schweizern verderben.«

Finis

Dawn Porter

Internet Lover

Mein erotisches Tagebuch

Deutsche Erstausgabe

ISBN 978-3-548-26496-7
www.ullstein-buchverlage.de

Ein Inserat auf einer Internet-Dating-Seite wird für Dawn zum Beginn einer aufregenden erotischen Reise durch die Männerwelt: ein Kurztrip führt sie nach New York, sie entdeckt ihre Vorliebe für Latex-Anzüge, lässt sich auf eine entzückende Ménage à trois ein und erfährt, warum man unbedingt einen französischen Liebhaber braucht …

In ihrem erotischen Tagebuch beschreibt Dawn Porter freizügig ihre abenteuerlichen Streifzüge durch den Dschungel des Großstadtdatens.

UB390

ullstein